Honorierungen für *Wähle die Erde*

„Duane Elgins Meisterwerk ist der kraftvollste und umfassendste Weckruf auf der Erde … ein leidenschaftliches, wortgewaltiges und weises Buch."
- Alexander Schieffer, Professor und Mitautor von *Integral Development*

„Ich habe noch nie ein Buch über die globale Klimakrise von einem „weißen amerikanischen Mann" gelesen, das mich so tief berührt und bereichert hat."
- Rama Mani, PhD, World Future Council, Einberuferin und Organisatorin

„Wähle die Erde bietet eine mutige und hoffnungsvolle Vision der nächsten ‚ganzheitlichen' Phase der menschlichen Zivilisation."
- Bruce Lipton, PhD, Biologe, Redner, Autor von *Biology of Belief*

„Wir Menschen haben eine dritte Wahl – die ökologischen Grenzen zu respektieren und die Erde zum Wohle aller zu regenerieren."
- Vandana Shiva, Umweltaktivistin, Wissenschaftlerin, Autorin von *Earth Democracy*

„Duane Elgin hat hier Schwerstarbeit geleistet, wie sie wohl kaum einer von uns jemals tun möchte. Die Lektüre von Wähle die Erde wird Sie für immer verändern."
- Sandy Wiggins, grünes Bauen, achtsames Wirtschaften, ökologische Ökonomie

„Ihr ausgezeichnetes Buch deckt sich sehr gut mit unseren Anliegen und Prioritäten. Meine herzlichsten persönlichen Grüße."
- Antonio Guterres, Generalsekretär der Vereinten Nationen

„Wähle die Erde beschreibt den einzig möglichen Weg, der vor uns liegt – ein turbulenter Weg der Initiation zur vollen Reife als Mitglieder der lebendigen Welt."
- Eric Utne, Gründer des Utne Reader, Autor von *Far Out Man*

„Dies ist eines der wichtigsten Bücher für unsere Zeit – und wahrscheinlich das wichtigste Dokument über die Gefahren des Klimawandels. Jeder Politiker und CEO muss es lesen."
- Christian de Quincey, Philosoph, Autor von *Radical Nature,* Lehrer

„Duane Elgins panoramische Weisheit in Wähle die Erde ist lebenswichtig in dieser Zeit, in der komplexe, miteinander verknüpfte Krisen kohärente, verkettete Lösungen verlangen. Ein bahnbrechendes und wichtiges Buch."
- Kurt Johnson, PhD, Biologe, interspiritueller Lehrer, Professor, Autor

„Alles Leben auf der Erde schuldet Duane Dankbarkeit dafür, dass er uns die Dringlichkeit und die regenerativen Möglichkeiten in Wähle die Erde vor Augen geführt hat."
- John Fullerton, ehemaliger geschäftsführender Direktor bei JP Morgan, Gründer des Capital Institute

WÄHLE DIE ERDE

Die Initiationsreise der Menschheit
durch Zusammenbruch und Kollaps
zur reifen planetarischen Gemeinschaft

Duane Elgin

Vorwort von Francis Weller
Übersetzung aus dem Amerikanischen von Arthur Benz

Veröffentlicht von Duane Elgin
www.DuaneElgin.com
Urheberrecht © 2023 Duane Elgin

Dieses Buch ist Teil des Choosing Earth Project
Für weitere Informationen: www.ChoosingEarth.org

Der Autor (Duane Elgin) gestattet die kostenlose Verbreitung der PDF-Version als PDF-Datei. Die Benutzer dürfen das Originalwerk als PDF-Datei herunterladen und weitergeben, ohne Ableitungen, Änderungen oder kommerzielle Nutzung, und müssen den Autor (Duane Elgin) als Urheber angeben. Kein Teil der PDF-Version dieses Buches darf ohne schriftliche Genehmigung von Duane Elgin in irgendeiner Form verändert werden. Alle anderen Formen dieses Werks behalten ein Standard-Urheberrecht, und dies gilt sowohl für die E-Book-Version (die mit "elektronischen Lesegeräten" von Büchern verwendet wird) als auch für die gedruckten Versionen dieses Buchs. Für Genehmigungsanfragen wenden Sie sich bitte an Duane Elgin unter www.ChoosingEarth.org.

Buchgestaltung und Infografik der englischen Ausgabe: Birgit Wick, www.WickDesignStudio.com
Buchgestaltung der deutschen Ausgabe: Shivananda Ackermann, www.shivananda.ch
Umschlagfotografie: Karen Preuss
Grafik Seite 71: Emily Calvanese
Schriftart: Georgia und Avenir Next
Erste englische Ausgabe: März 2020
Deutsche Ausgabe: März 2023

Gewidmet für

*Roger und Brenda Gibson,
deren seelische und finanzielle Unterstützung
das Choosing Earth Projekt ins Leben gerufen hat,*

*Coleen LeDrew Elgin,
deren Liebe, Partnerschaft und unermüdlicher Einsatz
dieses Werk in die Welt brachten,*

*Arthur Benz
dessen Initiative, große Sorgfalt und Umsicht die
deutsche Übersetzung zum Leben erweckt hat.*

Inhalt

Vorwort: An der Schwelle: Trauer, Initiation und Transformation von Francis Weller 9

Teil I: UNSERE WELT IM GROSSEN ÜBERGANG
Die Initiation und Transformation der Menschheit 30
Resilienz entwickeln in einer sich wandelnden Welt 39

Teil II: DREI ZUKUNFTSSZENARIEN FÜR DIE MENSCHHEIT
Zukunft I: Aussterben 54
Zukunft II: Autoritarismus 65

Teil III: STUFEN DER INITIATION UND TRANSFORMATION
Szenario der Transformation 74
2020er: Die große Auflösung – Zusammenbruch 78
2030er: Der große Kollaps – der freie Fall 100
2040er: Die große Initiation – Leid und Schmerz 111
2050er: Der große Übergang – Frühes Erwachsensein 126
2060er: Die große Freiheit – Die Wahl für die Erde 136
2070er: Die große Reise – Eine offene Zukunft 143

Teil IV: AUFSCHWUNG FÜR EINE TRANSFORMIERENDE ZUKUNFT
Entscheidung für Lebendigkeit 147
Entscheidung für Bewusstsein 166
Entscheidung für Kommunikation 173
Entscheidung für Reife 184
Entscheidung für Versöhnung 189
Entscheidung für Gemeinschaft 200
Entscheidung für Einfachheit 206
Entscheidung für Zukunft 216

Danksagung 219
Eine persönliche Reise 221
Endnoten 228

VORWORT

An der Schwelle:
Trauer, Initiation und Transformation

von Francis Weller

"In einer dunklen Zeit beginnt das Auge zu sehen."
Theodore Roethke

Wir leben in turbulenten Zeiten auf diesem wunderschönen Planeten. Jeder Anschein von Immunität bricht zusammen, wenn wir erkennen, wie sehr unser Leben mit allem verwoben ist – mit Algenteppichen und kalbenden Gletschern, mit Waldbränden und steigenden Meeresspiegeln, mit Flüchtlingen und den angstvollen Träumen junger Menschen überall. Das Ungleichgewicht, das die Welt erschüttert, fühlt sich an wie ein ständiges Beben entlang der Verwerfungslinien unseres psychischen Lebens.

Nur sehr wenige Dinge fühlen sich stabil an. Es ist wie ein Fiebertraum. Vielleicht haben wir die Initiationsschwelle erreicht, die es braucht, um uns aufzuwecken. Was auch immer geschieht, es wird uns viel abverlangt werden, wenn wir es durch die Turbulenzen dieser engen Passage schaffen wollen. Wir wissen nicht, was vor uns liegt, aber eines ist sicher: *Dies ist eine Zeit für kühne Schritte.* Es ist an der Zeit, aufzuwachen und demütig unseren Platz auf diesem atemberaubenden Planeten einzunehmen. Unerbittlich spricht die Zukunft durch uns.

James Hillman, der brillante Archetypenpsychologe, schrieb: "Die Welt und die Götter sind tot oder lebendig, je nach unserem Seelenzustand."[1] Mit anderen Worten: Die Lebendigkeit der belebten, sinnlichen Welt und unsere Begegnung mit dem Heiligen sind davon abhängig, dass unsere Seelen vollkommen lebendig sind! Eine wache Seele ist mit der lebendigen Welt verwoben – mit ihrer Schönheit, ihren Reizen und ihrem Wunder, mit ihren Sorgen, ihren Verletzungen und ihren Tränen. Angesichts des Zustands der Welt und unseres Seelenlebens müssen wir innehalten und fragen: *"In welchem Zustand sind unsere Seelen?"* Nach allem, was wir beobachten können, ist der vorherrschende Seelenzustand verzweifelt, leer, ausgehungert, verarmt und von Kummer geplagt. In der Sprache einiger traditioneller Kulturen würden wir unsere Zeit als eine Zeit des Seelenverlusts diagnostizieren. Die Seele zu verlieren bedeutet, sich leer zu fühlen, ohne Wunder, Freude und Leidenschaft. Es bedeutet, sich von den vitalisierenden Beziehungen zur lebendigen Welt so abgeschnitten zu fühlen, dass man in einer abgestorbenen Welt gestrandet ist. Die langjährige Vertrautheit mit den vielfältigen Erscheinungsformen der Erde – ihren unzähligen Lebewesen, der überwältigenden Fülle an Farben und Düften – ist in Vergessenheit geraten. An ihre Stelle ist ein rasendes Streben nach Macht und materiellem Gewinn getreten. Dies ist die vorherrschende Realität für einen Großteil der weißen, technologischen, spätkapitalistischen Kultur. Der Verlust der Seele macht uns stumpf und leer, wir wollen immer mehr – mehr Macht, mehr Dinge, mehr Reichtum, mehr Kontrolle. Wir haben vergessen, was die Seele wirklich befriedigt.

Ich habe beinahe vier Jahrzehnte damit verbracht, die Bewegungen der Seele zu verfolgen, vor allem durch die Höhlen der Trauer. In meiner Praxis als Psychotherapeut und in vielen Workshops habe ich die große Bandbreite des Kummers gesehen, den wir in unseren Herzen tragen. Durch frühe Traumata, Todesfälle, Scheidungen, Selbstmorde geliebter Familienangehöriger oder Freunde, Süchte, Krankheiten und mehr ... das Ausmaß des Leidens ist schmerzhaft deutlich geworden. Immer häufiger höre ich in den Klagen Einzelner nicht so sehr die Trauer über ihre persönlichen Verluste, sondern über die der größeren, ursprünglicheren Welt, die von Minute zu Minute kleiner wird. Ihre Seelen registrieren den Schmerz der Welt. Seltsamerweise gibt mir dies Hoffnung.

Das schiere Gewicht dieses persönlichen und kollektiven Kummers reicht aus, um unser Herz zu erdrücken und uns zu zwingen, uns abzuwenden und Trost in Betäubung und Ablenkung zu suchen. Wenn wir jedoch zusammenkommen und diese Geschichten des Kummers in Trauerritualen miteinander teilen, beginnt sich etwas zu verändern. Wenn unsere Trauer von einer Gemeinschaft des Mitgefühls miterlebt und getragen wird, kann sich Trauer unerwartet in Freude verwandeln, ermutigt zu einer Liebe für alles, was uns umgibt. Liebe und Verlust sind seit jeher eng miteinander verwoben. Unsere Trauer anzuerkennen bedeutet, unsere Liebe zu befreien, damit sie in die darauf wartende Welt hinausfließen kann.

Etwas rührt sich in den Tiefen dieser Zeit. Unsere kollektive Verleugnung scheint Risse zu bekommen. Wir können die Tatsache nicht länger leugnen, dass sich die Welt radikal verändert. Wir spüren die auftretenden Zusammenbrüche in unseren

Knochen, und gleichzeitig fühlen sich unsere Herzen mit Trauer beschwert. Vielleicht ist es unser gemeinsamer Schmerz, aufgewühlt durch unsere Liebe zu diesem einzigartigen, unersetzlichen Planeten, was letztendlich unser gemeinsames Engagement aktivieren wird, um auf die ungezügelte Misshandlung der Welt zu reagieren. Robin Wall Kimmerer schreibt: "Wenn Trauer ein Tor zur Liebe sein kann, dann lasst uns alle um die Welt weinen, die wir gerade kaputtmachen, damit wir sie wieder zur Ganzheit zurücklieben können."[2]

Die Lange Dunkelheit

Duane Elgins *Wähle die Erde* ist ein anspruchsvolles Buch, das uns auffordert, die harte Arbeit auf uns zu nehmen, uns den auf uns zukommenden Wellen von Zusammenbruch, Verwirrung, Chaos und Verlust zu stellen. Der Autor lädt uns ein, an dem schwierigsten Übergang teilzunehmen, den die Menschheit jemals zu bewältigen haben wird – eine Einladung, von der wir gehofft hatten, sie würde nie eintreten. Ihr Erscheinen verkündet, dass sich der Planet bereits radikal und unwiderruflich verändert hat und es nun an uns liegt, Antworten darauf zu finden. Allerdings liegt in dieser bedrohlichen Schwellenzeit auch die Saat für die mögliche Reifung der Menschheit zu einer planetarischen Gemeinschaft verborgen. Wie in diesem Buch dargelegt, wird es ein langer Weg sein, und wir werden über viele Jahrzehnte und wahrscheinlich noch Generationen an diesen evolutionären Veränderungen zu arbeiten haben. Also, liebe Leserin, lieber Leser, bleibe am Ball, auch wenn es schwierig wird. Auch wenn es dir tausend Mal das Herz bricht. Wie die buddhistische Gelehrte und Ökophilosophin Joanna Macy einmal sagte: „Wenn das Herz aufbricht, vermag es das ganze Universum einzuschließen."

Elgin bietet keine Rezepte an, um das, was geschieht, wieder in Ordnung zu bringen, noch ermutigt er zu einer Rückkehr in eine bessere Vergangenheit, und er schlägt auch nicht vor, dass wir vor dem Ruin kapitulieren. Er erkennt seelenvoll an, dass wir durch diese Zeit der kollektiven Initiation hindurch müssen, um unseren Platz als verantwortungsvolle Erwachsene einzunehmen, die gemeinsam an der Schaffung einer gesunden und lebendigen Gemeinschaft aller Lebewesen mitarbeiten. Dies ist eine anspruchsvolle Lektüre. Vieles wird beim Aufnehmen der Informationen, der Zeitlinien und der Trauer über die jetzige Entwicklung unserer Geschichte in dir ausgelöst werden. Lies weiter. Die Zukunft ist nicht festgelegt, und jeder von uns ist ein entscheidender Faktor bei der Gestaltung dessen, was kommen wird.

Dieser Abstieg führt uns in andere Regionen hinab. In diesem umschatteten Terrain treffen wir auf eine Landschaft, die unserer Seele vertraut ist – Verlust, Trauer, Tod, Verletzlichkeit, Angst. Dies ist eine Zeit des Niedergangs, der Verluste und des Loslassens, eine Zeit des Zerfalls und Zusammenbruchs. Es ist keine Zeit des Aufstiegs und des Wachstums. Es ist keine Zeit der Zuversicht und der Leichtigkeit. Nein. Wir werden nach unten gedrückt, wobei „unten" hier das entscheidende Wort ist. *Aus der Perspektive der Seele ist dieses „Unten" heiliger Boden.* Wir werden in die Säulengänge der Seele geleitet.

Wir treten in eine Zeit ein, die man als die *Lange Dunkelheit* bezeichnen könnte. Ich sage dies nicht mit einem Ton der Verzweiflung oder mit einer Haltung der Hoffnungslosigkeit, sondern in Anerkennung und Wertschätzung der notwendigen Arbeit, die nur im Dunkeln stattfinden kann. Dort ist das Reich der Seele, des Flüsterns und der Träume, des Mysteriösen und der Fantasie, des Todes und der Ahnen. Es ist ein wichtiges Territorium, das ebenso unvermeidlich wie notwendig ist und eine Form der seelischen Reifung bietet, die unserem tieferen Leben allmählich Gestalt verleiht. Bestimmte Dinge können nur in dieser Grotte der Dunkelheit geschehen. Denke etwa an das wilde Netzwerk aus Wurzeln und Mikroben, Myzelien und Mineralien, das alles ermöglicht, was wir in der Tageswelt sehen, oder an die ausgedehnten Netzwerke im eigenen Körper, durch die Blut, Nährstoffe, Sauerstoff und Gedanken dem Körper Leben zuführen. All das geschieht in der Dunkelheit.

Wir sind es kollektiv nicht gewohnt, den Abstieg als etwas Wertvolles und Wesentliches zu betrachten. Die meisten von uns leben in einer Kultur des Aufstiegs. Wir lieben es, wenn die Dinge sich nach oben entwickeln ... nach oben aufsteigen ... nach oben, immer nach oben. Wenn es nach unten geht und die Dinge abzusteigen beginnen, geraten wir leicht in Panik, Unsicherheit und bekommen Angstzustände. Wie also können wir diesen unberechenbaren Zeiten mit Mut und Vertrauen begegnen? Mit dem Mut, unser Herz offen zu halten, und dem Vertrauen, dass im Abstieg ein Sinn liegt. Wie können wir erneut die Heiligkeit erkennen, die in der Dunkelheit wohnt?

Um uns an das Heilige in der Dunkelheit zu erinnern, sollten wir mit den Sitten und Gewohnheiten der Seele vertraut sein. Wir müssen eine andere Art des Sehens entwickeln, während wir immer weiter in das kollektive Unbekannte hinabsteigen. Wir sind aufgefordert, uns an die seelischen Disziplinen zu erinnern, die es uns ermöglichen werden, durch die *Lange Dunkelheit* zu navigieren. Dies ist eine Zeit, in der wir uns in *tiefem Zuhören* üben, das die Weisheit in anderen und in der träumenden Erde anerkennt. Im tiefen Zuhören beginnen wir zu entdecken, was ins Leben gerufen werden möchte. So fragt Alexis Pauline Gumbs, eine schwarze feministische Schriftstellerin und Dichterin: „Wie können wir artenübergreifend durch das Aussterben und den Schaden hindurch zuhören?"[3]

Zu den Qualitäten und Disziplinen, die wir gemeinsam praktizieren sollten, gehören die folgenden:

- *Zurückhaltung* bietet ein ruhiges Atemholen, ein Innehalten, einen Moment der Besinnung, in dem die Dinge sich uns enthüllen können. Zurückhaltung ermöglicht es, eine Sache reifen zu lassen, bevor wir zur Tat schreiten.
- *Demut* würdigt unsere Gemeinsamkeit und bringt uns dem Boden nahe, eine Haltung, die uns unsere enge Verwobenheit mit der lebendigen Welt bewusst macht. Nichtwissen erinnert uns daran, dass wir in einem Mysterium leben – im sich ständig entfaltenden, ungeformten, gegenwärtigen Moment. Wir wissen nicht, was geschehen wird, und diese Wahrheit macht uns demütig und verletzlich. Und schließlich ...
- *Loslassen* ... verwurzelt in der grundlegenden Wahrheit der Vergänglichkeit. Jeder von uns bereitet sich auf sein eigenes Verschwinden vor und ist gleichzeitig Zeuge der sich ständig verändernden Welt. So werden wir an den kontinuierlichen Prozess der Veränderung erinnert.

Jede dieser Disziplinen hilft uns, uns in der Präsenz zu entwickeln. Eine der wichtigsten Fähigkeiten, die wir in diesen unsicheren Zeiten kultivieren müssen, ist unsere Fähigkeit zu trauern. Selbst unser Grundvertrauen in die Zukunft ist erschüttert worden, seit wir begonnen haben, die sich abzeichnende Klimakrise und die Erosion des sozialen Gefüges wahrzunehmen. Als Folge dessen sehen wir uns jetzt mit einer grundlegenden Wahrheit konfrontiert: Wir stehen am Beginn einer *schwierigen Initiation*.

Unsanfte Einweihungen

Die Ungewissheit hat bei uns zu Hause Einzug gehalten und ihren Weg in unser aller Leben gefunden. Was einst stabil und vorhersehbar war, ist ins Wanken geraten; ein steiler Abstieg ins Unbekannte hat für uns begonnen; wir sind umgeben von Unsicherheit, Angst und Trauer. Viele meiner Klienten offenbaren, dass der Zustand der Welt sie am allermeisten beunruhigt! Die Symptome beschränken sich nicht mehr auf unsere innerpsychische Realität – unsere persönliche Geschichte, die eigenen Wunden und Traumata. Der Patient ist jetzt der Planet selbst, und er zeigt Symptome von Kollaps, Depression, Angst, Gewalt und Sucht. Sie machen sich im gesamten Körper der Erde bemerkbar, erschüttern zutiefst unseren psychischen Boden und wirken sich überall aus.

In unserer gemeinsamen Erfahrung des Leidens
liegen die noch ungereiften Samen
der Einweihung verborgen.

Tagtäglich erreichen uns Nachrichten über die neuesten, erschreckenden Klimaberichte, von Verstößen gegen unsere menschlichen und nichtmenschlichen Verwandten, von Tragödien aus allen Teilen der Welt. Unsere Psyche wird damit geradezu überschwemmt. Das ganze Maß des Elends und des Verlusts ist für uns als Einzelne nur schwer zu fassen. Wir sind für dieses Ausmaß an anhaltenden, kollektiven Traumata nicht gerüstet. Wir sind dafür geschaffen, die Herausforderungen und Sorgen unserer lokalen Gemeinschaft und unsere eigenen leidvollen Erfahrungen zu bewältigen. Um zu lernen, diese neue Realität zu verdauen, bedarf es der Unterstützung durch die Gemeinschaft, brauchen wir Rituale, die uns helfen, mit unserer Seele verbunden zu bleiben, und eine mitreißende Idee, die uns dazu ermutigt, von dem zu träumen, was möglich ist. Ohne eine solche tiefe Verbundenheit werden wir weiterhin auf Vermeidungsstrategien und heroisches Auftreten zurückgreifen, in der Hoffnung, schmerzhafte Begegnungen umgehen zu können.

Während wir die Inhalte von *Wähle die Erde* langsam verdauen, realisieren wir, dass wir durch eine *heftige Initiationsphase* taumeln, in der sich unsere inneren und äußeren Landschaften radikal verändern, die gleichzeitig zutiefst persönlich und extrem kollektiv sind und uns miteinander verbinden. Jeder, den wir treffen – im Supermarkt, in der Schlange an der Tankstelle, beim Spaziergang mit dem Hund – steckt in diesem Grenzbereich zwischen der vertrauten Welt und der fremden, neu auftauchenden Welt. Bleib also dran!

Die tiefgehende Arbeit der traditionellen Einweihungen war dazu da, eine alte Identität abzustreifen. Der Prozess war so angelegt, dass er genügend Intensität und Hitze erzeugte, um die Seele zu schmoren und die Initianden darauf vorzubereiten, ihren Platz in der Versorgung und Pflege des Gemeinwesens einzunehmen. Es ging dabei nie um das Individuum. *Es ging nicht um Selbstoptimierung oder darum, einen besseren Menschen aus ihm zu machen.* Nein, *die Einweihung war ein Akt der Aufopferung für die größere Gemeinschaft, in die der Eingeweihte aufgenommen wurde und der er oder sie nun die Treue hielt.* Sie wurden darauf vorbereitet, ihre Rolle bei der Sicherung der Lebensfähigkeit und des Wohlergehens innerhalb des Dorfs, des Clans, des Wassereinzugsgebiets und in Bezug auf die Ahnen und die künftigen Generationen zu übernehmen.

Durch initiatorische Begegnungen sollen wir radikal verändert werden. Wir wollen aus diesen turbulenten Zeiten nicht so herauskommen, wie wir hineingegangen sind, weder persönlich noch kollektiv. An diesem Punkt der Geschichte müssen wir mit einem *radikalen Umbruch* umgehen. Diese Periode des unsanften Aufbruchs wurde durch mehrere Krisen ausgelöst: wirtschaftliche Instabilität, kulturelle und politische Umwälzungen, massive Umsiedlung von Flüchtlingen, Rassen- und Geschlechterungerechtigkeit, Nahrungsmittel- und Wasserknappheit, unsichere Verfügbarkeit von medizinischer Versorgung und vieles mehr. Hinter all dem steht der Kollaps unserer ökologischen Systeme. In dem Maße, wie diese Realität näher rückt und unsere vermeintliche Trennung von der Natur verschwindet, desto mehr erkennen wir, dass unser Verständnis von dem, wer wir sind, aufs Engste mit Korallenriffen und Monarchfaltern, Blauflossentunfischen und Urwäldern zusammenhängt. Ihr Schwinden ist unser Niedergang. Wie Elgin schreibt: „Der Ökokollaps bewirkt den Egokollaps." Der Erdcontainer ist am Zerbrechen, und mit ihm die Fiktion des Getrenntseins. Unsere unsanfte Initiation führt zum Tod unserer kollektiven jugendlichen Identität. Es ist Zeit, zu reifen.

Und was nun? Wie navigieren wir durch diese Wogen der Ungewissheit? Wie gehen wir mit der Welt um, wenn das Gewöhnliche fehlt? Die Angst kann uns aufrütteln und unsere Überlebensstrategien aktivieren. Dies zeigt sich im Wiederaufleben alter Verhaltensmuster – wie Sündenbocksuche, Projektion, Hass und Gewalt. Mit solchen Mustern können manche den Abstieg vielleicht vorübergehend vermeiden, aber diese Strategien können uns nicht über die beängstigende Schwelle zu einer planetarischen Zivilisation helfen. Dazu müssen wir unser Erwachsenenpotenzial stärken. Wie bei jeder echten Initiation verlangt dies eine Reifung unseres Wesens, ein stärkeres Hineinwachsen in eine robuste, gut in der Seele verankerte Identität. Wir müssen unermesslich weit werden und fähig sein, alles aufzunehmen, was an der Pforte des Herzens ankommt.

Eine Lehrzeit für Kummer und Sorgen

Unsere kollektive Initiation wird uns unweigerlich mit extremen Dimensionen von Verlust und Trauer konfrontieren. Elgin macht dies sehr deutlich. Die fortschreitende Ausrottung der Arten wird die biologische Vielfalt der Erde in den kommenden Jahrzehnten um ein beträchtliches Mass reduzieren. Die Zahl der Todesopfer wird sich vervielfachen, wenn die Nahrungs- und Wasserquellen versiegen und die regionale Gewalt wegen des eingeschränkten

Zugangs zu Ressourcen zunimmt. Die wirtschaftliche Ungleichheit wird Milliarden von Menschen in unermessliches Leid stürzen. *Kummer und Sorgen werden auf absehbare Zeit das beherrschende Thema sein.* Unsere Fähigkeit, angesichts dieser Flut von Verlusten präsent zu bleiben, hängt davon ab, ob wir diese wichtige Kompetenz kultivieren können. Wir müssen beim Kummer in die Lehre gehen.

Unsere Lehrzeit beginnt, sobald wir begreifen, dass Kummer und Trauer in unserem Leben allgegenwärtig sind. Dies ist eine schwierige Erkenntnis, aber sie bietet die Möglichkeit, unser Herz für eine tiefere Liebe zu unserem einzigartigen Leben und zur windgepeitschten Welt zu öffnen, von der wir ein Teil sind. Wir beginnen mit der einfachen Handlung, die Scherben des Kummers aufzusammeln, die auf dem Boden unseres Hauses verstreut herumliegen. Wir fangen an, unsere Fähigkeit zu entwickeln, das Leid im zarten Nest unseres Herzens zu beherbergen. Durch diese Praxis lernen wir, die allgegenwärtige und allumfassende Präsenz des Schmerzes zu begrüßen. Und dann laden wir einen, zwei ... ein paar Menschen, denen wir vertrauen, dazu ein, sich zu treffen und die anhaltenden Wellen von Kummer und Schmerz miteinander zu teilen, wenn sie ans Ufer schwappen. „Unsere Fähigkeit, zu lieben und zu trösten, wird durch die Trauer der anderen erweitert: Unser eigener Schmerz, der zu groß ist, um festgehalten zu werden, findet seine Freiheit darin, dass andere ihn miterleben."[4]

Trauer ist mehr als ein Gefühl; sie ist auch eine zentrale *Fähigkeit des Menschseins*. Sie ist eine Fähigkeit, die wir entwickeln müssen, sonst werden wir uns in der Hoffnung, den unvermeidlichen Verwicklungen mit dem Verlust zu entgehen, an den Rand unseres Lebens zurückziehen. Durch die Riten der Trauer werden wir menschlich gereift. Die Trauer bringt Schwere und Tiefe in unsere Psyche. Glücklicherweise besitzen wir die Fähigkeit, Trauer in etwas Heilendes für unsere Seele und die Seele der Welt zu verwandeln.

Eine der wesentlichen Praktiken in unserer "Lehrzeit" ist unsere Fähigkeit, einander in Zeiten von Kummer und Trauma beizustehen. Diese Fähigkeit ist unter dem extremen Gewicht des Individualismus und der Privatisierung größtenteils verloren gegangen, insbesondere in den westlichen, industriellen Kulturen. Dies hat einen tiefgreifenden Einfluss darauf, wie wir unsere persönlichen Begegnungen mit Verlust und intensiven emotionalen Erfahrungen verarbeiten und verstoffwechseln. Ohne den vertrauten und verlässlichen Rahmen der Gemeinschaft können solche Zeiten in unser Seelenleben eindringen und uns erschüttert, verängstigt und unsicher über unseren nächsten Schritt zurücklassen.

Trauma ist jede akute oder länger andauernde Erfahrung, welche die Fähigkeit der Psyche, diese zu verarbeiten, überfordert.

In diesen Zeiten ist das, womit wir konfrontiert sind, zu intensiv, um es festzuhalten, zu integrieren oder zu begreifen. Die emotionale Aufladung überfordert unsere Fähigkeit, der Erfahrung einen Sinn zu geben, und wir fühlen uns überwältigt und allein damit. Das Fehlen eines adäquaten Umfelds, das uns in diesen Momenten unterstützen kann, führt zu traumatischen Erfahrungen. Mit anderen Worten: Der Schmerz selbst ist nicht traumatisch. *Nicht bezeugter Schmerz aber schon.* Diese Zeit des raschen und herzzerreißenden planetarischen Wandels erinnert uns daran, dass wir alle zusammen in der gleichen Lage sind und dass wir uns gegenseitig den nötigen Halt bieten können, um unsere gemeinsamen Schmerzen zu verarbeiten.

Aber was ist mit den Traumata, die aus der weiten Welt auf uns einwirken? Hier schlägt Elgin eine neue Art vor, das globale Feld zu erfassen. Er führt den Begriff *Chronic Planetary Traumatic Stress* ein und schreibt: „Der Unterschied zwischen PTSD (Posttraumatische Belastungsstörung) und CPTS besteht darin, dass es sich nicht um eine relativ kurze und begrenzte Episode handelt, sondern um ein lebenslanges Trauma von planetarischer Tragweite. Es gibt kein Entkommen – die Last des kollektiven Traumas durchdringt die Psyche und die Seele der Menschheit." Es gibt kein Entrinnen! Ob wir uns die weitergehenden Traumata eingestehen oder nicht, unsere Psyche registriert die Störung. Wie könnte es auch anders sein? Unser Leben, unsere Körper, unsere Seelen sind völlig mit der Schönheit und dem Leid der Welt verwoben. Wie Elgin betont, werden die chronischen Traumata des Planeten ohne Aufarbeitung bei vielen von uns „tiefe Wunden hinterlassen, sowohl psychologisch als auch gesellschaftlich". Die Fähigkeit, Räume zu schaffen, die kraftvoll genug sind, um die intensiven Energien unseres rohen Schmerzes aufzunehmen, ist ein Schlüsselelement in unserer Lehrzeit mit dem Kummer. Jedes Trauma birgt Leid in sich. Der Verlust ist in die Textur des Traumas eingewoben, und die Szenarien, die Elgin für die nächsten Jahrzehnte und darüber hinaus entwirft, sind von Traumata und Leid geprägt.

Wie sollen wir reagieren, wenn das Leben uns mit überwältigenden Umständen konfrontiert? Wie können wir all das, was wir fühlen, festhalten, wenn die Quelle weit jenseits unserer Möglichkeiten liegt, sie zu beherrschen? Wie können wir unser inneres Leben neu ausrichten, um unsere Psyche in Zeiten des Traumas zu heilen? Hier sind ein paar Angebote zur Pflege unserer Seelen in traumatischen Zeiten – und wer lebt nicht in traumatischen Zeiten?

1. Übe dich in Selbstmitgefühl. Selbstmitgefühl hilft uns, unsere Verletzlichkeit mit Güte und Zärtlichkeit anzunehmen, sodass wir weich und offen bleiben können. Zeiten großer Ungewissheit verlangen nach einem hohen Maß an Großzügigkeit uns selbst gegenüber, damit es uns hilft, die Auswirkungen der Traumata auszugleichen, die unseren Gefühlskörper oft umhüllen. Dies muss unsere erste und wichtigste Absicht sein: alles, was wir erleben, mit Mitgefühl anzunehmen, damit wir unseren Ängsten und unserem Leid einen sicheren Ort anbieten können.

2. Wende dich den Gefühlen zu. Keine Umgehung oder Vermeidungsstrategie kann helfen, die schwierigen Gefühle, denen wir begegnen werden, zu bewältigen. Die Hinwendung zu unserem Leiden ist unerlässlich. Wir müssen nicht nur Zeiten des Schmerzes und der Trauer aushalten und hoffen, sie zu überwinden, sondern wir müssen uns auch aktiv mit ihnen auseinandersetzen und sie voll und ganz spüren. Dieser Schritt erfordert großen Mut. Ohne angemessenes Mitgefühl und Unterstützung ist es jedoch schwierig, uns den schmerzhaften Gefühlen, die uns erwarten, zu öffnen.

3. Staune über Schönheit. Eine Traumatisierung hat tiefgreifende Auswirkungen auf unsere Gefühle von Lebendigkeit und erzeugt oft einen Zustand der Betäubung oder Anästhesie. Dieser betäubte Zustand schützt uns eine Zeit lang davor, den rohen, sengenden Emotionen zu begegnen, die ein Trauma oft begleiten, aber gleichzeitig stumpft er auch unser sinnliches Engagement mit allem, was uns umgibt, ab. Die Anziehungskraft der Schönheit hilft, die Öffnung des Herzens vollständig zuzulassen. Leid und Schönheit, Seite an Seite. Die Seele hat ein grundlegendes Bedürfnis nach Begegnungen mit der Schönheit – einer zentralen Quelle der Nahrung, die unseren Sinn für Vitalität und Ehrfurcht ständig erneuert.

4. Geduld. Die Heilung von Trauma benötigt Zeit. Geduld ist hilfreich, um verletzte Seelenanteile, die durch Trauma abgespalten sind, zu heilen. Das Zusammenwachsen eines Knochens braucht Zeit. Die Seele zu heilen dauert noch länger. Sei geduldig mit deinem Prozess. Die tiefe Weisheit der Seele weiß, wie wichtig es ist, langsam vorzugehen. Aus dem hektischen Tempo der modernen Kultur auszusteigen ist wichtig, um in der Welt der Seele wieder Fuß fassen zu können. Geduld ist eine Disziplin, eine Übung, die verwundete, verletzliche Seelen beruhigt und uns hilft, die Früchte unserer Bemühungen zu ernten.

Ein allmähliches Erwachen, eine neu entstehende Welt

Unsere lange Trauer-Lehrzeit bringt eine enorme seelische Weite zur Entfaltung, die alles aufzunehmen vermag: Verlust und Schönheit, Verzweiflung und Sehnsucht, Angst und Liebe. *Wir werden immens.* Unsere stete Hingabe an die Arbeit mit der schweren Fracht der Trauer erweicht allmählich das Herz, und wir spüren, wie sich unsere Verbindung mit der größeren, fühlenden Welt ausweitet. Die Zeit, die wir in unserer Tiefe verbringen, hilft uns, eine fühlbare Intimität mit der Erde und dem Kosmos zu entwickeln. Wir kommen nach Hause. Wir spüren, wie die Distanz zwischen uns und den anderen abnimmt. Unsere Identitäten werden durchlässig, und wir empfinden eine zunehmende Verwandtschaft mit der menschlichen und nicht-menschlichen Gemeinschaft. Eine neue Ehrfurcht vor dem Leben entsteht, wenn wir die lebende Präsenz der Erde als Organismus wahrnehmen, der im lebendigen Kosmos eingebettet ist.

Dies ist die heraufdämmernde Erfahrung einer möglichen Zukunft für die Erde. Eine reifere Menschheit ist im Entstehen, noch zart, verletzlich und zerbrechlich. Wir treten in unser frühes Erwachsenenalter ein, sind aber noch nicht genug entwickelt, um viel Druck aushalten zu können. Die Grenzen sind fließend, unbeständig und unvorhersehbar. Während wir in den „Großen Übergang" (*The Great Transition*) eintreten, wie Elgin es nennt, müssen wir immer wieder zur Demut zurückkehren. Was die Menschheit im Verlauf der *Langen Dunkelheit* durchgestanden hat, muss jetzt geduldig geerntet werden. Unsere Aufgabe ist es, diese neu entstehende Sensibilität zu schützen und sie an die nachfolgenden Generationen weiterzugeben. Jede kommende Generation kann dieses sich neu entwickelnde Bewusstsein stärken, indem sie ihre eigenen Erkenntnisse, Praktiken, Rituale, Lieder, Geschichten und vieles andere einbringt – bis sie zu einer robusten Präsenz wird, die mit dem sich entfaltenden Kosmos im Einklang ist.

Während unsere Spezies heranreift, verändert sich unser Verhältnis zur Erde zunehmend in eine wechselseitige Beziehung. Wir sind aufgerufen, all jene Werte und Praktiken zu fördern, die dazu beitragen, den „Organismus" dieser wunderbaren Welt zu erhalten. Werte wie Respekt, Zurückhaltung, Dankbarkeit und Mut tragen dazu bei, unsere Fähigkeit zu stärken, das zu erhalten und zu schützen, was wir lieben. In Ehrfurcht und Demut ist uns bewusst, dass unser Leben mit allem Lebendigen verbunden ist. Was einen einzelnen Strang des Netzes betrifft, wirkt sich auf uns alle aus. Wir sind hier, um an der ewig währenden Schöpfung teilzuhaben und unsere Vorstellungskraft, Zuneigung und Hingabe zur Erhaltung der Welt einzubringen.

Elgin macht eine Notwendigkeit sehr deutlich: Wir müssen ein stabiles Kollektiv von Erwachsenen hervorbringen, deren primäre Loyalität der lebensspendenden Welt gilt, von der wir abhängig sind. Wir müssen auch lernen, uns der Loyalität verpflichtet zu fühlen, die wir für unsere Wassereinzugsgebiete, Migrationsrouten, marginalisierten Gemeinschaften und für die Seele dieser Welt empfinden. Wir müssen den Urgrund unserer Lebenskraft und die Realität unseres freien, überschäumenden Lebens spüren können. Die Initiation besänftigt die Seele, bringt ihre verborgene Essenz zum Vorschein und ruft die Medizin hervor, die wir dieser atemberaubenden Welt anzubieten haben. Wir werden gebraucht!

Die Initiation lässt uns reifen und bereitet uns darauf vor, uns stärker zu beteiligen und einzusetzen, um Hüter und Heger für den Kosmos zu sein. Das ist die Essenz dessen, weshalb wir als Spezies hier auf Erden sind. Unsere kosmologische Aufgabe ist es, den Traum der Welt am Leben zu erhalten. Diese Berufung hat etwas Schönes, Würdevolles und Großartiges an sich. Es wird immer deutlicher, dass diese Erkenntnis in den kommenden Jahrzehnten tief in die Herzen und Seelen der Menschen Eingang finden muss. Im Grunde genommen sind wir aufgerufen, unser Leben zu weihen und in unserem Handeln Ehrfurcht zu üben. Dies ist die erste Wahrheit, die sich in den Knochen von jedem verankern muss, der sich dieser planetarischen Einweihung unterzieht. Darüber hinaus beinhaltet die Einweihung auch eine Seelenmedizin. Wir sind aufgefordert, die besonderen Gaben, für die wir hierhergekommen sind, zu verschenken.

Die Einweihung lockert auch den engen Kragen der Zivilisation und bringt uns dazu, unsere innere Wildheit zurückzufordern. Die Umklammerung unserer domestizierten Psyche löst sich und wir werden fähig, in eine multizentrische Welt einzutreten, in der alles eine Seele besitzt und eine eigene Sprache spricht. Und eine letzte Wahrheit, die mit der Einweihung einhergeht: Wir sind aufgefordert, ein Haus der Zugehörigkeit zu errichten, das all jenen, die sich unbeachtet oder ausgeschlossen fühlen, Orte des Willkommens bieten kann.

Wir, die wir das Privileg des vorgerückten Alters haben, müssen uns den nachfolgenden Generationen stellen, den Jüngeren, deren Zukunft durch unsere Vernachlässigung der Welt ernsthaft bedroht ist. Ich sehe die verständlicherweise fassungslosen, wütenden, verzweifelten Gesichter von Millionen.

„Ich weiß nicht, was ich sagen soll, außer, dass ich euch wahrnehme. Ich erkenne eure Sorge und Verzweiflung an, eure Empörung und Verwirrung. Euer Vertrauen in eine mögliche Zukunft wird tagtäglich untergraben. Was ihr von Natur aus erwartet habt – eine Zukunft voller Möglichkeiten – verblasst und schwindet dahin, noch während ihr danach greift. Ich spüre den unermesslichen Schmerz in euren Herzen. Ich sehe ihn jedes Mal, wenn wir einen Moment miteinander verbringen. Er ist in euren Gesichtern eingebrannt, in euren Worten. Es tut mir leid. Bitte wisst, dass viele von uns alles unternehmen, was wir können, um einen Weg durch diesen schmalen Durchgang zu finden und eine Welt zu erschaffen, die eures Lebens würdig ist. Ich sehe auch eure Leidenschaft und euer Engagement, um für ein Leben zu kämpfen, das Sinn und Schönheit, Zugehörigkeit und Freude bietet. Ich sehe eure Sehnsucht, eine lebendige Kultur zu schaffen, die mit den Wegen und Rhythmen der Erde im Einklang ist. Ich sehe eure Kreativität und eure kühne Vorstellungskraft, mit der ihr die Dinge auf eine Weise wahrnehmt, von der meine Generation nie zu träumen gewagt hätte. Inmitten eures Schmerzes seid ihr stark. Euch wurde so viel abverlangt, und das schon so früh, und der Impuls zur Einweihung wurde vielleicht aktiviert, bevor ihr dazu bereit wart. Vielleicht aber auch nicht. Vielleicht seid gerade *ihr* es, die in der Lage sind, einen Weg durch diese kollektive dunkle Nacht der Seele zu bahnen."

Ein neuer Mensch, eine neue Erde

Es ist ein Privileg, in diesem Augenblick unserer kollektiven Geschichte zu leben. Wir sind diejenigen, die diese Schwellenzeit überbrücken können. Wir sind es, die die Wahl haben, sich an der Reparatur der Erde und der Schaffung einer lebendigen planetarischen Kultur zu beteiligen. Wir sind es, die in einem Moment der ungeheuren Möglichkeiten leben, in dem wir einen heiligen Bund mit der beseelten Welt wiederherstellen können. Wir sind es, die auf diese Umstände reagieren und an der Gestaltung einer neuen Erde mitwirken können. Die Erde ist jedoch zutiefst verwundet und bedarf einer geduldigen Wiederherstellung. Uns der heiligen Pflicht der Reparatur zu widmen, stellt eine tiefe Prägung unserer Einweihung dar.

Jeder heute lebende Mensch wird die unsanfte Initiation dieser Zeit erleben. Niemand wird von den Auswirkungen des sich verschlechternden Klimas oder von den Belastungen, die auf unser wirtschaftliches, politisches und soziales Leben zukommen, verschont bleiben.

Die Einweihung ist nicht freiwillig. Die Frage, die sich stellt, ist: Werden wir uns dafür entscheiden, an diesem Prozess der Einweihung teilzunehmen? Werden wir in der Lage sein, über unser Eigeninteresse hinauszublicken und *als eine planetarische Gemeinschaft zu denken?* Auf die eine oder andere Weise werden wir dabei tiefgreifend umgeformt werden. Wenn wir uns dafür entscheiden, die Herausforderungen dieser Schwellenzeit anzunehmen, können wir gereift daraus hervorgehen und bereit sein, am *„Traum der Erde"* teilzuhaben, wie es Geologe Thomas Berry nannte. Kennzeichen dieses neuen Selbst wird ein Mensch sein, der *mehr auf seine Verantwortung als auf seine Rechte bedacht ist, der sich mehr der vielfältigen Verflechtungen als der Ansprüche bewusst ist.* Wir werden eingeweiht in ein riesiges Meer von intimer Vertrautheit ... mit dem Dorf, den Sternenhaufen und den knorrigen alten Eichen, mit staunenden Kinderaugen, dem gesammelten Wissen unserer Ahnen und der duftenden Erde.

Die Bedeutung dieser Entscheidung kann gar nicht hoch genug eingeschätzt werden. Indem wir uns an der schwierigen Aufgabe des radikalen Wandels beteiligen, werden wir auf eine tiefe Art und Weise dazu beflügelt, unserer bedrängten Welt lebenswichtige Medizin zu bringen. Dazu gehört, dass wir lernen, wie wir mit den Mitteln leben können, die uns die Erde zur Verfügung stellt.

„Wähle die Erde" bedeutet, sich für die Erde zu entscheiden, sich für Einfachheit, Gemeinschaft, Versöhnung und Teilnahme zu entscheiden. Das sind Schritte, die wir alle unternehmen können, jetzt sofort. Wir können uns auf unsere *primären Befriedigungen* besinnen – die Kernbestandteile eines gesunden Seelenlebens. Diese Bedürfnisse haben sich über mehrere hun-

derttausend Jahre entwickelt und unser psychisches Leben so geformt, dass wir Gefühle der Bedürfnisbefriedigung und Zufriedenheit erlangen. Werden unsere Grundbedürfnisse erfüllt, dann verlangt es uns nicht nach dem neuesten technischen Schnickschnack, dem neuesten Automodell, der nächsten Form psychischer Betäubung. Dann sind wir im Grunde von toxischem Konsumverhalten und Materialismus befreit. Wir leben ein einfaches Leben, wir sind einfach am Leben. Um uns befriedigt und zufrieden zu fühlen, brauchen wir Berührungen, die uns bestärken und beruhigen, und in Zeiten der Trauer und des Schmerzes wollen wir gehalten werden. Wir brauchen es auch, ausgiebig zu spielen, und unser Essen mit anderen zu teilen, indem wir es bei herzlichen Gesprächen achtsam zu uns nehmen. Wir brauchen dunkle, sternenklare Nächte, in denen Worte unnötig werden. Und natürlich brauchen wir die Freuden der Freundschaft und des unbefangenen Lachens.

Wir brauchen ein vitales, rituelles Leben, das uns in kritischen Zeiten mit der unsichtbaren Welt verbindet – beim Überschreiten der Initiationsschwelle, beim Pflegen unserer Verletzlichkeit, wenn wir krank sind oder beim Feiern unserer gemeinsamen Dankbarkeit für die Segnungen dieses Lebens. Wir brauchen eine ständige, intime und sinnliche Verbindung mit dem ungezähmten Puls der Natur. Unsere Herzen und Ohren müssen sich an Geschichten, Tanz und Musik erfreuen können. Wir sehnen uns nach der Aufmerksamkeit engagierter Älterer, und wir gedeihen in einer Gemeinschaft, die in einem System verwurzelt ist, das auf Gleichheit und Einbeziehung beruht. Das sind die Dinge, die wir uns wirklich wünschen.

Lasst uns also bereit sein, gemeinsam in die große Dunkelheit dieser Zeit hinabzusteigen und zu schauen, was dort, im Mysterium, auf unsere hingebungsvolle Aufmerksamkeit wartet. „Die Knospe enthält so vieles", wie der Dichter sagt. So vieles sehnt sich nach Ausdruck. Eine größere Reise liegt vor uns, auf der wir vielleicht in etwas Ungeahntes hineinwachsen, vielleicht ein neues Wesen gebären, eine bio-kosmische Präsenz.

Nun ist die Zeit, in der wir von dem träumen können, was sein könnte. Viele von uns werden das andere Ufer der *Langen Dun-*

kelheit nicht mehr erblicken. Aber einige schon. Wie Duane Elgin schreibt: „Jetzt sehe ich mich selbst Samen von Möglichkeiten säen, aber ohne die Erwartung, es noch zu erleben, wie sie in einem neuen Sommer zur Blüte kommen oder wie ich mich an ihren Früchten in der Ernte eines fernen Herbstes werde erfreuen können. So vertraue ich jetzt auf die Weisheit der Erde und der Menschheitsfamilie, wenn es darum geht, eine weitere Jahreszeit des Lebens hervorzubringen". Dies ist der Segen eines Älteren. Wir leben für das, was sein könnte, in dem Wissen, dass wir die Früchte vielleicht nie sehen werden.

Der einzige Ausweg ist der Weg hindurch, der einzige Durchgang ist ein gemeinsamer. Dies ist eine kollektive Einweihung. Dies ist die Zeit der Schwangerschaft für eine mögliche planetarische Gemeinschaft. Wir sind die Hebammen, die Älteren, die Führer zu unserem zukünftigen Leben. Es ist eine gute Zeit, um am Leben zu sein.

Francis Weller
Russian River Watershed
Shasta Bioregion

Teil I

Unsere Welt im grossen Wandel

Wir erben die Erde nicht von unseren Vorfahren,
wir borgen sie uns von unseren Kindern.

Weisheit der amerikanischen Ureinwohner

Die Initiation und Transformation der Menschheit

Wir vergessen oft, dass wir die Natur sind. Die Natur ist nicht etwas, das von uns getrennt ist. Wenn wir also sagen, dass wir unsere Verbindung zur Natur verloren haben, ist es so, dass wir die Verbindung zu uns selbst verloren haben.

Andy Goldsworthy

Wenn du das kraftvolle Vorwort meines guten Freundes Francis Weller gelesen hast, dann weißt du, dass die Menschen auf der Erde in eine Zeit des großen Übergangs eingetreten sind – eine Zeit der kollektiven Initiation, in der wir durch großes Leid gehen, um neue Potenziale zu wecken. Wir gehen als Spezies durch eine schmerzhafte Geburt, während wir in unsere kollektive Reife hineinwachsen. *Wähle die Erde* richtet sich an reife, stabile Menschen mit Resilienz, die bereit sind, in diesem beispiellosen Übergang in die Tiefe zu gehen und unsere Welt zu erkunden.

Wenn ich in die Zukunft blicke, sehe ich zwei Gewissheiten: Erstens: Die Zukunft ist äußerst ungewiss, weil so viel von den Entscheidungen abhängt, die wir jetzt treffen, individuell und kollektiv. Zweitens: Die Welt der Vergangenheit ist vorbei. Wir können nicht zurück zur „alten Normalität", denn „normal" war sie nie! – Sie war abnormal, extrem im Hinblick auf Überkonsum, Artensterben, schmelzende Eiskappen, sterbende Ozeane, schwere Dürren, massive Waldbrände, tiefgreifende Entfremdung, extreme Ungerechtigkeit und vieles mehr. Eine Zeit von großem Verlust und großem Wandel steht uns bevor. Es gibt kein Zurück mehr. Es gibt keinen zweiten Versuch. Wir können die Polkappen nicht wieder einfrieren und das angenehme Klima der letzten zehntausend Jahre wiederherstellen. Wir können uralte Grundwasserquellen, die leergepumpt wurden, nicht wieder auffüllen. Wir können die komplexe Ökologie der Vergangenheit nicht ohne Weiteres wiederherstellen und Tausende von Tier- und Pflanzenarten wieder zum Leben erwecken. Wir können die Dynamik des Meeresspiegelanstiegs nicht aufhalten, selbst wenn wir die CO_2-Emissionen jetzt stoppen. Wir können die Übernutzung („Overshoot"), die durch den rücksichtslosen Verbrauch und die Ausbeutung der Ressourcen der Erde entstanden ist, nicht rückgängig machen. Wir befinden uns in einem tiefgreifenden Prozess, der uns bis ins Mark erschüttern und verändern wird. Große Verheißungen und Möglichkeiten rufen uns und lenken unseren Blick über die von uns selbst verursachten Tragödien hinaus.

Wir erschaffen diesen Übergangsritus. Dies ist nicht die Zeit, zu zögern und sich zurückzulehnen. Wir sind aufgefordert, gemeinsam aufzustehen und mutig vorwärtszugehen, als ob unsere Leben davon abhingen. Das tun sie auch. Dennoch zögern viele. Wir denken vielleicht, dass wir noch genug Zeit haben – in der Annahme, dass das Tempo des Wandels in der Vergangenheit ein genaues Maß für das Tempo der Veränderungen in den kommenden Jahren sei. Dies ist jedoch nicht der Fall. Das Tempo des Wandels beschleunigt sich, da sich mächtige Trends gegenseitig verstärken und in einer gewaltigen Welle des Umbruchs zusammenlaufen, die die Welt der Vergangenheit wegspült. Wir können die Geschwindigkeit der Veränderungen, wie wir sie in der Vergangenheit erlebt haben, nicht mehr sicher als Maßstab für die Zukunft heranziehen. Wir sind aus der Zeit gefallen. Unsere nackte Existenz hängt davon ab, dass wir den tiefgreifenden Wandel in unserer Welt mit neuen Augen betrachten.

Vielleicht zögern wir auch, weil wir glauben, dass neue Technologien uns vor den Unannehmlichkeiten bewahren werden, die mit grundlegenden Veränderungen in unserem Leben verbunden wären. Die Kräfte des Wandels sind jedoch so tiefgreifend und mächtig, dass wir unseren ganzen technischen Einfallsreichtum und noch *viel mehr* benötigen. Technologie allein wird uns nicht retten. Die vielen Herausforderungen, vor denen wir stehen, erfordern einen radikalen Wandel in unserer Beziehung zu allem Leben: Dazu gehören die Lebensmittel, die wir essen, die Verkehrsmittel, die wir benutzen, unser Konsumverhalten, die Arbeit, die wir verrichten, die Wohnungen, in denen wir leben, die Bildung, die wir erwerben, die Art und Weise, wie wir Menschen unterschiedlicher Rassen, Geschlechter, kultureller und sexueller

Orientierung behandeln. Wir sind aufgerufen, unser Leben sowohl individuell als auch kollektiv neu zu gestalten. Das Ausmaß der Veränderungen, die unsere Zeit erfordert, ist nahezu unvorstellbar. Die Redakteure der angesehenen Zeitschrift *New Scientist* gaben die folgende Einschätzung der vor uns liegenden Arbeit ab:

> "Es wird wohl das größte Projekt sein, das die Menschheit je in Angriff genommen hat – vergleichbar mit den beiden Weltkriegen, dem Apollo-Programm (um einen Menschen auf den Mond zu bringen), dem Kalten Krieg (mit dem nuklearen Wettrüsten), der Abschaffung der Sklaverei (die einen Bürgerkrieg einschloss), dem Manhattan-Projekt, dem Bau der Eisenbahnen und der Einführung der sanitären Einrichtungen und der Elektrifizierung, alles in einem. Mit anderen Worten, wir müssen alle Muskeln des menschlichen Erfindungsreichtums anstrengen, in der Hoffnung auf eine bessere Zukunft, wenn nicht für uns selbst, so doch zumindest für unsere Nachkommen."[5]

Aber wie kann dies geschehen? Was ist ein realistischer Weg, um einen Wandel dieses Ausmaßes zu erreichen? Das ist der Weg, der in diesem Buch erforscht wird.

Trotzdem fragen mich die Leute: Wozu in die Zukunft schauen? Wozu sich Gedanken machen über eine düstere Zukunft? Kann sich die Zukunft nicht von selbst regeln? Warum nicht glücklich sein, freundlich sein und im Jetzt leben? Wir können nicht vorhersagen, was passieren wird. Das Leben hält so viele Überraschungen bereit, wie können wir uns da vorstellen, was vor uns liegt? Bringt uns die Vorstellung von der Zukunft nicht vom Leben im Hier und Jetzt ab? Wir sind kleine Wesen, die nicht ändern können, was geschieht, warum sollten wir uns also mit dem beschäftigen, was wir nicht ändern können?

Warum sollten wir nach vorne schauen? Was kann dadurch gewonnen werden? Hier ist der Grund: Wir leben heute in einer eng miteinander verflochtenen und transparenten Welt, in der unser individuelles Schicksal direkt mit dem Schicksal des Planeten verknüpft ist. Angesichts dieser Realität möchte ich uns ermutigen, nach vorne zu schauen und mit Freiheit und Kreativität unsere Zukunft bewusst zu gestalten, um:

1. das **funktionale Aussterben** der Menschheit und eines Großteils des übrigen Lebens auf der Erde zu verhindern;

2. nicht in der endlosen Dunkelheit einer **autoritären** Welt gefangen zu sein;

3. erwachsen zu werden und uns mit Reife und Freiheit in eine **Welt im Wandel** zu begeben.

Die Entscheidung, nicht nach vorne zu schauen, ist eine tiefgreifende Entscheidung. „Lass die Zukunft für sich selbst sorgen" ist die Denkweise eines jugendlichen Lebensabschnitts. Unsere Welt ruft uns auf, erwachsen zu werden, die Verantwortung für den Übergang ins frühe Erwachsenenalter zu übernehmen und für das Wohlergehen allen Lebens zu sorgen. Die Zukunft ist nicht unergründlich – sie ist in unserem Geist und in unserer Intuition greifbar und formbar. Wenn wir sie uns vorstellen, visualisieren, sehen können, dann können wir sie auch wählen und uns für sie entscheiden. Wenn wir nicht in die Zukunft blicken, sind wir unvorbereitet. Und unvorbereitet reagieren wir nur oberflächlich. Wenn wir ohne Tiefgang handeln, werden wir von den Lawinen des tiefgreifenden Wandels überrollt.

Ich verstehe, dass der Blick in die Tiefen des bevorstehenden Wandels eine Konfrontation für unsere Psyche und unsere Seele darstellt. Unsere Zeiten sind nichts für zaghafte Gemüter. Dies ist nicht die Zeit, um im Kleinen zu leben und sich von der Welt zurückzuziehen. Es sind Zeiten, in denen wir in die Unermesslichkeit unseres Daseins als Bürger des lebendigen Kosmos hineinleben und uns bewusst für unsere Zukunft für das Leben auf der Erde zu entscheiden haben.

Machen wir mal einen Schritt zurück, damit wir eine Perspektive erhalten: Vor einem halben Jahrhundert, im Jahr 1972, begann ich mich mit den Herausforderungen der Zukunft eingehend zu befassen, als ich als leitender Mitarbeiter der Präsidentenkommission für Bevölkerungswachstum und die amerikanische Zukunft tätig war.[6] Unser Auftrag bestand darin, dreißig Jahre in die Zukunft vorauszuschauen und darüber nachzudenken, wie und wo eine wachsende Zahl von Menschen dann leben könnte. Zu jener Zeit wurde das bahnbrechende Buch *Die Grenzen des Wachstums* veröffentlicht, und unsere Kommission fing an, den sich schließenden Kreis der Weltökologie zu erforschen. Die Arbeit in der US-Präsidentenkommission zeigte nicht nur die Grenzen des Wachstums der Konsumwirtschaft unserer Nation auf, sondern sie zeigte auch die Grenzen der Fähigkeit unserer Regierung auf, den Übergang zu einer nachhaltigen Zukunft überhaupt in Erwägung zu ziehen.

Nachdem die Kommission ihr Projekt abgeschlossen hatte, begann ich für die *„Futures Group"*, einen Thinktank des Stanford Research Institute (heute SRI) zu arbeiten. Eine persönliche Geschichte veranschaulicht die Unempfänglichkeit der Regierungsbürokratie gegenüber den großen Bedrohungen unserer Zukunft. Ich erfuhr 1976 zum ersten Mal von der globalen Erwärmung als einer existenziellen Bedrohung der Menschheit, während ich als leitender Sozialwissenschaftler an einem einjährigen Projekt für die *National Science Foundation* am SRI International arbeitete.[7] Ich war Teil eines kleinen Teams, das nach unerwarteten zukünftigen Herausforderungen forschte, die uns unvorbereitet treffen und auslöschen könnten. Zur Unterstützung dieses Projekts nahm ich an einem Briefing über den Klimawandel im Energieministerium in Washington, D.C., teil. Bei diesem Briefing wurde uns gesagt, dass, wenn sich die gegenwärtigen Trends beim CO_2-Ausstoß fortsetzten, dies in weiteren 40 bis 50 Jahren zu ernsthaften Problemen durch die globale Erwärmung des Planeten führen würde. Trotz dieser düsteren Warnung rieten uns die Vertreter der Energiebehörden davon ab, die globale Erwärmung in unseren Bericht aufzunehmen. Sie begründeten dies damit, dass sich dies erst in etwa 50 Jahren zu einer Krise auswachsen würde und der politische Prozess somit genügend Vorlaufzeit hätte, um eine Antwort zu finden. Nicht nur, dass wir die globale Erwärmung nicht in unseren Bericht aufnahmen, die für unsere Arbeit zuständigen Regierungsbeamten entschieden auch, dass der Bericht für die Öffentlichkeit zu kontrovers sei und vor dem Zugriff der Politiker und der Öffentlichkeit geschützt werden sollte.

Jetzt, fast ein halbes Jahrhundert später, können wir die Auswirkungen der jahrzehntelangen Verzögerung sehen: Wie wir erwartet hatten, ist die Welt heute durch den dramatischen Klimawandel und die zögerliche politische Reaktion unserer Zivilisation bedroht. In Anbetracht dieser Erfahrung erwarte ich nicht, dass die bestehenden Institutionen – Regierungen, Wirtschaft, Medien und Bildungswesen – den beispiellosen Herausforderungen, vor denen wir jetzt stehen, schnell gewachsen sein werden. Wie ich bereits in einem anderen Bericht an den Wissenschaftsberater des Präsidenten geschrieben habe, sind unsere großen, hochkomplexen Bürokratien nicht in der Lage, so schnell und kreativ zu reagieren, wie es zur Bewältigung der Herausforderungen unserer gefährlichen Zeit erforderlich ist.[8] Aus diesem Grund setze ich mein größtes Vertrauen in all die Menschen auf der Erde, die sich von der lokalen bis zur globalen Ebene organisieren und gemeinsam schnell lernen und entscheiden, wie wir eine nachhaltige und zielgerichtete Zukunft erreichen können.

Aufgrund dieser Erfahrungen verließ ich 1977 die Zukunftsgruppe am SRI und wandte mich dem Schreiben eines Buches über das Thema *Voluntary Simplicity* („freiwillige Einfachheit", einfaches Leben) zu. Ich begann mit einem halben Jahr Einzelmeditation mit der Absicht, alles, was ich gelernt hatte – sowohl die inneren als auch die äußeren Aspekte meines Lebens – zusammenzuführen und als ganzer Mensch in die Welt zurückzukehren. Intensive Meditation brachte neue Einsichten in die Zukunft der Menschheit und das Verständnis, dass das Jahrzehnt der 2020er Jahre die Zeit sein würde, in der die Menschheit gezwungen sein wird, eine entscheidende Wende in unserer Evolution als Spezies zu vollziehen.[9] Auf der Grundlage dieses Verständnisses schreibe und spreche ich seit 1978 über das Jahrzehnt der 2020er Jahre als die entscheidende Zeit, in der die Menschheit gezwungen sein wird, eine Wende zu vollziehen und einen neuen Weg in die Zukunft zu wählen. Nun ist dieses schicksalhafte Jahrzehnt gekommen.

Das Ausmaß, die Geschwindigkeit und die Tiefe der Veränderungen in unserer Welt, die sich in einem noch nie dagewesenen Umbruch befindet, haben mich zutiefst konfrontiert. Kummer war mein treuer Begleiter – Schmerz mein Lehrer. Die Intensität und Unermesslichkeit des Leidens, das in der Welt ständig wächst, hat mich demütig gemacht, und ich weiß, dass dieser Tsunami des Leids uns das Herz brechen und gleichzeitig für unsere höhere Menschlichkeit öffnen wird. Obwohl das Schreiben ein wichtiger Teil meines Lebenswegs ist, war dies eine seelische Herausforderung, die über die Reichweite von Worten hinausgeht. Mein Schreibtisch ist zu einem Altar der Verzweiflung geworden, während ich all das erkenne und akzeptiere, was untergehen wird, während die Menschheit durch diesen großen Übergang hindurchgeht.

Immer wieder, wenn ich einen Schritt zurücktrete und nach einer Perspektive für das suche, was sich hier entfaltet, wird mir bewusst, dass ich dieses Buch aus einer privilegierten Perspektive schreibe – als weißer, männlicher Angehöriger einer hoch industrialisierten westlichen Kulturnation. Obwohl meine Wurzeln in einer kleinen Bauerngemeinde in Idaho liegen, habe ich die meiste Zeit meines Erwachsenenlebens in einem modernen, städtisch-industriellen Umfeld gelebt. Doch während ich versuche, meinen Platz in unserer sich in einem radikalen Umbruch befindlichen Welt zu finden, kehre ich zu meinen Wurzeln als Landwirt zurück. Jetzt sehe ich mich selbst Samen von Möglichkeiten säen, aber ohne die Erwartung, es noch zu erleben, wie sie in einem neuen Sommer zur Blüte kommen oder wie ich mich an ihren Früchten in der Ernte eines fernen Herbstes werde erfreuen können. So vertraue ich jetzt auf die Weisheit der Erde und der Menschheitsfamilie, wenn es darum geht, eine weitere Jahreszeit des Lebens hervorzubringen.

Wir sind dabei, einen Übergangsritus für uns als Spezies zu schaffen – aber was für eine Art von Übergang und wohin? Könnte die Ungeheuerlichkeit unseres erahnten, vorgestellten Verlusts sich als ein Katalysator für ungeahnten Gewinn erweisen? Könnte aus dem Schmelzofen der überhitzten Jahrzehnte, in die wir jetzt eingetreten sind, eine neue menschliche Legierung – reich an Lebendigkeit und Potenzial – hervorgehen? Diese Fragen stehen im Mittelpunkt dieses Buches.

Auf der Basis von Vertrauen erforscht *Wähle die Erde* den Kollaps und die Transformation jener Welt, die wir in den letzten

10.000 Jahren aufgebaut haben. Das Eingeständnis des Zusammenbruchs und des Untergangs dieser Welt ist der erste Schritt auf unserem Weg zu einem neuen Leben. Es ist wichtig, dass wir die Auseinandersetzung mit dem Kollaps nicht scheuen, sondern diese Realität als integralen Bestandteil unserer Initiation in das Erwachsensein als Spezies annehmen. Die Trauer und der Leidensdruck, die wir erleben, wecken in uns den Wunsch nach tiefer Veränderung. Wir sind gefordert, die Vergangenheit hinter uns zu lassen, da die Welt sich bereits auflöst – zerfasert und auseinanderfällt – und wir müssen auf den freien Fall und den Zusammenbruch gefasst sein. Mit den Worten von Marianne Williamson: „Es geschieht etwas sehr Schönes mit den Menschen, wenn ihre Welt zusammengebrochen ist: eine Demut, ein Edelmut, eine höhere Intelligenz taucht genau an dem Punkt auf, an dem unsere Knie den Boden berühren."

Der Übergangsritus der Menschheit wird uns zu einem neuen Verständnis der Realität, in der wir leben, führen, zu unseren Eigenschaften als Wesen von irdischer und kosmischer Dimension und zu der außergewöhnlichen evolutionären Reise, auf die wir uns jetzt begeben haben. Die Erde zu wählen heißt, das Leben zu wählen. Zusammenbruch und Kollaps unserer Welt beinhalten die erschreckende Realität, dass unsere Spezies die Biosphäre so sehr zerstören könnte, dass wir funktional aussterben werden. Der Zusammenbruch birgt aber auch das Potenzial, eine Zeit einer großen Einweihung zu durchlaufen und in eine neue Ära der Möglichkeiten einzutreten. Gemeinsam könnten wir einen Weg wählen, der dem Wohlergehen allen Lebens dient. Gemeinsam könnten wir durch großen Verlust, Trauer und Leid hindurchgehen und zulassen, dass unsere Knie zu Boden gehen und wir uns dann in Demut auf einen Weg des notwendigen Übergangs begeben.

Es ist wichtig zu erkennen, wo wir uns auf unserer evolutionären Reise befinden. Wir haben eine kritische Schwelle erreicht, von wo wir nicht mehr zurückkönnen und vorwärtsgehen müssen. Sich einfach dem Stand der Dinge anzupassen, hieße, sich dem evolutionären Stillstand hinzugeben, und damit unseren funktionalen Untergang als Spezies zu besiegeln. Wenn wir uns nicht dazu entschließen, durch die schwierigen Zeiten hindurchzugehen, um in unsere kollektive Reife hineinzuwachsen, werden wir der Erde ein Vermächtnis des Ruins hinterlassen und unser funktionales Aussterben als Spezies garantieren. Handle oder stirb! *Ohne unsere Reife haben wir keine Zukunft.* Wenn wir von jugendlicher Unreife ins frühe Erwachsenenalter hinüberwechseln, können wir bisher ungenutzte, beflügelnde Potenziale entdecken. Die Alternative wäre, unseren evolutionären Fortschritt sausen zu lassen und an einer oberflächlichen, beschränkten Sichtweise des Menschseins und unseres Weges festzuhalten. Aber können wir uns mit der Aussicht zufriedengeben, dass unser Vermächtnis als menschliche Spezies aus ein paar Jahrzehnten Konsumkomfort für einige wenige Begünstigte besteht? Können wir uns mit der Ansicht anfreunden, dass *Homo sapiens* einen Lebensstrang repräsentiert, der gestrauchelt und gescheitert ist, weil wir so sehr mit unseren materialistischen Bestrebungen beschäftigt waren, dass wir nicht zur Reife gelangten? Wir wissen, dass wir besser sind als das, also lasst uns nicht den Mut verlieren!

Wir können die Höhen nicht erreichen, wenn wir nicht auch die bedeutsamen Tiefen erkennen. Wenn alles verloren scheint, wenn es nichts mehr zu verlieren gibt, können wir die Vergangenheit loslassen und uns zu neuen Höhen und Möglichkeiten aufschwingen. Jetzt ist eine Zeit der großen Entscheidungen für unsere Welt. Wir sind als Spezies zu Größe berufen – um unsere kollektive Reife als planetarische Gemeinschaft zu verwirklichen. Nichts wird mehr so sein wie zuvor. Durch den Schmerz verwandelt, können wir in eine neue Welt aufbrechen. Ein neues Verständnis unserer menschlichen Identität und unseres Evolutionsweges fordert uns auf, vorwärtszugehen in eine Zukunft ungeahnter Möglichkeiten. Der Weg des evolutionären Aufstiegs ist sowohl ein Geschenk als auch eine Wahl. Unsere Zeit der kollektiven Entscheidung hat tiefgreifende Konsequenzen, die Tausende von Jahren nachwirken werden. Wir kommen um unseren Übergangsritus nicht herum – *es gibt nur den Weg hindurch*. Wir haben diese Zeiten geschaffen, also können wir sie auch durchlaufen – bewusst, kreativ und mutig. Die vor uns liegende Reise ist so entscheidend, dass es sich lohnt, unser Leben voll und ganz in ein transformierendes Ergebnis zu investieren. Die Herausforderungen sind groß, aber die Belohnungen sind riesig.

Resilienz entwickeln in einer sich wandelnden Welt

Wir stehen heute vor solch enormen Herausforderungen, dass wir uns schnell überfordert fühlen können. Wir können uns selbst unterstützen, indem wir sinnvolle Maßnahmen für unser tägliches Leben erkunden.

1. Entscheide dich für Lebendigkeit – Wähle Aktivitäten, die dich lebendig machen: Spaziergänge in der Natur, Tanzen, Spielen, Musizieren, Pflege von Beziehungen, Kunst und die Verbindung mit Tieren. Errichte einen Altar der Dankbarkeit. Bringe Affirmationen und Gebete für Pflanzen, Tiere, Orte und Menschen dar. Werde ein Vorbild an Dankbarkeit und Lebendigkeit für jüngere Menschen.

2. Kultiviere deine „wahren Gaben" – Jeder von uns hat „Beinahe-Gaben" und „wahre Gaben".[10] Beinahe-Gaben sind Dinge, die wir relativ gut beherrschen. Oft verdienen wir unseren Lebensunterhalt mit unseren Beinahe-Gaben. Wahre Gaben sind Ausdruck unserer natürlichen Talente und Fähigkeiten – Tätigkeiten, in denen wir von Natur aus glänzen. Die Entfaltung der wahren Gaben ist eine Übung, durch die wir lebendiger und stärker mit der Welt verbunden werden.

3. Entwickle dein Bewusstsein – Die Qualität deines Bewusstseins ist enorm wichtig, um dich in unserer sich verändernden Welt zurechtzufinden. Kultiviere einen erwachenden Herz-Geist durch Praktiken wie Meditation, Yoga, Gebet, Dialog oder andere achtsame Aktivitäten. Werde ein immer bewussterer Teilnehmer am Leben.

4. Informiere dich vor Ort – Lerne dein örtliches Ökosystem kennen. Lerne die Bäume, Blumen, Vögel und andere Tiere kennen, die es hier gibt. Erkenne die lokal angebauten Lebensmittel. Erforsche und erlebe die Natur bei einem Spaziergang. Finde Wege, um dein regionales Ökosystem und gesunde, lokale Bauernhöfe und Unternehmen zu unterstützen.

5. Die Natur schützen und wiederherstellen – Ergreife kleine Maßnahmen, um die Natur und die Wunder des Lebens wiederherzustellen. Sei neugierig und lerne, wie du die natürliche Welt um dich herum schützen kannst. Da die Natur nicht für sich selbst eintreten kann, werde zu einer Stimme für wilde Pflanzen, Bäume und Tiere und deren Erhaltung und Wiederherstellung.

6. Verluste betrauern – Schaffe in deinem Zuhause einen Altar mit Bildern und Gegenständen, um das zu würdigen, was uns verlorengeht (Bäume, Blumen, Tiere, Jahreszeiten, Orte usw.). Organisiere ein einfaches Trauerritual mit anderen und lasse jeden mitteilen, was er betrauert (was verloren oder vergessen ist) – führe tiefgründige Gespräche, singe Lieder, lese Gedichte und teile deine Kunst mit anderen.

7. Übe dich in Versöhnung – Erkenne deine Vorteile und erkunde mit einer Gruppe vertrauenswürdiger Freunde oder Gleichaltriger, was das für dich bedeutet. Bringe Neugier und Mitgefühl für Unterschiede in Bezug auf Geschlecht, Rasse, Wohlstand, Religion und sexuelle Orientierung auf.

8. Entscheide dich für Einfachheit – Kaufe weniger Dinge, verschenke mehr, iss Dinge von weiter unten in der Nahrungskette, reise weniger mit dem Flugzeug, reduziere oder ändere deinen Weg zur Arbeit und teile deine Ressourcen mit Bedürftigen, pflege sinnvolle Freundschaften, teile einfache Mahlzeiten, mache Spaziergänge in der Natur, musiziere, mache Kunst, lerne zu tanzen, entwickle dein Innenleben.

9. Organisiere eine Studiengruppe – Tritt einen Schritt zurück und betrachte dir unsere Welt in dieser Zeit des beispiellosen Wandels. Nutze dieses Buch und die Studienmaterialien auf der Webseite von Choosing Earth www.ChoosingEarth.org und sprich mit anderen darüber. Vermeide es, Probleme lösen zu wollen oder in Schuldzuweisungen zu verfallen, und lass viel Raum für den Ausdruck von Gefühlen. Finde Möglichkeiten, um dein Wissen zu verkörpern.

10. Unterstütze andere – Ermutige und unterstütze Einzelpersonen und Gemeinschaften, die direkt von Klimawandel, Rassismus, Artensterben, Ungleichheit und der Erschöpfung von Ressourcen betroffen sind. Mache dein Leben zu einem Ausdruck der Fürsorge, indem du dich für den Schutz der lokalen Ökologie einsetzt. Engagiere dich ehrenamtlich für gemeinnützige Organisationen – eine örtliche Lebensmittelbank, eine Obdachlosenunterkunft oder regenerative Gärtnerei oder Landwirtschaft.

11. Pflege die Kommunikation – Werde zu einer Stimme für die Erde und die Zukunft der Menschheit. Trage zu Newslettern, Blogs, Artikeln, Videos, Podcasts und Radiobeiträgen bei, um deine Stimme und deine Ansichten zu unserer gefährdeten Zukunft einzubringen. Hilf mit, unser soziales Vorstellungsvermögen für die Möglichkeiten, die wir für Reifung, Versöhnung, Gemeinschaft und Einfachheit haben, zu wecken.

12. Werde ein mitfühlender Aktivist – Schließe dich mit anderen zusammen, die sich für einen tiefgreifenden Wandel einsetzen. Durchsuche das Internet, um Organisationen zu finden, die deinen Interessen entsprechen. Ob lokal oder global – finde eine Gemeinschaft, die dich dabei unterstützt, deine wahren Gaben in dieser kritischen Zeit in die Welt zu bringen. Gib deine Zeit, deine Liebe, deine Talente und deine Ressourcen.

13. Ziehe Institutionen zur Rechenschaft – Ziehe die wichtigsten Institutionen (Wirtschaft, Medien, Regierung und Bildungswesen) öffentlich zur Rechenschaft, damit sie die kritischen Herausforderungen, vor denen die Erde und die Zukunft der Menschheit stehen, erkennen und auf sie reagieren. Rechenschaftspflicht kann eine Herausforderung sein, weil wir alle in diese Institutionen eingebettet sind – was bedeutet, dass wir auch uns selbst zur Rechenschaft ziehen müssen.

Scheinbar kleine Handlungen in unserem persönlichen Leben geben uns selbst Halt und sind ein leuchtendes Beispiel für andere.

Zweifle nie daran, dass eine kleine Gruppe von aufmerksamen, engagierten Bürgern die Welt verändern kann; in der Tat, dies ist das Einzige, was sie jemals verändert hat.
Margaret Mead

Sowohl visionärer Optimismus als auch unerschütterlicher Realismus sind wichtig. Weltweite Umfragen zeigen, dass die meisten Menschen die großen Gefahren und Schwierigkeiten, die vor ihnen liegen, bis zu einem gewissen Grad erkennen. Eine Umfrage aus dem Jahr 2021 untersuchte die Ansichten von 10.000 jungen Menschen im Alter von 16 bis 25 Jahren in zehn Ländern auf der ganzen Welt und ergab, dass sie sich große Sorgen um die Zukunft machen.[11] Drei Viertel der Befragten gaben an, dass sie die Zukunft für beängstigend halten, und mehr als die Hälfte (56 Prozent) sagte, dass sie glauben, die Menschheit sei dem Untergang geweiht! Zwei Drittel der Befragten gaben an, sich traurig, ängstlich und besorgt zu fühlen. Fast zwei Drittel sagten, dass die Regierungen die jungen Menschen verraten und im Stich lassen. Die meisten glauben, dass die Menschheit es versäumt hat, sich um den Planeten zu kümmern (83 %). Dies ist eine verblüffende Einschätzung unseres Zustands. Junge Menschen auf der ganzen Welt verlieren die Zuversicht und das Vertrauen in die Welt, die ihnen hinterlassen wird. Ein tiefer Bruch mit der menschlichen Geschichte ist für die Jugendlichen bereits Realität; sie fühlen sich in unserer sich verändernden Welt nicht mehr zu Hause.

Bei einer weiteren weltweiten Umfrage im Jahr 2021 wurden mehr als eine Million Menschen in fünfzig Ländern befragt. Die *„Peoples' Climate Vote"* war die größte jemals durchgeführte Umfrage zur öffentlichen Meinung über den Klimawandel. Insgesamt ergab diese umfangreiche Umfrage, dass 59 Prozent der Befragten sagten, es gebe einen Klimanotstand und die Welt solle „alles Notwendige tun", um dieser globalen Krise zu begegnen.[12] Die Erkenntnis, dass das Schicksal der Erde auf dem Spiel steht, ist inzwischen weit verbreitet.

Obwohl wir mit einem tiefgreifenden Klimanotstand konfrontiert sind, gehen die Herausforderungen, denen wir begegnen müssen, weit über das Klima hinaus – das gesamte Netz des Lebens wird angegriffen. Es ist ein Massensterben im Gange, welches die Tier- und Pflanzenwelt an Land und in den Ozeanen der Welt betrifft. Die landwirtschaftliche Produktivität sinkt, während gleichzeitig die menschliche Bevölkerung wächst, und diese Ungleichheit führt zu einer weit verbreiteten Nahrungsmittelknappheit. Hungersnöte wiederum zwingen die Menschen zu Massenwanderungen in ressourcenreichere Gebiete. Eine überwältigende Zahl von Klimaflüchtlingen führt zu einem Zusammenbruch der Gesellschaft, da Länder und Regierungen nicht mehr in der Lage sind, die Situation zu bewältigen. Pflanzen und Tiere sterben aus, weil sie mit den Veränderungen des Klimas und der Ökosysteme nicht Schritt halten können. Die Regenwälder des Amazonas verwandeln sich in geschrumpfte Ökosysteme aus Gestrüpp und Gebüsch.

Ungefähr die Hälfte der Menschen auf der Erde lebt von umgerechnet zwei Dollar pro Tag oder weniger. Das Leid, das diese Zeit des Umbruchs mit sich bringt, trifft arme Menschen, indigene Völker und farbige Menschen unverhältnismäßig stark. Extreme Ungleichheiten in Bezug auf Wohlstand und Wohlergehen führen zu wachsenden Konflikten, da die Enteigneten versuchen, sich aus der tiefen Armut zu befreien. Wir befinden uns nicht nur in einer Klimakrise, sondern darüber hinaus in einer Krise des ganzen Systems der Erde. Das gesamte Geflecht des Lebens ist auseinandergerissen und zutiefst verletzt.

Die Weltgemeinschaft wurde bereits mehrfach vor diesen kritischen Trends gewarnt. Die deutlichste und eindringlichste Warnung wurde vor Jahrzehnten ausgesprochen. Im Jahr 1992 unterzeichneten mehr als 1.600 führende Wissenschaftler der Welt, darunter die Mehrheit der lebenden Nobelpreisträger der Wissenschaften, ein beispielloses Dokument mit dem Titel *Warnung an die Menschheit*.[13] In ihrer historischen Stellungnahme erklärten sie, dass „der Mensch und die natürliche Welt sich auf einem Kollisionskurs befinden, der die lebendige Welt so verändern kann, dass sie nicht mehr in der Lage sein wird, das Leben in der uns bekannten Weise zu erhalten." Dies ist ihre Warnung:

> "Wir, die unterzeichnenden hochrangigen Mitglieder der wissenschaftlichen Gemeinschaft der Welt, warnen hiermit die gesamte Menschheit vor dem, was vor uns liegt. *Ein großer Wandel in unserem Umgang mit der Erde und dem Leben auf ihr ist erforderlich, wenn großes menschliches Elend vermieden werden und unsere globale Heimat auf diesem Planeten nicht unwiederbringlich verstümmelt werden soll.*"[14]
> (Hervorhebung hinzugefügt)

Beim erneuten Lesen dieser Schlussfolgerung kehren meine Gedanken zu einigen Schlüsselwörtern in dieser Warnung zurück, in der die Wissenschaftler erklären, dass der Planet „*unwiederbringlich verstümmelt*" werden wird, wenn keine großen Veränderungen in unserem Umgang mit der Erde vorgenommen werden. Diese letzten beiden Worte klingen in meinem Wesen nach. Was bedeutet „unwiederbringlich verstümmelt" für unzählige kommende Generationen? Die Erde für immer entstellt, dauerhaft beschädigt, versehrt und auseinandergerissen für alle Zeiten? Wird das Scheitern einer verantwortungsvollen Planung und Verwaltung unser Vermächtnis an künftige Generationen sein?

Mehr als 30 Jahre sind seit dieser unverblümten Warnung vergangen. Unsere Reaktion auf diese schreckliche Bedrohung der Menschheit war schmerzlich langsam und lässt sich in vier Worten zusammenfassen: *Zu wenig, zu spät*. Wir haben zugelassen, dass sich kritische Trends überstürzen und uns davoneilen. Das Tempo des Zusammenbruchs ist viel höher als das Tempo unserer kollektiven Reaktion in Form von Reparatur und Heilung. Wir haben den Anschluss an die Realität verloren. Die Ökologie der Erde befindet sich seit mehr als einem halben Jahrhundert in Auflösung, und der allmähliche Zusammenbruch führt nun kaskadenartig zum Kollaps. Wir werden davon überholt und überwältigt. Wir müssen uns sowohl auf den Kollaps als auch auf den evolutionären Fortschritt vorbereiten.

Wir sind herausgefordert, gemeinsam aufzuwachen und mit Reife auf eine Welt im Umbruch zu reagieren. Es ist nicht nur die Geschwindigkeit des Wandels, die uns überwältigt, sondern auch das Ausmaß und die Komplexität des Wandels. Wir sind mit einer Vielzahl sich beschleunigender Krisen konfrontiert: zunehmenden Klimaschäden, sich ausbreitender Wasserknappheit, sinkender Produktivität in der Landwirtschaft, wachsender Ungleichheit in Bezug auf Wohlstand und Wohlergehen, einer steigenden Zahl von Klimaflüchtlingen, dem weit verbreiteten Aussterben von Pflanzen- und Tierarten, sterbenden, mit Plastik verschmutzten Ozeanen und expandierenden Bürokratien von überwältigender Größe und Komplexität. Unsere Welt entgleitet unserer Kontrolle. Neue Wege des Lebens und des Daseins auf der Erde sind unumgänglich.

Der Kollaps ist unvermeidlich.
Durch den Kollaps hindurch zu gehen ist eine Wahl.

Wir Menschen sind schon zu weit gegangen, und die Dynamik ist zu groß, um den Zusammenbruch und Kollaps noch zu vermeiden. Wir befinden uns bereits in einer tiefgreifenden Übernutzung der Weltressourcen („*Overshoot*"), das heißt, wir stehlen von zukünftigen Generationen und stören damit das Gleichgewicht und Wohlergehen allen Lebens. Wir können nur noch kurze Zeit so weitermachen. Wenn wir weiterhin die Zukunft plündern, ist der Kollaps der vom Menschen geschaffenen Systeme und der Ökosysteme unser unausweichliches Schicksal. Wenn wir aber alle zusammen Zeugen der exponentiell wachsenden Verwüstung der Welt werden, können wir uns kollektiv für eine bessere Zukunft für alles Leben entscheiden. Das alternative Szenario ist vernichtender Ruin und die funktionale Auslöschung der Menschen auf der Erde.

Das Erreichen dieser noch nie dagewesenen Dimension des Wandels verlangt nach nichts Geringerem als einer Revolution der kollektiven Anstrengungen der Menschheit. Doch selbst diese eindringliche Beschreibung lässt nicht erkennen, wie tiefgreifend die notwendige praktische Veränderung sein muss. Wir brauchen eine umfassende Umstellung der Energieerzeugung und -nutzung, um eine katastrophale globale Erwärmung zu vermeiden. Nach Schätzungen von Wissenschaftlern muss die Menschheit den Anstieg der Emissionen fossiler Brennstoffe im Jahr 2020 stoppen, sie bis 2030 halbieren, sie bis 2040 nochmals halbieren und dann bis 2050 die Kohlenstoffemissionen auf null reduzieren.[15] Die *gesamte Welt* muss bis Mitte des Jahrhunderts die Kohlenstoffverschmutzung entweder beseitigen oder kompensieren. Das bedeutet Folgendes:

- Bis 2050 wird kein Haus, kein Geschäft und keine Industrie mehr mit Gas oder Öl beheizt werden, und wenn doch, muss die Kohlenstoffverschmutzung kompensiert werden.
- Keine Fahrzeuge dürfen noch mit Diesel oder Benzin betrieben werden.
- Alle Kohle- und Gaskraftwerke müssen stillgelegt sein.
- Selbst wenn es der Welt gelingt, ihren gesamten Strom aus emissionsfreien Quellen, wie erneuerbaren Energien oder Kernenergie, zu erzeugen, macht die Elektrizität weniger als ein Drittel des derzeitigen Verbrauchs fossiler Brennstoffe aus. Daher müssen andere energieintensive Verbraucher fossiler Brennstoffe – insbesondere die Stahl- und Betonherstellung – mit erneuerbaren Energien versorgt werden.

Ein vollständiger Umbau der gesamten Energieinfrastruktur der Welt innerhalb weniger Jahrzehnte ist zwar für eine tragfähige Zukunft unerlässlich, aber bei Weitem nicht ausreichend. Darüber hinaus ist ein umfassender Wandel in praktisch allen Lebensbereichen erforderlich – bei den Nahrungsmitteln, die wir essen, in den Fähigkeiten, die wir entwickeln, in der Arbeit, die wir verrichten, bei den Häusern und Gemeinschaften, in denen wir leben, in den Medien, die wir produzieren und empfangen, in den Gesprächen, die wir auf lokaler und globaler Ebene führen, in den Werten wirtschaftlicher Fairness und sozialer Gerechtigkeit, die wir teilen, in den Führungsqualitäten, die in den verschiedenen Institutionen (Politik, Religion, Medien, Non-Profit-Organisationen) angeboten werden, und vielem mehr. *Der Aufbau einer völlig neu gestalteten Gesellschaft, Wirtschaft, Kultur und eines neuen Bewusstseins ist unser einziger Weg, um die unwiederbringliche Verstümmelung der Erde zu verhindern.*
Wie können wir einen umfassenden und komplexen Wandel

unserer Lebensweise herbeiführen, der uns in ein Gleichgewicht mit den Gesetzen der Natur bringt? Derzeit verbrauchen die Menschen in den wohlhabenderen Ländern und Regionen der Erde weit mehr als ihren gerechten Anteil an den Ressourcen des Planeten. Dieser übermäßige Verbrauch beraubt die Mehrheit der Menschen ihres gerechten Anteils und verurteilt sie zu Armut und einem unverhältnismäßig hohen Maß an klimabedingtem Leid. Diese Ungerechtigkeit ist so extrem diskriminierend und unausgewogen, dass sie keinen Bestand haben kann. Für diejenigen, die einen konsumreichen Lebensstil pflegen, wird es eine enorme Herausforderung sein, ihren Ressourcenverbrauch bewusst zu begrenzen und ihren Reichtum mit den wirtschaftlich weniger Privilegierten zu teilen. Das Überleben der Menschheit erfordert eine Revolution des Lebensstils, bei der sich die Wohlhabenden für eine Lebensweise entscheiden, die mit den begrenzten Ressourcen der Erde weitaus sparsamer umgeht und das Wohlergehen der materiell Verarmten weitaus großzügiger fördert.

Eine Transformation der Lebensweise ist mehr als eine Frage der moralischen Gerechtigkeit und Fairness – sie ist auch wesentlich, um den totalen Klassenkampf um Ressourcen zu verhindern. Wenn wir als menschliche Gemeinschaft zusammenarbeiten wollen, dann müssen diejenigen, die daran gewöhnt sind, Autoritäts- und Machtpositionen einzunehmen (aufgrund von Klasse, Geschlecht, Rasse, Geografie, Alter, Fähigkeiten, Bildung usw.), vortreten, um das Leben und die Stimmen der globalen Mehrheit (der Armen, indigenen Gemeinschaften und anderen seit Langem leidenden und unterdrückten Gruppen) zu stärken. Nur dann wird es möglich sein, sinnvolle Veränderungen auf Systemebene herbeizuführen, einschließlich einer Umverteilung der Ressourcen, welche die globale Mehrheit vom Zwang des Überlebensdrucks befreit, durch den sie sich immer nur auf ihre dringenden, kurzfristigen Bedürfnisse konzentrieren konnten.

Neben der großen Besorgnis über das *gewaltige Ausmaß* der Veränderung wächst auch die Besorgnis über die *Geschwindigkeit* des Wandels, insbesondere im Hinblick auf Klimakatastrophen. In der Vergangenheit gingen die Wissenschaftler davon aus, dass es Jahrhunderte, wenn nicht Jahrtausende dauern würde, bis das Klima in eine andere Konfiguration wechselt. Es war ein großer Schock, als sie feststellten, dass eine große Veränderung innerhalb von „wenigen Jahrzehnten oder sogar schneller" eintreten kann.[16] Zur Veranschaulichung: Eine Periode der globalen Abkühlung, die sogenannte Jüngere Dryaszeit, ereignete sich vor etwa 11.800 Jahren (wahrscheinlich das Ergebnis eines Asteroiden, der in der Atmosphäre zerschellte), worauf eine Periode abrupter Erwärmung folgte, die auf etwa 10°C innerhalb weniger Jahre geschätzt wurde![17] Obwohl solch erstaunlich schnelle Temperaturveränderungen derzeit nicht vorhergesagt werden, zeigt dieses Beispiel doch, wie anfällig wir werden, wenn wir historische Schwankungen ignorieren. Die derzeitigen Institutionen der Regierungen und deren politische Denkweisen wären völlig unfähig, mit einem derart abrupten Klimawandel fertigzuwerden. Die meisten Regierungsorganisationen sind darauf ausgelegt, die Vergangenheit zu bewahren, und nicht darauf, sich rasch auf eine sich verändernde Zukunft einzustellen.[18]

Neben dem Ausmaß und der Geschwindigkeit des Wandels müssen wir auch die *Tiefe* des Wandels erkennen, der für diese Zeit des großen Übergangs erforderlich ist. Die Erde zu wählen bedeutet, eine neue Beziehung zur Erde zu wählen – und damit auch eine neue Beziehung zur Gesamtheit des Lebens. Wir haben die Bedingungen selbst geschaffen, die uns nun zwingen, unser Verhalten bewusster zu betrachten und unseren zukünftigen Weg gezielt zu wählen, sowohl als Einzelne wie auch als ganze Spezies. Der Zusammenbruch des Lebens auf der Erde bringt den Zusammenbruch unserer kollektiven Psyche mit sich. *Der Öko-Kollaps bringt den Ego-Kollaps mit sich.* Fundamentale Fortschritte in unserer kollektiven Psyche sind jetzt zwingend notwendig. Wir können die Erde nicht reparieren, ohne uns selbst und unsere Beziehung zum gesamten Leben zu heilen. Gus Speth, der frühere Direktor des *Council on Environmental Quality*, hat die Art unserer Herausforderung klar beschrieben:

> "Früher dachte ich, die größten Umweltprobleme seien der Verlust der biologischen Vielfalt, der Kollaps der Ökosysteme und der Klimawandel. Aber ich habe mich geirrt. Die größ-

ten Umweltprobleme sind Egoismus, Gier und Gleichgültigkeit ... und um diese zu lösen, brauchen wir einen spirituellen und kulturellen Wandel – und wir Wissenschaftler wissen nicht, wie das geht."[19]

Obwohl die Politiker und die Massenmedien die Geschehnisse als ökologische Krise darstellen, reicht alles viel tiefer als das. Wir rennen nicht nur gegen eine „ökologische Mauer" bzw. kommen an die physischen Grenzen der Erde, die Menschheit zu ernähren, sondern wir rennen auch gegen eine „evolutionäre Mauer", bei der wir mit uns selbst konfrontiert werden, also auch mit unserem Bewusstsein und den Verhaltensweisen, die uns zur Ressourcen-Übernutzung und in den Kollaps getrieben haben. Die evolutionäre Mauer stellt die Menschheit vor eine Identitätskrise: Wer sind wir als Spezies? Auf welchem Entwicklungsweg befinden wir uns? Verfügen wir über die inneren Potenziale, um den Anforderungen der äußeren Welt gerecht zu werden? Sind wir fähig, an Reife zu wachsen und uns in eine heilende und gesunde Beziehung zur Erde hinzuentwickeln?

Wenn wir uns den äußeren und inneren Herausforderungen unserer Zeit nicht stellen, scheinen wir dazu bestimmt zu sein, dem Beispiel von mehr als zwanzig großen Zivilisationen zu folgen, die im Laufe der Geschichte untergegangen sind – darunter die römische, ägyptische, vedische, tibetische, minoische, klassisch-griechische, olmekische, mayanische, aztekische und eine Reihe anderer Kulturen. Unsere Verwundbarkeit wird uns deutlich vor Augen geführt, wenn wir den Zusammenbruch und die Auflösung dieser großen Zivilisationen der Vergangenheit zur Kenntnis nehmen. Die gegenwärtige Situation ist jedoch in einem entscheidenden Punkt einzigartig: Die menschliche Zivilisation hat ein globales Ausmaß erreicht und umgibt die Erde als ein interdependentes System. *Der Kreis hat sich geschlossen. Jetzt droht der gleichzeitige Untergang aller miteinander verflochtenen Zivilisationen der Erde.* Nichts in der Geschichte der Menschheit bereitet uns darauf vor, einen raschen Kollaps dieser eng miteinander verflochtenen Zivilisationen auf der ganzen Welt zu bewältigen.

Ein außergewöhnlicher Druck und eine noch nie dagewesene Anziehungskraft sind in diesen Übergangszeiten am Werk. Wenn wir nur auf den Druck schauen und den Sog ignorieren, ist unsere Reise in großer Gefahr. Um diesen Prozess zu veranschaulichen, stelle dir vor, dass du an einem Stück Schnur ziehst. Wenn wir vorwärtsschieben, wird sich die Schnur vor uns verknäulen und ein Gewirr von Knoten bilden. Dann stelle dir vor, dass du gleichzeitig an der Schnur ziehst – nun verknotet sie sich nicht mehr, sondern kann sich in einer Linie weiterbewegen. In gleicher Weise können wir uns vorwärtsbewegen, ohne uns dabei völlig zu verheddern, wenn wir sowohl den Druck als auch den Sog unserer Zeit verstehen und respektieren.

Wenn wir nur den unnachgiebigen Druck der Klimakrise in Verbindung mit anderen ungünstigen Trends betrachten, dann werden unsere Bemühungen zu komplexen Knoten führen und wir können leicht in Verwirrung und Verzweiflung versinken. Wenn wir jedoch unsere Vision vertiefen und den Sog der Chancen miteinbeziehen, dann sehen wir die Möglichkeit, dass wir mit erstaunlicher Geschwindigkeit vorankommen können. Die Anziehungskraft der Chancen beseitigt die enormen Herausforderungen nicht, vor denen wir stehen. Stattdessen können wir aber den Mut, das Mitgefühl und die Kreativität aufbringen, um die Schwierigkeiten des Übergangs zu bewältigen, wenn wir sowohl den starken Druck der Notwendigkeit als auch den bemerkenswerten Sog der Möglichkeiten erkennen und mit ihnen arbeiten.

Um unsere Zeit des großen Übergangs klarer zu sehen, sollten wir eine ganzheitliche Sichtweise mit drei Perspektiven einnehmen:

- **Blick in die Breite**: Schaue über einzelne Faktoren hinaus und betrachte ein breites Spektrum von Trends als integriertes System – Klimaveränderungen, Bevölkerungswachstum, Flüchtlingsströme, Ressourcenverknappung, Artensterben, zunehmende Ungleichheit und vieles mehr. Der Blick über den Tellerrand liefert uns ein viel klareres Bild des Wandels, das oft fehlt, wenn die Aufmerksamkeit nur auf einen einzigen Bereich gerichtet ist.

- **Blick in die Tiefe**: Schaue in die Tiefen unterhalb der äußeren Welt – schließe die inneren Dimensionen des Wandels ein, wie unsere sich entwickelnde Psychologie, Werte, Kultur, Bewusstsein und Paradigmen. Die äußere Welt spiegelt unseren inneren Zustand wider. Indem wir unsere innere Welt weiterentwickeln, entfalten wir gleichzeitig unsere Fähigkeit, die äußere Welt zu entwickeln.
- **Blick in die Weite**: Schaue weit in die Zukunft – viel weiter als auf die kurze Zeitspanne der nächsten fünf oder zehn Jahre. Trends, die auf kurze Sicht ungewiss und mehrdeutig sind, werden viel klarer, wenn man sie auf die längere Sicht extrapoliert, wo ihre Auswirkungen viel deutlicher und klarer definiert sind.

Abbildung 1: Breit, Tief und Weit

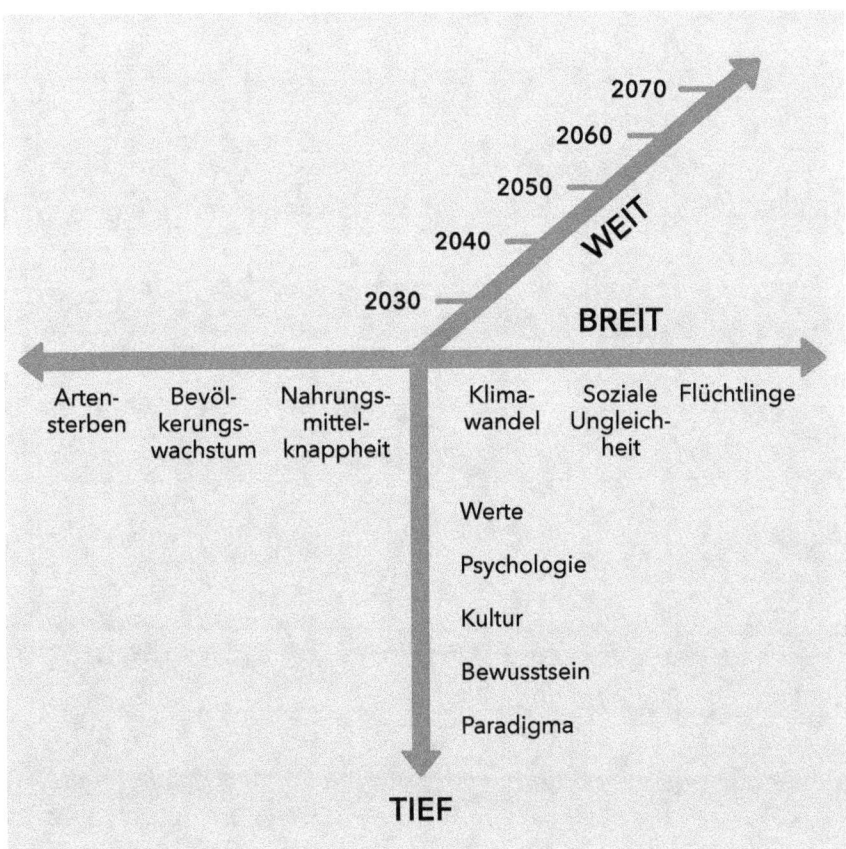

Wenn wir breit, tief und weit blicken, sehen wir klarer, in welch entscheidende Zeit der Geschichte wir eingetreten sind und wie wir uns bewusster über unsere Zeit des großen Übergangs hinausbewegen können. Aus dieser Perspektive des ganzen Systems nehmen wir wahr, dass wir entweder Auftrieb finden und uns zu einer neuen Lebensweise erheben können – oder wir stehen vor dem Abstieg in den Kollaps und Ruin. Wir sind jetzt mit schwerwiegenden Entscheidungen konfrontiert. Nicht Jahrzehnte oder Jahrhunderte in der Zukunft, sondern *jetzt*. Wir haben keine Zeit mehr.

Teil II

Drei Zukunftszenarien für die Menschheit

„Kräfte, die sich deiner Kontrolle entziehen,
können dir alles nehmen, was du besitzt, bis auf eines:
Deine Freiheit, zu wählen, wie du auf die Situation reagierst."

Viktor Frankl

„Wir sind gemeinsam Pilger, die durch
unbekanntes Land nach Hause wandern."

Pater Giovanni, 1513

Aussterben, Autoritarismus, Transformation

Es ist wichtig zu erkennen, wie offen und verletzlich unsere Zukunft in diesem einzigartigen Moment ist. Wir befinden uns an einem außerordentlich seltenen Punkt in der Geschichte – einem Entscheidungspunkt auf unserer kollektiven Reise – einem Raum zwischen der Vergangenheit und der Zukunft, in dem das Leben (hoffentlich) zahlloser zukünftiger Generationen von den Entscheidungen, die wir jetzt treffen, tiefgreifend beeinflusst wird. Aus einem einfachen Grund können wir nicht vorhersagen, wohin sich die Menschheit von hier aus entwickeln wird: Unsere Zukunft hängt von unseren bewussten Entscheidungen ab – oder davon, dass wir sie nicht treffen – sowohl individuell als auch kollektiv. Unser Entwicklungsweg wird sich entweder seiner selbst bewusst werden oder in die Dunkelheit abtauchen. Wir stehen an einem Wendepunkt in der Geschichte – eine Zeit, die für immer in Erinnerung bleiben wird, da wir entweder in unserer Reife als Spezies bzw. Zivilisation aufsteigen und uns unserer Verantwortung bewusst werden oder in den Ruin und in die Dunkelheit hinabsteigen.

Eine Krise, die uns zu dringendem Handeln zwingt, hätte nicht unser Schicksal sein müssen. Vor fast einem halben Jahrhundert, in den 1970er Jahren, hat die Menschheit die Chance vertan, sich schrittweise an eine sich radikal verändernde Zukunft anzupassen. Damals wurden die immensen Herausforderungen, vor denen wir heute stehen, erstmals erkannt. Mit großen Kosten haben wir den Spielraum der zusätzlichen Zeit verbraucht, um den Status quo für einige weitere Jahrzehnte zu erhalten.[20] Jetzt ist es zu spät, einen Weg des allmählichen Wandels zu wählen.

Nachdem wir unseren Spielraum für eine schrittweise Anpassung aufgebraucht haben, sehen sich die Menschen auf der Erde nun mit tiefgreifenden Konsequenzen konfrontiert, wenn wir nicht rasch reagieren und unsere Lebensweise auf dem Planeten grundlegend ändern. Innerhalb weniger Jahrzehnte werden große Teile unserer Welt nicht mehr für die menschliche Besiedlung geeignet sein. Extreme Dürreperioden, Überschwemmungen und Stürme werden an der Tagesordnung sein. Hungersnöte und Krankheiten werden die Menschheit bis ins Mark erschüttern. Hunderte von Millionen von Klimaflüchtlingen werden auf der Suche nach einer neuen Bleibe sein. Das Massensterben von Tieren und Pflanzen wird die Ökologie der Erde für immer verarmen lassen. Wahlmöglichkeiten für die Zukunft werden drastisch eingeschränkt. Jetzt ist es zu spät, einen Weg der schrittweisen Veränderung zu wählen.

Im Folgenden gehe ich auf drei Hauptpfade ein, die unsere klarsten Optionen für die Zukunft darstellen. Es ist wichtig zu erkennen, dass *alle drei Wege mit denselben zugrundeliegenden Trends und Bedingungen beginnen – einem dynamischen Prozess, der „Kollaps" genannt wird*. Da ich den Begriffen „Zusammenbruch" und „Kollaps" große Aufmerksamkeit schenke, möchte ich die Bedeutung der beiden Begriffe klären. Diese Begriffe werden oft synonym verwendet, können aber ganz unterschiedlich verstanden werden:

- **Zusammenbruch** bedeutet, dass die Verbindungen in den Schlüsselsystemen auseinanderfallen und nicht mehr funktionieren. Versorgungsketten funktionieren für längere Zeit nicht mehr. Es kommt zu Stromausfällen. Das Wasser fließt zeitweise nicht mehr, und seine Reinheit ist zweifelhaft. Feuerwehr und Polizeidienststellen schließen zeitweise, weil die Mitarbeiter nicht mehr bezahlt werden können. Zusammenbruch bezieht sich auf den Zerfall ganzer Systeme in ihre Bestandteile, der zwar die Gesundheit, die Arbeitswelt und den Zugang zu grundlegenden Dienstleistungen stört und beeinträchtigt, aber auch Möglichkeiten für neue Lebenskonfigurationen schafft. Indem sie den gewohnten Ablauf unterbrechen, schaffen Zusammenbrüche Möglichkeiten für einen Neuaufbau, der gesünder und widerstandsfähiger sein kann. Zusammenbrüche können Katalysatoren für Kreativität sein und Innovationen anregen – zum Beispiel beim Wiederaufbau und der Umrüstung von Gemeinden mit einer lokalen Wirtschaft, die resilientere Lebenskonzepte unterstützt.

- **Kollaps** ist weitaus ernster als ein Zusammenbruch, denn er beschreibt einen Prozess des ruinösen Untergangs von Gemeinwesen, Städten und Zivilisationen. Bei einem Kollaps bricht die Gesellschaft vollständig zusammen – Wohnungswesen, Verkehrssysteme, Wasser- und Abwassersysteme und vieles mehr versinken in einem ungeordneten Chaos. Der Kollaps ist das katastrophale Versagen des Systems *und* seiner Komponenten. Der Kollaps hinterlässt beides (das System und seine Komponenten) in einem Zustand von Schutt und Asche – ein Schrottplatz mit kaputten Systemen aller Art – Verkehr, Kommunikation und öffentliche Dienste. Kollaps schafft eine sehr schwierige Grundlage (physisch, wirtschaftlich, psychologisch, sozial und spirituell), um auf ihr eine vielversprechende Zukunft mit integrativem, nachhaltigem Wohlstand aufzubauen.

Hier biete ich zwei anschauliche Beschreibungen dessen, was Kollaps für die Welt bedeuten könnte. Der erste Fall ist Venezuela. Einst eines der Wirtschaftswunder Südamerikas mit einem der größten Ölvorkommen der Welt, ist die Wirtschaft des Landes in den letzten Jahren mit verheerenden Folgen zusammengebrochen:

„Verzweifelte Ölarbeiter und Kriminelle entwenden der Ölgesellschaft unentbehrliche Ausrüstungsgegenstände (Fahrzeuge, Pumpen und Kupferleitungen) und nehmen alles mit, was sie zu Geld machen können … Venezuela liegt wirtschaftlich auf den Knien, gebeutelt durch Hyperinflation und eine lange Geschichte der Misswirtschaft. Weit verbreiteter Hunger, politische Unruhen, verheerende Medikamentenknappheit und ein Exodus von weit über einer Million Menschen in den letzten Jahren haben dieses Land, das einst von vielen seiner Nachbarn wirtschaftlich beneidet wurde, in eine Krise gezwungen, die sich über die internationalen Grenzen hinaus ausbreitet."[21]

Zweitens wird hier der Kollaps in Haiti beschrieben, wo Banden einen Großteil des Landes beherrschen:

„Da mehr als ein Drittel der 11 Millionen Einwohner Haitis bereits auf Nahrungsmittelhilfe angewiesen ist, haben zügellose kriminelle Banden die Treibstofflieferungen lahmgelegt, wodurch die Wirtschaftstätigkeit und die Verfügbarkeit von Lebensmitteln und medizinischer Versorgung zum Erliegen gekommen ist. Die Regierung ist eine leere Hülle und steht oft im Bunde mit den Banden, die die Kontrolle über ganze Stadtteile und wichtige Straßen übernommen haben. Eine Epidemie von Entführungen hat sich unkontrolliert ausgebreitet. Das Chaos erfasst nahezu jeden Aspekt des täglichen Lebens. Massaker, Gruppenvergewaltigungen und schwere Brandanschläge auf Wohnviertel sind weit verbreitet."[22]

Bei *Zusammenbrüchen* bleiben die Komponenten des Lebens ausreichend intakt, um in neuen Konfigurationen wieder zusammengesetzt zu werden, die funktionieren können – möglicherweise sogar besser als zuvor. Ein *Kollaps* erfordert jedoch den Aufbau eines neuen Betriebssystems auf dem Schrotthaufen einer zerstörten Infrastruktur, zerrütteter Institutionen und einer verwüsteten Ökologie.

Die Folgen verheerender Kriege veranschaulichen die Fähigkeit, sich nach einem Systemkollaps zu erholen – sofern ein funktionierendes Ökosystem intakt bleibt. Als Paradebeispiel brauchen wir uns nur die Zeit nach dem Zweiten Weltkrieg anzusehen, als die Nationen aus den Trümmern und Ruinen des Krieges wiederaufgebaut wurden. Deutschland erlitt massive Zerstörungen und den Kollaps seiner Wirtschaft, Gesellschaft und Infrastruktur. Doch auf die Nachkriegszeit folgte ein rascher Wiederaufbau. Anhand dieses Beispiels beschreibt der Begriff „Kollaps" einen Zustand der fast vollständigen Zerstörung eines Landes, einer Wirtschaft und einer Gesellschaft, was jedoch nicht das endgültige Aus bedeutet. Was aus dem dynamischen Prozess des Kollapses hervorgeht, hängt in hohem Maße von der Fähigkeit der Menschen ab, sich schnell und konstruktiv zu mobilisieren. In ähnlicher Weise fußt der Weg in die Zukunft, der schließlich aus einem planetarischen Kollaps hervorgeht, erheblich darauf, inwieweit die Erdbevölkerung in der Lage ist, sich mit schnellen und kreativen Reaktionen zu mobilisieren, um eine neue Zukunft aufzubauen.

Ich stelle mir vor, dass nach dem Kollaps des Planeten und dem Zerfall der Nationen die Macht auf ein verwirrendes Sammelsurium von Gruppen und Gemeinschaften, die sich alle selbst um ihr Überleben bemühen, verteilt sein wird. Es wird wahrscheinlich ein Flickenteppich von Gemeinschaften und Kompetenzen entstehen, ohne dass jemand die Gesamtkontrolle hat. Einige könnten über mehr Kampfkraft verfügen und Zugang zu mächtigen Waffen haben, andere könnten über mehr wirtschaftliche Macht verfügen und Zugang zu wichtigen Ressourcen und qualifizierten Menschen haben. Einige Gemeinschaften könnten sich selbst organisieren und selbst verwalten, während andere von Despoten und deren Armeen verwaltet werden könnten. Der Gesamtzustand könnte ein ständiges Feilschen, Handeln, Kämpfen und Kompromisseschließen sein. Die Zersplitterung dürfte so groß sein, dass niemand die Oberhand gewinnen und die Gesamtkontrolle ausüben kann. Der Kampf um die Macht in einer Welt, die unterschiedliche Fähigkeiten erfordert, schafft einen Schmelztiegel für die Entdeckung neuer Lebensweisen. Zusammenbruch und Kollaps könnten ein Umfeld für intensive Experimente schaffen. Aus dem hitzigen Wettbewerb zwischen den Gemeinschaften könnte eine neue menschliche „Legierung" hervorgehen und die Grundlage für den Aufbau größerer, regenerativer Gesellschaften bilden.

Der dynamische Charakter des „Kollapses" offenbart eine Schlüsselfrage: *Werden die Menschen auf der Erde bereit sein, sich wirklich zu engagieren und den Zusammenbruch der Biosphäre aufzuhalten, bevor der Planet völlig unbewohnbar wird?* Um die Voraussetzungen für eine eingehendere Untersuchung zu schaffen, findest du hier kurze Zusammenfassungen darüber, wie sich der Kollaps in drei verschiedenen Zukunftsszenarien entwickeln könnte:

- **Funktionales Aussterben** könnte das Ergebnis einer ungebremsten globalen Erwärmung sein, die ein unbewohnbares Klima und das Massensterben der meisten Lebensformen zur Folge hat, verbunden mit dem Kollaps von Zivilisationen aufgrund von Hungersnöten, Krankheiten und Konflikten. Die Zerstörung des Ökosystems der Erde zusammen mit dem zerstörerischen Untergang der Zivilisationen könnte die Menschheit an den Rand ihrer Existenz drängen. Die Menschheit könnte „funktional aussterben", während sie weiterhin am Rande des Überlebens lebt – aber so geschrumpft in Anzahl und Fähigkeiten, dass wir unter die Schwelle der evolutionären Bedeutung fallen würden. Zugegeben, die Menschheit könnte sogar über das funktionale Aussterben hinausgehen und *tatsächlich* aussterben, wenn wir das Klima der Erde in einem Maße verändern, das die Biologie nicht mehr tolerieren kann. Kurz gesagt, wir könnten uns zu Tode kochen und völlig aussterben.

- **Autoritarismus** könnte sich als durchschlagende Alternative erweisen, wenn sich die Menschheit in den frühen Stadien des planetarischen Kollapses zurückzieht und stark übergriffige Formen der Beschränkung akzeptiert. Künstliche Intelligenz könnte ausgeklügelte Formen der Überwachung und Kontrolle ermöglichen, welche die Härte des Zusammenbruchs durch extreme Einschränkungen der sozialen Interaktionen verringern. Reglementierte Formen der Zivilisation könnten vorherrschend werden, wobei das Leben der Bürger in hohem Maße von einer mächtigen Autorität kontrolliert wird. Da die Autorität konzentriert ist, wären die Massen am Ende von der Gnade einiger Weniger abhängig.

- **Transformation** könnte entstehen, wenn die Menschen bereit wären, sich rasch anzupassen und sich auf eine nachhaltigere, integrativere und mitfühlendere Zukunft auszurichten, mit einem hohen Maß an kollektiver Reife und gemeinschaftlichem Leben. Mit Voraussicht und Vorstellungskraft könnten die extremeren Ausdrucksformen des Zusammenbruchs gemildert und unsere Reife geweckt werden, um verschiedene Ausdrucksformen der Unterstützung für den Aufbau einer zielgerichteten und regenerativen Zukunft zu fördern.

Daraus ergeben sich drei wichtige Erkenntnisse. Erstens: *Alle drei Wege beginnen mit Zusammenbruch und Kollaps.* Der Unterschied liegt nicht in den treibenden Trends, die zum anfänglichen Kollaps führen, sondern darin, wie wir uns als Reaktion auf diese sich entfaltenden Trends mobilisieren. Zweitens ist der

„Kollaps" kein singulärer Zustand, sondern ein dynamischer Prozess, aus dem eine Erholung hervorgehen kann. Bisher hat die Erde fünf Massensterben erlebt, und jedes Mal hat sich das Leben erholt, im Allgemeinen über einen Zeitraum von Millionen von Jahren. Die Zerstörung der Erde durch die Menschheit bedeutet nicht, dass alles Leben untergehen würde, aber es könnte sehr wohl eine Erholungszeit von Zehntausenden oder sogar Millionen von Jahren bedeuten – was wiederum bedeutet, dass die Menschheit wahrscheinlich aussterben würde, genau wie die Dinosaurier und viele andere Lebensformen bei früheren Massensterben. Drittens werden alle drei Pfade in den kommenden Jahrzehnten des turbulenten Übergangs in unterschiedlichem Ausmaß vorkommen – was zu einer zentralen Frage führt: *Welches dieser drei Szenarien wird uns am ehesten in die ferne Zukunft führen?* Lasst uns nach dieser Einführung jeden dieser Wege kurz erkunden.

Zukunft I: Aussterben

Die Welt muss aufwachen und sich der drohenden Gefahr bewusst werden, der wir als Spezies ausgesetzt sind.
Inger Andersen, Direktorin des Umweltprogramms der Vereinten Nationen

In diesem Szenario macht die Welt weiter wie bisher (*„business as usual"*) und verleugnet weitgehend die großen Gefahren, die sich rasch entwickeln, gegenseitig verstärken und zu einer schweren Krise des gesamten Systems führen. Ein großer Teil der materiell entwickelten Welt bleibt in einer kollektiven Trance des Konsumverhaltens gefangen und akzeptiert die Ansicht, dass wir voneinander, von der Natur und vom Universum getrennt sind. Obwohl verschiedene Bewegungen zur Umgestaltung der Gesellschaft und zur Wiederherstellung der Ökologie entstehen könnten, sind sie zu klein und zu schwach, um die Ablenkung und Verleugnung der Mehrheit zu durchdringen. Das Ergebnis ist, dass wir die sich abzeichnenden Gefahren nicht erkennen und uns auf den Kollaps und die funktionale Auslöschung zubewegen. Um es noch einmal zu wiederholen: „Kollaps" ist kein singulärer Zustand, sondern ein dynamischer Prozess, der sich mit zunehmender Härte entwickelt. Im Folgenden stelle ich mir das Spektrum des Kollapses in fünf Stufen vor, die von anfänglichen Zusammenbrüchen bis zur vollständigen Auslöschung reichen:

1. Weitverbreitete Zusammenbrüche. Diverse Systeme lösen sich auf und brechen auseinander. Lieferketten für Waren und Dienstleistungen kommen zum Erliegen. Grundlegende Dienste, wie Polizei und Feuerwehr, Abwasserentsorgung, Bildung und Gesundheitswesen, werden zunehmend unzuverlässig. Das Klima erwärmt sich weiter, Arten sterben aus, es kommt zu Massenmigrationen und kritischer Wasserverknappung. Zusammenbrüche können als Katalysator für kreative Anpassungen dienen, sodass diese Phase immer noch ein großes Potenzial für einen Neuanfang und die Entwicklung tragfähiger Ansätze für das Leben auf der Erde bietet.

2. Kollaps im Gange. Versorgungsketten und lebenswichtige Systeme brechen überall auf der Welt zusammen. Ökosysteme versagen, die Ozeane bieten keine Lebensgrundlage mehr, die landwirtschaftliche Produktivität sinkt, Hunger und Migration nehmen zu. Das Potenzial für eine Regeneration der menschlichen Systeme und Ökosysteme ist noch vorhanden, wird aber zunehmend kostspielig und unbezahlbar. Obwohl dieses Szenario eine tiefe Wunde für die Zukunft der Erde und der Menschheit bedeutet, können wir uns dennoch von diesen zerstörerischen Zeiten erholen.

3. Vollständiger Kollaps. Der harte Kollaps menschlicher Systeme geht mit unwiederbringlichen Schäden an der Biosphäre einher. Es ist unmöglich, die Ökosysteme der Vergangenheit zu regenerieren; stattdessen sind wir gezwungen, auf einer zutiefst verletzten ökologischen und menschlichen Grundlage neu aufzubauen und zu versuchen, aus dem, was übrig bleibt, eine gesunde Biosphäre zu schaffen.

4. Funktionales Aussterben. Der Mensch ist keine lebensfähige Spezies mehr. Die Zahl der Spermien geht gegen

Null, und wir sind nicht mehr in der Lage, uns als Spezies fortzupflanzen. Unaufhaltsame Pandemien breiten sich unkontrolliert aus und untergraben die Überlebensgrundlage der Menschheit weiter. Die globale Erwärmung macht die Erde unwirtlich und weitgehend unbewohnbar. Das gesamte Ökosystem ist bis zur Unkenntlichkeit verwüstet und verstümmelt. Es gibt zwar noch vereinzelte Flecken mit Menschen, aber der Großteil ist verschwunden, sodass nur wenige Überlebende zurückbleiben, inmitten der Ruinen, gefangen in einem Kampf ums Überleben.

5. Vollständiges Aussterben. Steigende CO_2-Werte führen zu einer Erwärmung, die die gesamte Erde für Menschen und viele Tier- und Pflanzenarten unbewohnbar macht. Neben dem Rückgang der Anzahl menschlicher Spermien gibt es noch weitere Kräfte, die zu einem großflächigen Kollaps und Aussterben führen: ein weit verbreiteter Atomkrieg; Systeme künstlicher Intelligenz, die sich der menschlichen Kontrolle entziehen; Gentechnik, die eine Reihe menschlicher Spezies hervorbringt, die dem „normalen" Menschen feindlich gesinnt sind; der Verlust bestäubender Insekten, der zu einem Massensterben von Pflanzen und vielen Tierarten führt.[23] Die Bemühungen, ein vollständiges Aussterben zu verhindern, führen zu extremer Gentechnik, um Designer-Menschen mit hoher Hitzetoleranz und Resistenz gegen viele Krankheiten zu erschaffen.[24] Es könnten bioterroristische Waffen geschaffen werden, um die Menschheit mit der Drohung, Krankheitserreger freizusetzen, als Geisel zu halten, sollte es nicht zu einer massiven Umverteilung des Wohlstands kommen – und diese Krankheitserreger könnten außer Kontrolle geraten und den Untergang der Menschen auf der Erde vollenden.[25] Es könnten nur Fragmente von Leben übrig bleiben, aus denen sich jedoch im Laufe von Zehntausenden oder Millionen von Jahren neue Lebensformen entwickeln könnten.[26]

In einer Welt, die sich auf einen völligen Kollaps zubewegt, werden sich wahrscheinlich zwei Anpassungsarten herausbilden:

1) *wettbewerbsorientierte* Anpassung oder ein überlebensorientierter Ansatz, durch Gruppen gekennzeichnet, die in einem ständigen, gewaltsamen Kampf um ihre Lebensgrundlagen stehen.

2) *mitfühlende* Anpassung oder ein Ansatz der Freundlichkeit, wie er von Öko-Gemeinschaften geprägt ist, die sich für ein friedliches Überleben und die gemeinschaftliche Wiederherstellung der lokalen Ökologie einsetzen.

Obwohl ein Weg der mitfühlenden Anpassung in den frühen Stadien des Kollapses erfolgreich sein kann, scheint es eher wahrscheinlich, wenn die Welt zunehmend von erbitterten Kämpfen und Konflikten um den Zugang zu schwindenden Ressourcen beherrscht wird, dass freundlich gesinnte Gemeinschaften von schwer bewaffneten Banden angegriffen und überwältigt werden, um wertvolle Vorräte an Lebensmitteln, Saatgut, Pflanzen, Tieren und Werkzeugen zu stehlen. Sobald sich extreme Überlebenskämpfe ausbreiten, wäre es für die Menschen äußerst schwierig, in Freundlichkeit zusammenzufinden und kooperativ zu arbeiten. Daraus ergibt sich eine klare Lektion: *Wir sollten alles in unserer Macht Stehende unternehmen, um einen völligen Kollaps zu verhindern, bei dem der Überlebenskampf zur Normalität wird und Initiativen zur Veränderung an den Rand gedrängt werden.*

Zur Veranschaulichung, wie ein Zusammenbruch zu einem funktionalen Aussterben führt, betrachten wir das Beispiel der Osterinsel. Mit ihrem milden Klima und ihrem fruchtbaren Vulkanboden war die Osterinsel ein Paradies, das von Wäldern bedeckt und mit einer vielfältigen Tier- und Pflanzenwelt bevölkert war, als die ersten polynesischen Kolonisten sie um 500 n. Chr. besiedelten. Mit dem Wohlstand der Inselbewohner wuchs ihre Zahl von einigen Hundert auf schätzungsweise 7.000 oder mehr, und sie verbrauchten die Ressourcen der Insel rasch über deren Regenerationsfähigkeit hinaus. Archäologische Funde belegen, dass die Zerstörung der Wälder auf der Osterinsel um das Jahr 800 – etwa 300 Jahre nach Ankunft der ersten Menschen – bereits weit fortgeschritten war. Um 1500 verschwanden die Wälder und Palmen vollständig, da die Menschen das Land für die Landwirtschaft rodeten und die verbliebenen Bäume zum Bau von

Hochseekanus, als Brennholz und für den Bau von Häusern verwendeten. Jared Diamond, Professor für Medizin an der UCLA, beschreibt, wie die Tierwelt auf der Osterinsel ausgerottet wurde:

> „Die Zerstörung der Tierwelt auf der Insel war ebenso extrem wie die des Waldes: Ausnahmslos alle einheimischen Landvogelarten starben aus. Selbst Muscheln wurden übermäßig ausgebeutet, bis sich die Menschen mit kleinen Meeresschnecken begnügen mussten … Schweinswalknochen verschwanden um 1500 schlagartig von den Müllhalden; man konnte keine Schweinswale mehr harpunieren, da keine Bäume zum Bau der großen Seekanus mehr vorhanden waren …"[27]

Die Biosphäre war so verwüstet, dass sie sich nicht mehr kurzfristig erholen konnte. Da die Wälder verschwunden waren, die Fischerei im Meer nicht mehr möglich war und die Tiere bis zur Ausrottung gejagt wurden, gingen die Menschen aufeinander los. Die zentralisierte Autorität brach zusammen, und die Insel versank im Chaos rivalisierender Gruppen, die in Höhlen lebten und miteinander ums Überleben kämpften. Schließlich, so Diamond, „wandten sich die Inselbewohner der größten verbliebenen Fleischquelle zu: dem *Menschen*, dessen Knochen in den Müllhaufen der späten Osterinsel zu finden waren. Die mündlichen Überlieferungen der Inselbewohner erzählen viel von Kannibalismus". Die einzige wilde Nahrungsquelle, die ihnen blieb, waren Ratten. Um 1700 war die Bevölkerung auf ein Viertel bis ein Zehntel ihres früheren Standes geschrumpft. Als ein holländischer Entdecker die Insel 1722 (am Ostersonntag) besuchte, fand er ein Ödland vor, das fast völlig ohne Vegetation und Tiere war. Cook beschrieb die Inselbewohner als „klein, mager, ängstlich und elend".[28]

Die Parallelen zwischen der Osterinsel und der Erde sind deutlich: Die Osterinsel war eine Insel des Lebens, die in einem riesigen Ozean aus Wasser schwamm. Die Erde ist eine reichhaltige Insel des Lebens, die in einem riesigen Ozean des Raums schwimmt. Die Bedeutung der Osterinsel für uns sollte erschreckend offensichtlich sein, denn Diamond kommt zu dem Schluss, dass die Osterinsel die Erde im Kleinen ist:

„Als die Bewohner der Osterinsel in Schwierigkeiten gerieten, gab es keinen Ort, an den sie fliehen oder an den sie sich um Hilfe wenden konnten, und auch wir modernen Erdbewohner können nirgendwo anders Zuflucht finden, wenn unsere Schwierigkeiten zunehmen ... Wenn schon Tausende von Osterinselbewohnern mit Steinwerkzeugen und ihrer eigenen Muskelkraft ausreichten, um ihre Umwelt und damit ihre Gesellschaft zu zerstören, warum sollten dann Milliarden von Menschen mit Metallwerkzeugen und Maschinenkraft nicht noch viel Schlimmeres anrichten?"[29]

Wie die Osterinsel zeigt, haben wir Menschen also schon bewiesen, dass wir in der Lage sind, unsere Biosphäre in kleinem Maßstab irreparabel zu zerstören und in einen funktionalen Kollaps zu stürzen.

Zukunft II: Autoritarismus

In diesem Szenario wird die Gefahr des Aussterbens durch eine Krise des Gesamtsystems der Erde erkannt. Um sie zu bewältigen, tauschen die Menschen persönliche Freiheiten und Menschenrechte gegen die Sicherheit ein, die ihnen hochgradig autoritäre Gemeinschaften oder Gesellschaften versprechen. Demokratien sind oft schwerfällig und langsam, während autoritäre Regierungen schnell und ohne Rücksicht auf die Meinung der Öffentlichkeit handeln können. Dies vereinfacht die Entscheidungsfindung und ermöglicht ein schnelles Handeln im Krisenfall. Zu den Nachteilen autoritärer Regierungen gehören die Unterdrückung von Minderheiten, der Versammlungsfreiheit und der freien Meinungsäußerung sowie kreativer Innovationen. Autoritäre Gesellschaften weisen zudem eine höhere Rate an psychischen Erkrankungen und ein niedrigeres Niveau an körperlicher Gesundheit und Lebenserwartung auf.[30]

Digitale Diktaturen setzen leistungsstarke Computertechnologien ein, die in eine Reihe von Bereichen (Finanzen, Soziales, Medizin, Bildung, Arbeitswelt usw.) integriert sind, um ihre riesigen Bevölkerungen streng zu kontrollieren. Bei diesem Szenario vermeidet die Welt einen verheerenden Kollaps, indem sie nahezu jeden Aspekt des Lebens stark einschränkt und so den Abstieg ins Chaos aufhält. Tendenzen des ökologischen, sozialen und wirtschaftlichen Zusammenbruchs werden unter strenge Kontrolle gestellt, und so wird ein ruinöser Kollaps, der zum funktionalen Aussterben führen könnte, aufgehalten. Hier droht uns eine Zukunft voller Zwang und Konformität.

Ein oft zitiertes Beispiel ist China, das eine digitale Diktatur errichtet, indem es die Vergabe von Sozialkreditpunkten (*Social Credit Scores*) mit Gesichtserkennungssystemen und anderen Technologien kombiniert, um jede Person mit einer ganzen Palette von Strafen und Belohnungen[31] zu überwachen und zu kontrollieren. Handys und Internetzugänge werden mit eindeutigen Nummern versehen, damit sie verfolgt werden können. Übertretungen, welche den *Public Trust Score* (Punktzahl des öffentlichen Vertrauens) vermindern, reichen von geringfügigen Vergehen (Überqueren der Straße, zu langes Spielen von Videospielen) bis hin zu schwerwiegenden Aktivitäten (wie Verbreitung von Falschmeldungen, „*Fake News*", und „von ungesunden Gedanken infiziertes Denken" sowie kriminelle Taten). Die Bestrafung reicht von öffentlicher Beschämung (Veröffentlichung des Namens mit Bild) bis hin zu eingeschränkten Arbeitsmöglichkeiten, verringertem Zugang zu Bildungsmöglichkeiten für die Betroffenen bzw. deren Kinder, beschränktem Zugang zu Qualitätsmedizin, reduzierten Internetgeschwindigkeiten und vielem mehr. Zu den Belohnungen gehören bessere Arbeitsmöglichkeiten, bessere Reisemöglichkeiten (Flugzeug statt Autobus), Ermäßigungen auf Energierechnungen, leichterer Zugang zu Hotels, ja sogar bessere Treffer auf Computer-Dating-Seiten. Im Zuge des Fortschritts der künstlichen Intelligenz werden Bestrafungen und Belohnungen für jeden Einzelnen kontinuierlich berechnet, um eine stark überwachte, regulierte und reglementierte Gesellschaft zu schaffen. Die öffentliche Meinung und der öffentliche Diskurs werden streng kontrolliert, indem bestimmte Themen aus Nachrichtenquellen verbannt und „pro-soziale Themen" gefördert, Internetgespräche umfassend überwacht, persönliche Zusammenkünfte von mehr als drei Personen selektiv eingeschränkt werden und vieles mehr. Das Ergebnis ist eine sorgfältig überwachte, streng überprüfte und kontrollierte Gesellschaft, die innerhalb der ökologischen Grenzen lebt, allerdings auf Kosten einer Vielzahl von Freiheiten.

Es ist wichtig zu wissen, dass China nicht das einzige Land ist, das den digitalen Autoritarismus vorantreibt. Der chinesische Ansatz der „Großen Firewall" für das Internet breitet sich auf eine Reihe anderer Länder aus, darunter Russland, Indien, Thailand, Vietnam, Iran, Äthiopien und Sambia.[32] Selbst in historisch demokratischen Ländern wie den USA gibt es einen beträchtlichen Teil der Bevölkerung – schätzungsweise 20 Prozent der US-Bürger im Jahr 2021, – der bereit ist, seine bürgerlichen Freiheiten gegen diktatorische Lösungen von oben zur Sicherung von Recht und Ordnung einzutauschen, wenn er mit dem Zusammenbruch sozialer Systeme konfrontiert wird.[33]

Obwohl eine Reihe von Nationen begonnen hat, die autoritäre Kontrolle über ihre Bevölkerung zu konsolidieren, ist es nicht klar, ob sich diese langfristig in einer Welt durchsetzen lässt, die sich mit zerstörerischem Klimawandel, Wasserknappheit, Artensterben, Nahrungsmittelknappheit und anderen schlimmen Entwicklungen unweigerlich auf den Kollaps aller Systeme zubewegt. Länder, die mit eiserner Faust regiert werden, könnten auseinanderbrechen und konkurrierenden Machtgruppen Platz machen, die versuchen, die autoritäre Kontrolle in kleinerem Maßstab aufrechtzuerhalten. Oder noch schlimmer: Sie könnten zu einer vollständigen Diktatur herabsinken, die von einsamen Führern mit hochgradigem Narzissmus und geringem Mitgefühl regiert wird und die alle Entscheidungen für alle treffen.

Zukunft III: Transformation

Ein Transformationspfad beginnt wie die beiden anderen: Die Zusammenbrüche setzen sich fort und führen zu einem Prozess des dynamischen Kollapses. Bevor sie jedoch entweder in die funktionale Auslöschung oder die Preisgabe der Freiheiten im Autoritarismus kollabieren, könnten die Menschen auf der Erde die immense Gefahr erkennen, die vor ihnen liegt, sich von diesen beiden Wegen distanzieren und stattdessen einen Weg einschlagen, der zu einer transformierenden Welt führt. Leichter gesagt als getan! Ein Weg der Transformation erfordert weit mehr als erneuerbare Energien, Ernährungsumstellung, Elektroautos und das Äquivalent von Einkindfamilien. Wir brauchen ebenfalls mächtige Kräfte für einen evolutionären Aufstieg, um eine planetarische Systemkrise in eine Welt zu verwandeln, die dem Wohlergehen allen Lebens dient.

Mächtige, praktische und stärkende Kräfte für den Aufbau einer transformierenden Erde werden im letzten Abschnitt des Buches (Teil IV) ausführlich beschrieben und sind im Folgenden zusammengefasst:

Sieben aufbauende Kräfte

1. Wir entscheiden uns für Lebendigkeit – Wir wechseln von einer Denkweise der Trennung und Ausbeutung in einem toten Universum zu einer Denkweise der Gemeinschaft und Fürsorge in einem lebendigen Universum. Das Leben im Jetzt mit der direkten Erfahrung, lebendig zu sein, wird zur Quelle von Sinn und Zweck.

2. Wir entscheiden uns für Bewusstheit – Wenn wir der Art und Weise, wie wir uns durch das Leben bewegen, mit reflektierender oder bezeugender Aufmerksamkeit Beachtung schenken, bewegen wir uns aus der Blase des Materialismus heraus, hinein in die mitfühlende Teilnahme am Leben.

3. Wir entscheiden uns für Kommunikation – Durch den Einsatz von Werkzeugen der „local-to-global"-Kommunikation entwickeln wir einen Sinn für eine lokal-globale Gemeinschaft und schaffen einen neuen Konsens für unseren Weg in die Zukunft.

4. Wir entscheiden uns für Reife – Wenn wir über eine egozentrische, jugendliche Denkweise hinausgehen und uns reif für das Wohlergehen allen Lebens einsetzen, schaffen wir die psychologische Grundlage für eine transformierende Zukunft.

5. Wir entscheiden uns für Versöhnung – Wir erkennen den strukturellen Rassismus, die extremen Ungleichheiten in Bezug auf Wohlstand und Wohlergehen, die geschlechtsspezifischen Unterschiede und das „Anderssein" im Allgemeinen an und suchen nach Heilung und einer höheren gemeinsamen Basis, auf der Kooperation und Zusammenarbeit möglich werden.

6. Wir entscheiden uns für Gemeinschaft – Auf der Suche nach Sicherheit und Zugehörigkeit in einer kollabierenden Welt beginnen wir mit dem Wiederaufbau von Gemeinschaften auf lokaler Ebene und entdecken erneut das Gefühl, in der Welt zu Hause zu sein.

7. Wir entscheiden uns für Einfachheit – Jenseits von endlosem Konsum als Lebensziel bewegen wir uns hin zu einer dankbaren Einfachheit für das Leben und entscheiden uns für ein Leben in ausgewogener Rücksichtnahme auf das Wohlergehen allen Lebens.

Das sind keine Fantasien. Jede dieser aufbauenden Kräfte ist bereits allgemein anerkannt. Die Herausforderung besteht darin, die bereits vorhandenen und uns zur Verfügung stehenden Kräfte zu aktivieren und zu mobilisieren. Die Synergien dieser beiden Gruppen von Veränderungen – einerseits die materiellen Veränderungen (wie die Verbreitung der Sonnenenergie, neue Ernährungsgewohnheiten, die Verkleinerung der Familien, neue Arbeitsformen usw.), andererseits die unsichtbaren Veränderungen (wie die Reifung unserer Spezies, das Bewusstsein, die Versöhnung usw.) – sind für eine tiefgreifende und dauerhafte Transformation unerlässlich. Das Zusammentreffen dieser Veränderungen wird zu einer dynamischen und turbulenten Übergangsphase führen, in der die evolutionäre Dynamik der Vergangenheit zu einer neuen Bewegung für eine sich wandelnde Zukunft zusammengeführt wird. Oberflächlich betrachtet könnte dies als eine Zeit der Verwirrung und des Chaos erscheinen; doch es werden tiefe Strömungen des Wandels am Werk sein, die die Welt auf eine höhere Ebene der Kohärenz, des Potenzials und der Sinnhaftigkeit heben.

Da davon ausgegangen wird, dass ein Transformationspfad aus einem Prozess des Kollapses hervorgeht, sind Geduld und Ausdauer unerlässlich, damit der evolutionäre Aufschwung in der Welt sichtbar erblühen kann. Obwohl dieser Weg zutiefst anspruchsvoll ist – zum Beispiel, weil er von der Menschheit eine neue Stufe der Reife, der Versöhnung und des Bewusstseins verlangt, – liegt er bereits in unserer gegenwärtigen Fähigkeit zu wählen.

Es ist hilfreich, die vielen Bereiche zu erkennen, in denen die Menschen seit Langem erfolgreich zusammenarbeiten.

- *Wetter* – Das Weltwettersystem führt täglich Informationen aus mehr als hundert Ländern zusammen, um weltweite Wetterinformationen zu liefern.
- *Gesundheit* – Weltweit haben Nationen zusammengearbeitet, um Krankheiten wie Pocken, Polio und Diphtherie auszurotten.
- *Reisen* – Internationale Luftverkehrsabkommen gewährleisten das reibungslose Funktionieren des weltweiten Luftverkehrs, während die globale Zusammenarbeit den Bau der Internationalen Raumstation durch ein Konsortium von Nationen ermöglicht hat.
- *Kommunikation* – Die Internationale Fernmeldeunion (ITU) teilt das elektromagnetische Spektrum so ein, dass Fernsehsignale, Mobiltelefone und Funksignale nicht durch Rauschen überlagert werden.
- *Gerechtigkeit* – Eine globale Ethik ist entstanden, wenn internationale Gerichte und Tribunale Staatsoberhäupter für Völkermord, Folter und Verbrechen gegen die Menschlichkeit zur Rechenschaft ziehen.
- *Umwelt* – Trotz der Verzögerungen bei den Klimaschutzmaßnahmen haben die Länder der Welt wichtige Vereinbarungen über ökologische Belange getroffen, wie z. B. das Verbot von FCKW, die die Ozonschicht der Atmosphäre schädigen.

Diese Beispiele erfolgreicher Zusammenarbeit innerhalb der menschlichen Gemeinschaft bieten einen wichtigen Kontext für den Blick in die Zukunft – sie veranschaulichen die Fähigkeit der

Abbildung 2: Drei Wege für die Menschheit

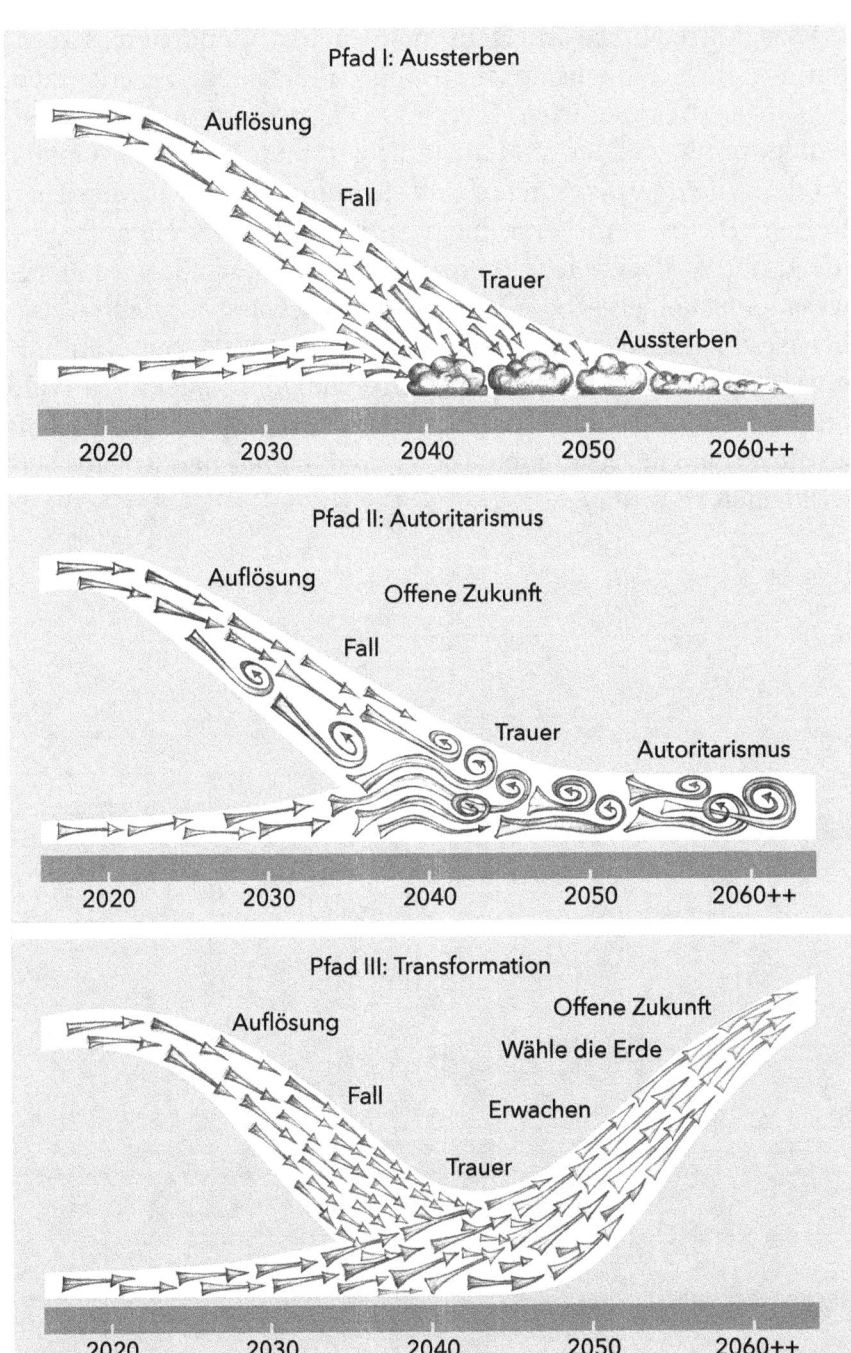

Menschheit, eine höhere Reife zu erlangen und effektiv zusammenzuarbeiten.

Es ist hilfreich, die drei Hauptpfade nebeneinander zu betrachten, um ihre Gemeinsamkeiten und Unterschiede zu erkennen. Was diese drei möglichen Zukunftsszenarien am meisten voneinander unterscheidet, sind nicht die zugrunde liegenden Trends, sondern die *übergeordneten* Entscheidungen, die wir Menschen treffen. Da es keine einzelne wahrscheinlichste Zukunft gibt, hängt der Weg, der sich durchsetzt, davon ab, wofür wir uns bewusst entscheiden – oder worauf wir unbewusst verzichten. Daher ist ein Weg der aufbauenden Transformation keine Vorhersage, sondern eine plausible Beschreibung der kollektiven Wahl und des Bewusstseinswandels, den wir als globale Gesellschaft als Reaktion auf Zusammenbruch und dynamischen Kollaps verwirklichen könnten.

Teil III

Stufen der Initiation und Transformation

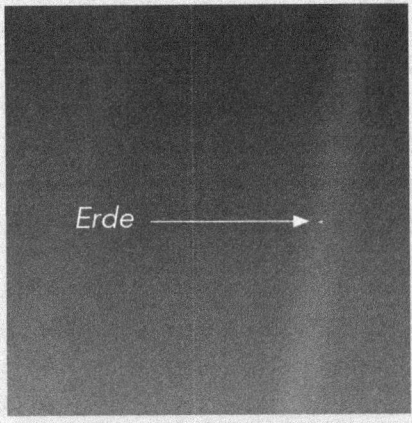

Die Erde, gesehen von der Voyager-Raumsonde aus fast 400 Milliarden Meilen Entfernung

„Schauen Sie noch einmal auf diesen Punkt. Das ist hier. Das ist zu Hause. Das sind wir. Auf ihm hat jeder, den du liebst, jeder, den du kennst, jeder, von dem du je gehört hast, jedes menschliche Wesen, das es je gab, sein Leben verbracht. Die Gesamtheit unserer Freuden und Leiden, Tausende von selbstbewussten Religionen, Ideologien und Wirtschaftslehren, jeder Jäger und Sammler, jeder Held und Feigling, jeder Schöpfer und Zerstörer der Zivilisation, jeder König und Bauer, jedes verliebte junge Paar, jede Mutter und jeder Vater, jedes hoffnungsvolle Kind, jeder Erfinder und Forscher, jeder Morallehrer, jeder korrupte Politiker, jeder „Superstar", jeder „oberste Führer", jeder Heilige und Sünder in der Geschichte unserer Spezies lebte dort – auf einem Staubkorn, das in einem Sonnenstrahl schwebt".

Carl Sagan

Szenario der Transformation

Wir gehen nun von den drei Pfaden aus, um eine „transformatorische" Zukunft eingehend zu betrachten. Die beiden anderen Pfade – „Aussterben" und „Autoritarismus" – sind relativ klar, da sie sich bereits sichtbar in der Welt abzeichnen. Eine transformatorische Zukunft ist jedoch anders, weil sie einen evolutionären Vorstoß ins Unbekannte darstellt. Da wir uns noch nie dorthin gewagt haben, haben wir keine vorher festgelegten Vorstellungen davon, wie ein transformatorischer Weg aussieht. Er baut auf der kombinierten Energie von aufbauenden Kräften auf, die wir zwar einzeln erkennen, von denen wir uns aber nicht vorstellen können, dass sie zu einer kollektiven Kraft für die Evolution zusammenfließen. Um einen Einblick in eine transformatorische Sicht der Zukunft zu geben, hier ein Absatz aus meinem 2009 erschienenen Buch *The Living Universe*:

> „Das Leid, die Not und die Angst dieser Zeiten werden zu einem reinigenden Feuer werden, das alte Vorurteile und Feindseligkeiten durchbrennt und die Seele unserer Spezies reinigt. Ich erwarte nicht, dass ein einziger goldener Moment der Versöhnung über den Planeten hereinbricht; stattdessen werden Wellen ökologischer Katastrophen die Zeiten wirtschaftlicher Krisen verstärken, und beide werden durch massive Wellen ziviler Unruhen verstärkt werden. Statt eines einzigen Crescendo von Krisen und Konflikten wird es wahrscheinlich eine kurzzeitige Versöhnung geben, gefolgt von einem Zerfall und einer neuen Versöhnung. Bei der Entstehung einer nachhaltigen Weltzivilisation wird die Menschheit wahrscheinlich Zyklen von Kontraktion und Entspannung durchlaufen. Erst wenn wir uns völlig erschöpft haben, werden wir die Schranken durchbrechen, die uns von unserer Ganzheit als Menschheitsfamilie trennen. Schließlich werden wir erkennen, dass wir die unnachgiebige Wahl zwischen einer schwer verletzten (oder sogar tot geborenen) planetarischen Zivilisation und der Geburt einer verletzten, aber relativ gesunden menschlichen Familie und Biosphäre haben. Indem wir diese unausweichliche Wahl

erkennen und die Verantwortung dafür übernehmen, werden wir daran arbeiten, einen gemeinsamen Sinn für die Realität, die Identität und den sozialen Zweck zu entdecken. Diesen neuen gemeinsamen Sinn zu finden, wird eine äußerst anspruchsvolle Aufgabe sein. Erst wenn wir alle Hoffnungen auf Teillösungen ausgeschöpft haben, werden wir bereit sein, mit offenem Geist und Herzen einer Zukunft entgegenzugehen, in der wir uns gegenseitig unterstützen. Letztendlich können wir als Spezies durch unsere Initiation aus unserem jugendlichen Verhalten in unser frühes Erwachsenenalter hineinwachsen und bewusst Verantwortung für unsere Beziehung zur Erde, zum übrigen Leben und zum Universum übernehmen."[34]

Dieser Abschnitt beschreibt nicht im Detail, welche Art von Umwälzungen vor uns liegt. Um ein solideres Zukunftsszenario zu entwickeln, beschreibe ich im Folgenden jedes Jahrzehnt auf drei verschiedene Arten:

1. Eine **Zusammenfassung** des Jahrzehnts. Es ist leicht, sich in den detaillierten Informationen zu verlieren, daher gibt die Zusammenfassung einen Überblick über das Jahrzehnt.

2. Ein Überblick über die **treibenden Trends** in jedem Jahrzehnt. Hierbei handelt es sich um harte, faktische Informationen aus den vertrauenswürdigsten Quellen, die ich finden konnte, um ein detailliertes Verständnis für die großen Herausforderungen der Zukunft zu entwickeln. Die treibenden Trends bilden das „Skelett" oder den analytischen Rahmen für das Szenario.

3. Ein Szenario oder eine **Geschichte**, die beschreibt, wie sich das Jahrzehnt entfaltet. Dies ist das „Fleisch" einer eher subjektiven Beschreibung, wie sich das Jahrzehnt entwickelt. Detaillierte Trends werden zu einer realistischen Erzählung über die Zukunft verwoben.

Auf der Grundlage der besten verfügbaren wissenschaftlichen Schätzungen habe ich acht Trends ermittelt, die für jedes Jahrzehnt gelten:

1. Globale Erwärmung und Klimastörung
2. Wasserknappheit
3. Nahrungsmittelknappheit
4. Klimaflüchtlinge
5. Artensterben
6. Weltbevölkerung
7. Wirtschaftswachstum/Zusammenbruch
8. Wirtschaftliche Ungerechtigkeiten

Während die Zukunftsforschung oft nur einige wenige treibende Trends berücksichtigt, betrachte ich alle acht und ebenfalls wie sie in den kommenden Jahrzehnten wahrscheinlich miteinander interagieren werden. Dann entwickle ich weitere sieben *Auftriebsfaktoren* – das „Fleisch", mit dem die skelettartigen Beschreibungen ausgefüllt werden. Aus der Kombination dieser fünfzehn Faktoren ergibt sich ein detailreiches Szenario. Dieser Ansatz garantiert keine „richtigen Antworten" auf die Zukunft; er bietet jedoch einen disziplinierten Grundstein für die Entwicklung eines realistischen Ausblicks auf einen aufbauenden Weg, der aus diesen dunklen Jahrzehnten hervorgehen kann.

Es ist wichtig einzuräumen, dass die Einteilung dieses Szenarios in Zehn-Jahres-Schritte ziemlich willkürlich ist. Die Welt ist ein chaotischer und komplexer Ort, der sich nicht in übersichtliche und bequeme Jahrzehnte der Entwicklung einteilen lässt. Hinzu kommt, dass wir in eine turbulente und chaotische Zeit des planetarischen Übergangs eingetreten sind, die Wildcards – wie das plötzliche Auftreten der globalen Covid-Pandemie – enthalten wird, die ansonsten plausible Erwartungen ins Wanken bringen können. Es gibt also gute Gründe, die Zukunft mit Vorsicht in einzelne Jahrzehnte einzuteilen.

Da das wissenschaftliche Vertrauen in Trenddaten abnimmt, je weiter wir in die Zukunft blicken, werden die ersten Jahrzehnte stärker mit wissenschaftlichen Daten und Analysen gewichtet. Wie bereits erwähnt, beginnen *alle drei Pfade – Aussterben,*

Autoritarismus und Transformation – mit denselben Antriebskräften. Deren Unterschied liegt nicht in den frühen Trends, sondern in den Entscheidungen, die die menschliche Gemeinschaft als Reaktion auf diese Trends trifft. *Eine transformative Zukunft entfaltet sich nur, wenn wir unseren Kopf erheben und unsere Herzen erwecken, um einem höheren Ziel und Potenzial als Spezies zu folgen.*

Die Erkundung eines transformativen Szenarios ist eine anspruchsvolle Übung in sozialer Vorstellungskraft, die Mitgefühl, Ausdauer und Geduld erfordert. *Dies ist eine schwierige Arbeit.* Wir müssen alle Fähigkeiten mobilisieren, die wir haben, um ein klares Bild der Zukunft zu entwickeln – eines, das sowohl Sorgen und Verluste als auch kraftvolle, aufbauende Faktoren wie kollektive Reifung und Erwachen beinhaltet, um unnachgiebige Widrigkeiten in realistische Chancen verwandeln zu können. Auch wenn die Erkundung der nächsten 50 Jahre eine große Herausforderung darstellt, so bietet sie doch das Potenzial, eine tiefgreifende Initiation und einen Übergangsritus für unsere Spezies zu visualisieren.

Ich möchte einen Moment innehalten und deinen Mut anerkennen, der dich dazu bewogen hat, dieses Buch zu lesen. Du liest im Namen des gesamten Lebens. Ich nehme an, du bist ein Mensch mit einer neugierigen Intelligenz und einem mitfühlenden Herzen. Ich nehme an, das Leben, die Menschen, die Natur und die Erde liegen dir am Herzen. Ich nehme an, du spürst intuitiv, wie das Leben in der Zukunft alle, die in der Gegenwart wach sind, dazu aufruft, Zeugnis von dem abzulegen, was sich jetzt auf der Erde entfaltet. Es ist ein Geschenk an die Zukunft, als Zeuge für unsere Zeit der beispiellosen Transformation aufzutreten. Bis vor Kurzem waren sich nur wenige Menschen bewusst, dass ein dynamischer Kollaps der menschlichen Zivilisation stattfindet, der eine tiefgreifende Initiation für unsere Spezies darstellt. Heute können wir bewusst erkennen, dass eine Einweihung im Gange ist – und dieses Wissen kann einen enormen Unterschied bei der Wahl unseres Weges in die Zukunft ausmachen. Ich respektiere sowohl deine Gefühle des Verlusts als auch deine Dankbarkeit für das Leben, das weitergeht. Ich respektiere deine Bereitschaft zu sehen, was sich entfaltet. Damit trägst du zu einer neuen Art von Mensch bei, die dem Wohlergehen allen Lebens dienen kann. Danke, dass du ein treuer Diener unserer sich wandelnden Zukunft bist.

Die 2020er Jahre: Die große Auflösung – Zusammenbruch

Zusammenfassung

In den 2020er Jahren beginnt der große Übergang, wenn die Menschheit zu der unumstößlichen Tatsache erwacht, dass wir mit einer tiefgreifenden weltweiten Krise konfrontiert sind. Wir erkennen allmählich, dass wir es nicht mit einem einzelnen Problem zu tun haben, das es zu lösen gilt, sondern mit einer Krise des gesamten Systems, die erhebliche Veränderungen der Art und Weise, wie wir auf der Erde leben, erfordert. Als Kollektiv kommen wir nicht schnell oder leicht zu dieser Einsicht. Die Menschheit tritt mit tiefen Spaltungen in dieses entscheidende Jahrzehnt ein. Langsam erwacht eine Minderheit von Menschen zu der Erkenntnis, dass wir mit einer Krise des gesamten Systems konfrontiert sind, die weit über das Klimaproblem hinausgeht.

In diesem Jahrzehnt führt die globale Erwärmung zu einer Zunahme von Dürren, Bränden, Überschwemmungen und heftigen Stürmen auf der ganzen Welt. Maßnahmen zur Bewältigung des steigenden CO_2-Ausstoßes sind im Gange, aber das Innovationstempo bleibt weit hinter dem zurück, was zur Stabilisierung der globalen Temperaturen erforderlich ist. Wir befinden uns auf dem Weg in eine Klimakatastrophe. Wasserknappheit ist für fast die Hälfte der Weltbevölkerung eine Quelle des Stresses. In den USA, Indien und anderswo auf der Welt werden die Grundwasserspeicher ausgepumpt. Jedes Jahr werden mehrere Millionen Menschen zu Klimaflüchtlingen, da sie versuchen, in ressourcenreichere Gebiete zu ziehen. Tier- und Pflanzenarten sind gestresst, da sie angesichts des raschen Klimawandels nicht in der Lage sind, schnell genug zu wandern. Globale Versorgungsketten brechen zusammen.

Institutionen aller Art (Wirtschaft, Politik, Wissenschaft, Gesundheitswesen usw.) sind in Sachen Veränderungen zu langsam. Die meisten Führungskräfte konzentrieren sich darauf, ihren Reichtum, ihre Macht, ihren Status und ihre Privilegien zu schützen. Sie sind mehr damit beschäftigt, ihre Institutionen aufrechtzuerhalten, als das Wohlergehen allen Lebens zu schützen. Unter den jüngeren Generationen der Welt wächst ein tiefgreifender Vertrauensverlust in die Führung. Die Mehrheit der jüngeren Menschen fühlt sich dem Untergang geweiht und hat das Gefühl, dass ihre langfristige Zukunft von der älteren Generation zugunsten kurzfristiger Gewinne geopfert wurde.

Die Herausforderungen an die Mentalität des Materialismus, des Konsumismus und des Kapitalismus nehmen zu, sind aber angesichts der wirtschaftlichen und politischen Macht der reichsten Menschen weitgehend ohne Wirkung. Auf globaler Ebene ist das Wohlstandsgefälle extrem: Die obersten (reichsten) 10 Prozent der Weltbevölkerung verfügen über 76 Prozent des Kapitals, während die unteren 50 Prozent der Bevölkerung nur über 2 Prozent verfügen. Mit anderen Worten: 10 Prozent der Weltbevölkerung verfügen über drei Viertel des gesamten Vermögens, während der unteren Hälfte der Weltbevölkerung nur 2 Prozent davon verbleiben.[35] Was den Klimawandel betrifft, so spiegeln diese Ungleichheiten nicht nur Unterschiede im wirtschaftlichen Wohlstand wider, sondern auch große Unterschiede bei den CO_2-Emissionen. Die Wohlhabenden sind für den Ausstoß einer unverhältnismäßig großen Menge an Kohlenstoff verantwortlich. Es erscheint zunehmend zweifelhaft, ob unsere Welt bei solch extremen Unterschieden als integriertes und kooperatives Ganzes zusammenarbeiten kann. Eine globale Vermögens- und Kohlenstoffsteuer ist wichtig, wenn wir den Übergang zu einer kohlenstoffarmen Welt schaffen und für eine angemessene Gesundheitsversorgung, Bildung und die Wiederherstellung der ökologischen Gesundheit des Planeten sorgen wollen. Obwohl das Bedürfnis nach mehr Fairness enorm ist, ist der Widerstand noch größer. Es ist wahrscheinlich, dass das Wirtschaftssystem, das diese tiefgreifenden Ungerechtigkeiten unterstützt, unter dem Gewicht dieser Dysfunktion kollabieren wird. Es ist einfach nicht nachhaltig.

Die Kommunikationsrevolution setzt sich in rasantem Tempo fort, wobei Hochgeschwindigkeitsnetze in den USA umfangreich genutzt werden und weltweit zunehmend verfügbar sind. Zu Beginn des Jahrzehnts hatten zwei Drittel der Weltbevölkerung Zugang zum Internet, und diese Zahl wird bis zum Ende des Jahrzehnts rasch auf drei Viertel ansteigen. Der konsumorientierte Inhalt der Kommunikation fördert jedoch im Allgemeinen eine eher adoleszente, egozentrische und auf Kurzfristigkeit ausgerichtete Denkweise. Insgesamt nehmen in diesem Jahrzehnt die Konflikte zu, da sich die Menschen zunehmend in Gruppen zurückziehen, die sich durch Rasse, ethnische Zugehörigkeit, Religion, Wohlstand und politische Orientierung unterscheiden. Trotz des zunehmenden Zerfalls geht es in erster Linie darum, zur alten Normalität zurückzukehren und weiterzumachen im Sinne von „business as usual".

Überblick über die wichtigsten treibenden Trends in den 2020er Jahren

- **Globale Erwärmung**: Ein Anstieg der globalen Erwärmung um 1,2° Celsius bis zum Jahr 2020 ist ein klarer Beweis dafür, dass eine größere Klimastörung im Gange ist. Wissenschaftler sind besorgt, dass ein Anstieg um 1,5°C das Klima weitaus instabiler machen wird als bisher angenommen.[36] Alarmierende wissenschaftliche Prognosen gehen davon aus, dass es bis zum Ende des Jahrhunderts zu einem katastrophalen Temperaturanstieg in der Größenordnung von 3° C kommen wird.

  Die Auswirkungen der globalen Erwärmung sind dramatisch: So wurde in einem *IPCC Sonderbericht* von 2019 festgestellt, dass die Hälfte der Megastädte der Welt mit fast zwei Milliarden Menschen an gefährdeten Küsten liegt. Selbst wenn der globale Temperaturanstieg auf nur 2°C begrenzt wird, rechnen Wissenschaftler damit, dass die Auswirkungen des Meeresspiegelanstiegs jährlich Schäden in Höhe von mehreren Billionen Dollar verursachen und dazu führen werden, dass viele Millionen Menschen aus den Küstengebieten abwandern müssen.[37] Der Sonderbericht zeichnete dieses düstere Bild der langfristigen Zukunft:

„Wir haben einfach zu lange mit der Reduzierung der Emissionen gewartet und werden uns mit den Auswirkungen auseinandersetzen müssen, die sich nicht mehr vermeiden lassen. Der Unterschied zwischen einer drastischen Verringerung der Emissionen und der Fortsetzung des „Business as usual-Pfads" ist jedoch gravierend: In einem Szenario mit niedrigen Emissionen wird die Bewältigung der Auswirkungen des Klimawandels teuer, aber möglich sein; nichts zu tun wird zu unkontrollierbaren, katastrophalen Auswirkungen führen".[38]

Der Anstieg des Meeresspiegels wird sich über Hunderte, vielleicht Tausende von Jahren fortsetzen, selbst wenn die Emissionen jetzt auf null reduziert werden.[39] Trotz eindeutiger Warnungen vor einer Katastrophe nehmen die CO_2-Emissionen weiter zu.[40] Dies weckt die Befürchtung, dass wir einen Zustand der „Treibhaus-Erde" schaffen könnten, wie ihn die Menschheit noch nie erlebt hat.[41]

Neben dem Temperaturanstieg, der zur Erwärmung der Ozeane, zum Schrumpfen der Eisschilde und zur Versauerung der Meere führt, bringt die globale Erwärmung auch neue Wetterextreme – Stürme, Regen, Überschwemmungen und Dürren – mit sich, die die Landwirtschaft und die Lebensräume stark beeinträchtigen.[42] Es wird erwartet, dass sich all diese Veränderungen im 21. Jahrhundert und darüber hinaus verstärken.

Die globale Erwärmung hat auch direkte Auswirkungen auf die menschliche Gesundheit. In einem Bericht der Weltgesundheitsorganisation heißt es: „Die Klimakrise ist eine Gesundheitskrise ..., die die Unterernährung verschärft und die Ausbreitung von Infektionskrankheiten wie Malaria fördert. Die gleichen Emissionen, die die globale Erwärmung verursachen, sind für mehr als ein Viertel der Todesfälle durch Herzinfarkt, Schlaganfall, Lungenkrebs und chronische Atemwegserkrankungen verantwortlich."[43]

- **Pandemien**: Aus einer Reihe von Gründen ist es wahrscheinlicher, dass Pandemien - Krankheiten, die sich weltweit ausbreiten - unter den durch die globale Erwärmung verursachten Bedingungen auftreten.

1. Wenn die gefrorenen Regionen der Erde aufgrund der globalen Erwärmung zu tauen beginnen, werden Viren freigesetzt, die seit Zehntausenden von Jahren eingeschlossen waren. Während der vorangegangenen Eiszeiten haben sowohl Menschen als auch andere Tiere möglicherweise ihre Widerstandsfähigkeit gegen solche Krankheiten herabgesetzt und sind viel anfälliger für ihre Infektionen geworden.

2. Neue Pandemien entstehen, weil der wirtschaftliche Fortschritt ein dramatisches Bevölkerungswachstum begünstigt und dazu führt, dass große menschliche Populationen in enger Nachbarschaft zu Wildtieren leben, wodurch Krankheiten leichter auf den Menschen überspringen können.

3. Dank des technischen Fortschritts und der hohen Mobilität können Viren durch die schnellere Vermischung von Menschen und Wildtieren auf dem ganzen Globus rasch um die Welt wandern. Der Umfang und die Geschwindigkeit des modernen Reiseverkehrs machen die Einführung und Durchsetzung von Quarantänen nahezu unmöglich.

4. Durch den technologischen Fortschritt besteht die Möglichkeit, dass Terroristen Krankheitserreger als Biowaffen herstellen oder biotechnologisch bearbeiten, um eine Pandemie zu verursachen.

Pandemien – wie das Coronavirus – werden in einer sich rasch erwärmenden Welt wahrscheinlich zu einer wiederkehrenden Störung werden.[44] Auch wenn Pandemien wahrscheinlich nicht der Auslöser für einen globalen Kollaps der Zivilisation sind, so zeigen sie doch die Anfälligkeit unserer eng vernetzten sozialen und wirtschaftlichen Systeme auf. Sie bieten auch ein überzeugendes Beispiel für die Notwendigkeit einer ausgereiften, planetarischen Zusammenarbeit. Covid hat die Menschheit für unsere kollektive Verwundbarkeit sensibilisiert und gezeigt, dass eine energische Reaktion einiger weniger Nationen nicht ausreicht. In unserer hochmobilen

Welt können sich neue Varianten des Virus innerhalb von Wochen über den ganzen Planeten verbreiten. Um das Virus zu stoppen, bevor neue Varianten entstehen und sich ausbreiten können, müssten fast alle Menschen etwa zur gleichen Zeit geimpft werden – eine globale Antwort auf eine globale Bedrohung. Covid erweckt ein kollektives Bewusstsein auf der Erde, während wir uns mit der Frage auseinandersetzen, wie wir reagieren sollen. Es gibt jedoch erhebliche Unterschiede zwischen der Klimakrise und Pandemien. Obwohl Pandemien zeigen, dass wir alle im Lebensnetz der Erde miteinander verbunden sind, werden sie im Allgemeinen als eine relativ begrenzte, nahe, unmittelbare und persönliche Bedrohung für uns selbst und die Familie wahrgenommen. Im Vergleich dazu ist die Klimakatastrophe eine komplexere, tief vernetzte, weit entfernte, vage und allgemeine Bedrohung für die Gesellschaft und die gesamte Wirtschaft. Die Maßnahmen, die erforderlich sind, um auf die Klimakrise zu reagieren, sind nicht einfach und die Vorteile dieser Schritte sind weniger sicher und weniger unmittelbar. Mehrdeutigkeit und Ungewissheit erschweren eine einheitliche Reaktion und entschlossene Klimamaßnahmen erheblich. Trotz dieser Unterschiede leistet die Coronavirus-Pandemie einen wichtigen Beitrag dazu, dass der Menschheit bewusst wird, dass sie in einer eng verflochtenen Welt lebt.

- **Wasserknappheit**: Obwohl die Erde von riesigen Ozeanen bedeckt ist, sind nur drei Prozent des Wassers auf der Erde Süßwasser, und ein Großteil davon ist unzugänglich – mehr als zwei Drittel des Süßwassers sind in Eiskappen und Gletschern eingeschlossen, und fast der gesamte Rest befindet sich im Grundwasser. Nur drei Zehntel von einem Prozent des gesamten Süßwassers der Welt kommen in oberirdischen Seen und Flüssen vor. Angesichts des enormen Anstiegs der Weltbevölkerung und der wasserintensiven Lebensweise wird Wasser bereits jetzt zu einer knappen Ressource. Im Jahr 2020 werden schätzungsweise 30 bis 40 Prozent der Weltbevölkerung von Wasserknappheit betroffen sein, und bis 2025 werden schätzungsweise drei Milliarden Menschen in Gebieten leben, in denen Wasserknappheit herrscht, wobei zwei Drittel der Weltbevölkerung in wasserarmen Regionen leben werden.[45] Im Jahr 2019 hatten 844 Millionen Menschen, d. h. 1 von 9, keinen Zugang zu sauberem Wasser und 2,3 Milliarden Menschen, d. h. 1 von 3, hatten keinen Zugang zu einer Toilette.[46] Mehr als zwei Milliarden Menschen leben in Ländern mit hohem Wasserstress, und etwa vier Milliarden Menschen sind während mindestens einem Monat im Jahr von schwerer Wasserknappheit betroffen. Der Stress wird weiter zunehmen, da die Nachfrage nach Wasser steigt und sich die Auswirkungen der globalen Erwärmung verstärken.[47]

- **Nahrungsmittelknappheit:** „Im Jahr 2019 litten etwas mehr als 800 Millionen Menschen an Hunger, das entspricht etwa 1 von 9 Menschen auf der Welt."[48] Trotz erheblicher Verbesserungen in den vergangenen Jahrzehnten sind die Aussichten für die Ernährung in der Zukunft aufgrund von Klimastörungen düster.[49] Um die Lage zu verdeutlichen: „Laut UNICEF sterben jeden Tag 22.000 Kinder an den Folgen von Armut. Und sie sterben still und leise in einigen der ärmsten Dörfer der Welt, weit weg von der Aufmerksamkeit und dem Gewissen der Welt." Schätzungsweise 27 Prozent aller Kinder in den Entwicklungsländern sind untergewichtig oder unterentwickelt.[50] Die weltweite Nachfrage nach Nahrungsmitteln wird sich in den kommenden 50 Jahren mehr als verdoppeln, da etwa zwei bis drei Milliarden Menschen hinzukommen werden. Eine zentrale Frage für das kommende halbe Jahrhundert ist, ob die Menschheit eine solch enorme Steigerung der Nahrungsmittelproduktion erreichen und aufrechterhalten kann.[51] Eine andere Studie ergab dies:

„Die Entscheidungen, die in den nächsten Jahrzehnten getroffen werden, werden enorme Auswirkungen auf die Zukunft unseres Planeten haben, und die richtige Gestaltung unserer Lebensmittelsysteme ist dabei von zentraler Bedeutung. Die derzeitigen Praktiken verstärken das Problem, und zwar in dem Bemühen, die Rekordmengen an Nahrungsmitteln zu produzieren, die für die Ernährung der Weltbevölkerung benötigt werden ... Genau dieser Fortschritt hat zu einer großflächigen Verschlechterung der Boden- und Wasserqualität, zum Verlust der biologischen Vielfalt und zu einem Anstieg der Treibhausgasemissionen geführt. Inzwischen ist die Produktivität von 23 Prozent der weltweiten Anbauflächen zurückgegangen, und etwa 75 Prozent des Süßwassers werden allein für die Landwirtschaft verwendet."[52]

- **Klimaflüchtlinge:** Zwischen 2008 und 2015 wurden nach Angaben der Vereinten Nationen durchschnittlich 26,4 Millionen Menschen pro Jahr durch klima- oder wetterbedingte Katastrophen vertrieben.[53] Im Jahr 2020 waren mehrere zehn Millionen Menschen auf der Flucht.

- **Artensterben:** Einem UN-Bericht zufolge sind bis zum Ende dieses Jahrhunderts mehr als eine Million Pflanzen- und Tierarten vom Aussterben bedroht – viele davon werden voraussichtlich innerhalb weniger Jahrzehnte aussterben. Robert Watson, ein britischer Chemiker, der als Vorsitzender des Gremiums fungierte, erklärte: „Der Rückgang der biologischen Vielfalt untergräbt weltweit die Grundlagen unserer Wirtschaft, unseres Lebensunterhalts, unserer Ernährungssicherheit, unserer Gesundheit und unserer Lebensqualität."[54] Die Unversehrtheit der Biosphäre wird zerstört, und die Verluste umfassen Insekten, Vögel, Säugetiere, Reptilien und Fische. Die Gesamtaussichten sind sehr düster.

Die Insekten auf der Welt sind auf dem besten Weg auszusterben, und es droht ein „katastrophaler Zusammenbruch der Ökosysteme der Natur", so das Ergebnis der ersten globalen wissenschaftlichen Untersuchung.[55] Die Analyse ergab, dass mehr als 40 Prozent der Insektenarten zurückgehen und ein Drittel gefährdet ist. Das Aussterben von Insekten geht achtmal schneller vonstatten als das von Säugetieren, Vögeln und Reptilien und ist so groß, dass „wenn wir unsere Art der Nahrungsmittelproduktion nicht ändern, Insekten insgesamt in wenigen Jahrzehnten aussterben werden…Die Folgen für die Ökosysteme des Planeten sind, gelinde gesagt, katastrophal."
Auch das **Bienensterben** nimmt aufgrund des übermäßigen Einsatzes von Pestiziden in der Landwirtschaft und der

Verbreitung bestimmter Parasiten, die sich nur in Bienenvölkern vermehren, alarmierende Ausmaße an. *Das Aussterben der Bienen könnte das Ende der Menschheit bedeuten. Gäbe es die Bienen nicht, wäre es schwer vorstellbar, dass der Mensch überleben könnte.* Von den 100 Pflanzenarten, die 90 Prozent unserer Nahrung liefern, werden 35 Prozent von Bienen, Vögeln und Fledermäusen bestäubt.[56]

Eine weitere Studie ergab, dass die **Vögel** in Nordamerika verschwinden: Die Zahl der Vögel in den Vereinigten Staaten und Kanada ist in den letzten 50 Jahren um drei Milliarden oder 29 Prozent zurückgegangen.[57] David Yarnold, Präsident der National Audubon Society, bezeichnete die Ergebnisse als „eine ausgewachsene Krise". Kevin Gaston, ein Naturschutzbiologe, sagte, dass die neuen Erkenntnisse auf etwas Größeres hindeuten: „Das ist der Verlust der Natur". „Der Himmel leert sich. Heute fliegen 2,9 Milliarden Vögel weniger als noch vor 50 Jahren".[58] Die in der Zeitschrift *Science* veröffentlichte Analyse ist der bisher umfassendste und ehrgeizigste Versuch, herauszufinden, was mit den Vogelpopulationen geschieht. Die Ergebnisse haben Forscher und Naturschutzorganisationen schockiert.

Das Ökosystem der **Ozeane** wird zerstört: Zwischen 1970 und 2012 ist die Zahl der Meeresbewohner um 49 Prozent zurückgegangen. Überfischung und Verschmutzung führen zu einem «beispiellosen» Aussterben der Meere. In einem großen Bericht wurde festgestellt, dass alle Arten von wild gefangenen Meeresfrüchten – vom Thunfisch bis zu den Sardinen – bis zum Jahr 2050 kollabieren werden. Der Begriff „Kollaps" wurde definiert als eine 90-prozentige Verringerung des Grundbestands der jeweiligen Art.[59] In einem anderen Bericht wird davor gewarnt, dass das Jagen und Töten der grössten Arten im Meer die Ökosysteme für Millionen Jahre stören wird.[60]

Im Folgenden beschreibt das Center for Biological Diversity die allgemeine Ausrottungskrise:

„Die Wildtierpopulationen brechen auf der ganzen Welt zusammen ... Unser Planet steht jetzt vor einer globalen Ausrottungskrise, wie sie die Menschheit noch nie erlebt hat. Wissenschaftler sagen voraus, dass mehr als eine Million Arten in den nächsten Jahrzehnten vom Aussterben bedroht sind. Die Wildtierpopulationen auf der ganzen Welt brechen in alarmierendem Tempo und mit erschreckender Häufigkeit zusammen ... Wenn eine Art ausstirbt, gerät die Welt um uns herum ein wenig aus den Fugen. Die Folgen sind tiefgreifend, nicht nur an diesen Orten und für diese Arten, sondern für uns alle. Es handelt sich um greifbare Verluste wie die Bestäubung von Pflanzen und die Reinigung von Wasser, aber auch um spirituelle und kulturelle Verluste. Auch wenn sie oft vom Lärm und der Hektik des modernen Lebens überdeckt werden, haben die Menschen eine tiefe emotionale Verbindung zur wilden Welt. Wildtiere und Pflanzen haben unsere Geschichte, unsere Mythologie, unsere Sprache und unsere Sicht auf die Welt geprägt. Wild lebende Tiere bringen Freude und bereichern uns alle – und jedes Aussterben macht unsere Heimat zu einem einsameren und kälteren Ort für uns und zukünftige Generationen. Die aktuelle Krise des Artensterbens haben wir selbst verschuldet."[61]

- **Weltbevölkerung**: Zu Beginn der 2020er Jahre liegt die Weltbevölkerung bei etwa 7,8 Milliarden Menschen.[62] Obwohl Bevölkerungsprognosen bis zum Ende des Jahrhunderts schwierig sind, wird die Weltbevölkerung im Jahr 2050 im Durchschnitt auf etwa 11 Milliarden geschätzt. Grobe Schätzungen gehen davon aus, dass im Jahr 2100 die fünf bevölkerungsreichsten Länder folgende sein werden: Indien mit 1,2 Milliarden Menschen, China mit 1 Milliarde, Nigeria mit fast 800 Millionen (vergleichbar mit der gesamten Bevölkerung Europas im Jahr 2010), die USA mit 450 Millionen und Pakistan mit 350 Millionen.[63] Eine geschätzte Weltbevölkerung von etwa 11 Milliarden Menschen ist alles andere als sicher – vor allem, wenn es nicht zu einem tiefgreifenden und raschen Wandel hin zu einer nachhaltigen Lebensweise

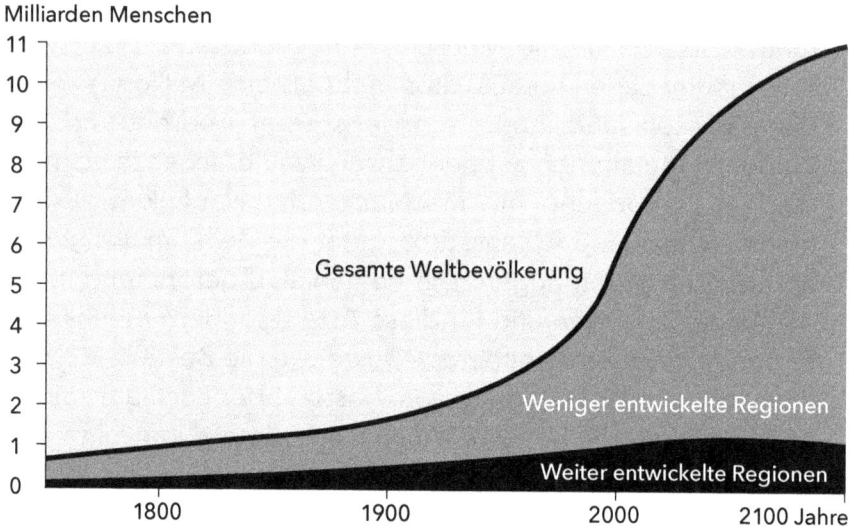

Abbildung 4: Wachstum der Weltbevölkerung: 1750 - 2100[64]

Weniger entwickelte Regionen: Afrika, Asien (ausgenommen Japan), Lateinamerika und die Karibik, Ozeanien (ausgenommen Australien und Neuseeland).

Weiter entwickelte Regionen: Europa, Nordamerika (Kanada und die Vereinigten Staaten), Japan, Australien, Neuseeland.

kommt. Angesichts der derzeitigen Produktionskapazitäten für Nahrungsmittel und der Wasserressourcen kann die Erde etwa 9 Milliarden Menschen ernähren, *wenn die Ressourcen gleichmäßig verteilt werden.* Da jedoch die landwirtschaftliche Produktivität aufgrund der globalen Erwärmung und der Wasserknappheit sinkt, nimmt die Tragfähigkeit der Erde ab. Außerdem hängt viel von den Verbrauchsmustern der Industrienationen im Verhältnis zum Rest der Welt ab. Würde die gesamte Welt so viel konsumieren wie die Vereinigten Staaten, könnte die Erde etwa 1,5 Milliarden Menschen ernähren. Bei einem Lebensstil der europäischen Mittelschicht steigt die Tragfähigkeit auf etwa zwei Milliarden Menschen.[65] Die Erde verträgt das Verbrauchsniveau der USA nur, weil die Menschen in den USA das „Sparkonto" nicht erneuerbarer Ressourcen wie fruchtbaren Boden, sauberes Trinkwasser, unberührte Wälder, unverminderte Fischbestände und unerschlossenes Erdöl aufbrauchen.

Unser „Sparkonto" geht bereits zur Neige, und wir sind nun gezwungen, als Spezies innerhalb unserer Möglichkeiten zu leben. Die Tragfähigkeit der Erde wiederum hängt nicht nur von der Zahl der Menschen auf dem Planeten ab, sondern auch von deren Verbrauchsniveau und -verhalten. In den frühen 2020er Jahren verbraucht die menschliche Gemeinschaft die erneuerbaren Ressourcen der Erde etwa 1,6-mal so schnell wie nachhaltiger Verbrauch wäre[66] – und das bei etwa sechs Milliarden Menschen, die unfreiwillig einen „kohlenstoffarmen Lebensstil" führen und im Vergleich zur amerikanischen Mittelschicht so gut wie nichts verbrauchen.

Angesichts des großen Widerwillens der wohlhabenderen Nationen, ihren verbrauchsintensiven Lebensstil zu opfern, und angesichts der Tatsache, dass sich der Verbrauchsfußabdruck der Erde rasch dem Doppelten dessen nähert, was der Planet langfristig bereitstellen kann, scheint es wahrscheinlich, dass es zu einem dramatischen Massensterben der Menschheit kommen wird. Ist das große Leid, das daraus resultieren wird, *unvermeidbar*? Wird es einer solchen Katastrophe bedürfen, um die Menschen in den Industrienationen dazu zu bewegen, ihre Konsumgewohnheiten zu ändern? Wie viel Schmerz und Leid sind nötig, damit die Menschheit zu einem neuen Gleichgewicht und einem fairen globalen Konsum findet?

- **Wirtschaftswachstum/Zusammenbruch**: Sichere Netzwerke der Wirtschaftstätigkeit auf der ganzen Welt beginnen zu zerbrechen. Die Weltwirtschaft gerät aus den Fugen, die Versorgungsketten brechen auseinander, und die Warenströme und -lieferungen werden immer unberechenbarer. Wichtige Materialien (von Holzprodukten bis hin zu Computerchips) werden knapp, Häfen sind überlastet, die Transportkosten steigen und die Lieferungen an die Kunden werden unzuverlässig.

Experten sind sich weitgehend einig, dass etwa 70 Prozent der wirtschaftlichen Aktivität in den USA mit der Produktion von Konsumgütern verbunden sind, was für eine konsumorientierte Wirtschaft verständlich ist.[67] Zahlreiche Studien kommen zu dem Schluss: „Emissionen sind ein Symptom des Konsums, und wenn wir den Konsum nicht reduzieren, werden wir auch die Emissionen nicht reduzieren."[68] Daher besteht die Wahrscheinlichkeit, dass das künftige Wirtschaftswachstum durch die dringende Notwendigkeit, die Kohlenstoffemissionen zu reduzieren und damit auch durch die Notwendigkeit, den Gesamtverbrauch zu senken, beeinträchtigt wird. „Es spielt keine Rolle, ob man in einer heißen oder kalten Klimazone lebt, in einem reichen oder einem ärmeren Land – eine unkontrollierte Krise der Erdsysteme wird die Wirtschaft zerstören". Diese Forschungsergebnisse kommen zu einem Zeitpunkt, an dem die Vereinten Nationen feststellen, dass die Auswirkungen des Klimawandels schneller und stärker eintreten als erwartet.[69] Die mit dem Klimawandel verbundenen Risiken werden nicht in die Preisgestaltung einbezogen, was wiederum die Anreize zur Verringerung der Emissionen verringert – ein wirtschaftlicher Fehler mit katastrophalen Folgen.[70]

„Die nächsten zwei Jahrzehnte werden entscheidend sein. Sie werden darüber entscheiden, ob wir schwere und irreversible Schäden an den Lebensgrundlagen und der Natur erleiden oder ob wir stattdessen einen attraktiveren Weg der nachhaltigen und integrativen wirtschaftlichen Entwicklung und des Wachstums einschlagen ... Wenn wir in den nächsten zwei Jahrzehnten weiterhin Treibhausgase im derzeitigen Umfang emittieren, werden wir wahrscheinlich einen Anstieg von 3° Celsius weit überschreiten ... Ein Anstieg um 3° Celsius wäre extrem gefährlich und würde uns Temperaturen bescheren, die wir auf diesem Planeten seit etwa drei Millionen Jahren nicht mehr erlebt haben ... Eine Erwärmung dieses Ausmaßes könnte unseren Lebensraum verändern, unsere Lebensgrundlagen schwer schädigen, Milliarden von Menschen vertreiben und zu schweren und lang anhaltenden Konflikten führen."[71]

- **Wirtschaftliche Ungleichheiten**: Es spielt keine Rolle, wie wir es betrachten: Die globale Ungleichheit von Vermö-

Abbildung 4: Globale Wohlstandsverteilung

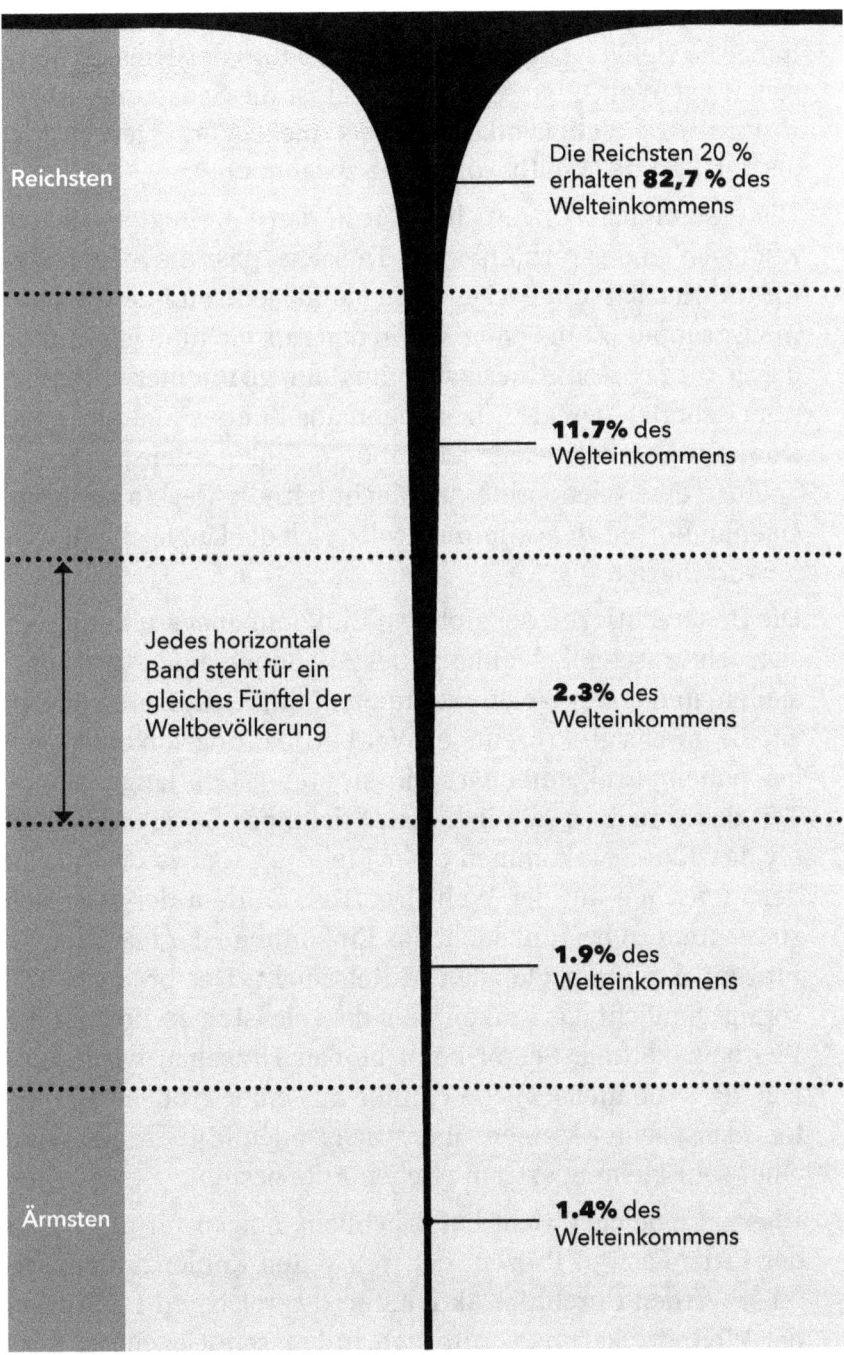

gen und Einkommen wird immer schlimmer, viel schlimmer. Im Jahr 2017 waren die sechs reichsten Männer der Welt so wohlhabend wie die Hälfte der Menschheit![72] Sechs Personen haben so viel Vermögen wie 3.600.000.000 der ärmsten Menschen der Welt. Ebenso verblüffend ist die Schätzung, dass 1 Prozent der Weltbevölkerung über mehr Vermögen verfügt als der Rest der Weltbevölkerung zusammen.[73]

Die erstaunliche Ungerechtigkeit in den Vereinigten Staaten zeigt sich an der verblüffenden Tatsache, dass die Steuersätze für die Reichsten niedriger sind als für jede andere Einkommensgruppe: „Zum ersten Mal in den Aufzeichnungen zahlten die 400 reichsten Amerikaner im Jahr 2019 einen niedrigeren Gesamtsteuersatz – bestehend aus Bundes-, Landes- und Kommunalsteuern – als jede andere Einkommensgruppe."[74] Solange eine reiche Elite die Macht hat, die Regeln zu ihrem eigenen Vorteil zu bestimmen, wird sich die Ungleichheit weiter verschärfen.[75]

Die Ungerechtigkeit der globalen Einkommensverteilung lässt sich sehr anschaulich anhand der Abbildung auf Seite 91 darstellen, in der das Welteinkommen in fünf Gruppen eingeteilt ist, die jeweils 20 Prozent der Weltbevölkerung von niedrigem bis hohem Einkommen repräsentieren.[76] Der lange, dünne Teil des Umrisses (ähnlich dem Stiel eines Sektglases) steht für das Jahreseinkommen einer Mehrheit – etwa 60 Prozent der Menschen auf der Welt. Der Teil, an dem der Stiel sich zu verbreitern beginnt, stellt das Einkommen der nächsten 20 Prozent dar – der globalen Mittelschicht. Der breiteste Teil veranschaulicht das Einkommen der reichsten 20 Prozent der Weltbevölkerung. Schon beim bloßen Hinsehen wird deutlich, dass die menschliche Familie aus einer großen, verarmten Klasse, einer kleinen, aber wachsenden Mittelschicht und einer sehr kleinen, extrem reichen Elite besteht.

Dieses Ungleichgewicht hat erhebliche Folgen für das Klima der Erde. Fast 50 Prozent der weltweiten Kohlenstoffemissionen werden durch die Aktivitäten der reichsten 10 Prozent der Weltbevölkerung verursacht. In krassem Gegensatz dazu sind die ärmsten 50 Prozent der Weltbevölkerung für nur etwa zehn Prozent der weltweiten Kohlenstoffemissionen verantwortlich, leben aber überwiegend in den Ländern, die am stärksten vom Klimawandel betroffen sind.[77] Angesichts dieser gravierenden Ungleichheiten ist die Anpassung an den Klimawandel bereits jetzt eine tiefgreifende Frage der sozialen Gerechtigkeit.

„Klimagerechtigkeit" bedeutet, dass diejenigen, die am wenigsten für den Klimawandel verantwortlich sind, nicht diejenigen sein sollten, die unter den schwersten Folgen leiden.[78] Strukturelle Ungleichheiten, die oft auf ethnischer Zugehörigkeit beruhen, bedeuten jedoch, dass farbige Bevölkerungsgruppen weiterhin als Erste und am schlimmsten von der Klimakrise betroffen sein werden.[79] Um dieses Ungleichgewicht zu korrigieren, sollte die Einführung eines Pro-Kopf-Limits für Kohlenstoffemissionen für die obersten 10 Prozent der weltweiten Emittenten (was in etwa dem eines durchschnittlichen europäischen Bürgers entspricht) hohe Priorität haben. Auf diese Weise könnten die weltweiten Emissionen innerhalb von ein oder zwei Jahren um ein Drittel gesenkt werden!

In der Vergangenheit waren große Wohlstandsunterschiede stets ein Vorläufer für dramatische soziale Brüche und gewaltsame Veränderungen. Wenn die Menschheit tiefgreifende zivile Konflikte vermeiden will, dann ist es von entscheidender Bedeutung, zu erkennen, dass die derzeitige Wirtschaft nicht zum Nutzen der Mehrheit funktioniert. Ein freiwilliger Wechsel hin zu einer viel gerechteren Verteilung des Reichtums ist ein sehr kluger Schritt.

Szenario: Wie sich die 2020er Jahre entwickeln könnten

In diesem Jahrzehnt beginnt die Menschheit zu erkennen, dass die globale Erwärmung die Welt auf so folgenschwere Weise verändert, dass das Leben nie mehr dasselbe sein wird. Obwohl die Besorgnis über den Klimawandel vor den 2020er Jahren deutlich zunahm, sah eine beträchtliche Minderheit dies nicht als existenzielle Bedrohung für das menschliche Überleben an.[80] Insgesamt sind Menschen mit höherer Bildung stärker über die globale Erwärmung besorgt, und im Allgemeinen sind Frauen eher als Männer wegen des Klimawandels beunruhigt.[81]

Die langfristige Erwärmung des Planeten unter dem Ziel von 1,5° Celsius zu halten – das Ziel des 2015 unterzeichneten Pariser Klimaabkommens – scheint unmöglich, da dies eine sofortige und drastische Senkung der CO_2-Emissionen erfordert, die wiederum radikale Änderungen der Lebensweisen, die diese Emissionen verursachen, voraussetzt.

Die Pariser Abkommen sehen auch vor, dass die Industrieländer die Entwicklungsländer bei ihren Bemühungen um Klimaschutz und kreative Anpassung unterstützen.[82] Doch zu Beginn dieses entscheidenden Jahrzehnts nehmen die CO_2-Emissionen zu, und die Versuche, sie durch koordinierte Maßnahmen der Nationen zu reduzieren, sind gescheitert. Die globalen CO_2-Emissionen sind auf dem besten Weg, bereits zum Ende des Jahrzehnts einen gefährlichen Temperaturanstieg von 2° Celsius zu verursachen.

Zu Beginn der 2020er Jahre sind viele Menschen schlecht darüber informiert, wie nachhaltig die globale Erwärmung die Zukunft des Lebens auf unserem Planeten beeinflussen wird. Wenn die Menschen erfahren, wie ernst unsere Situation bald werden wird, reichen die Reaktionen von Leugnung und Unglauben bis hin zu Verwirrung und Panik. Wohlhabende Eliten, die Wirtschaft, Politik und Medien beherrschen, halten die globale Erwärmung, das Artensterben und andere Trends für wichtig, aber übertrieben. Die meisten Führungspersönlichkeiten gehören zu einer privilegierten Minderheit, die in die Annehmlichkeiten von Reichtum, Status, Privilegien und Macht eingetaucht ist und sich von der Geschäftigkeit und den Anforderungen des täglichen Lebens ablenken lässt. Ihr Hauptanliegen ist es, so weiterzumachen wie bisher, obwohl Wissenschaftler, Jugendliche und Akademiker zunehmend alarmiert sind. Anstatt sich für dramatische Maßnahmen und Innovationen einzusetzen, streben die privilegierten Eliten nur nach allmählichen Anpassungen, die den Status quo nicht erschüttern.

Die Mainstream-Medien unterstützen die soziale Trance des Konsumverhaltens mit endloser Unterhaltung – Sport, Reality-TV, Filme, Videospiele und Klatsch und Tratsch über Prominente –, die den Konsumenten-Lifestyle verherrlicht und die soziale Aufmerksamkeit ablenkt und betäubt.

Obwohl die klimatischen Störungen und eine Kaskade anderer Probleme zunehmen, spielen einflussreiche Politiker die Behauptung, es handele sich um eine verflochtene Krise des gesamten Systems, herunter. Stattdessen werden Probleme wie der Klimawandel folgendermassen dargestellt:

- Er ist nicht so wichtig wie andere Themen, z. B. Arbeitsplätze und Gesundheitswesen.
- Es ist nicht so dringend oder unmittelbar wie behauptet, sodass wir genügend Zeit haben, um zu reagieren.
- Sein Umfang ist nicht so groß wie behauptet.
- Es ist nicht so schwierig, Abhilfe zu schaffen, wie behauptet wird; man geht davon aus, dass die Technologie viele der Probleme lösen wird.
- Es handelt sich nicht um eine Krise des gesamten Systems, sondern um einzelne Probleme, die nach und nach gelöst werden können.
- Ein Problem, das der Einzelne nicht lösen kann, ist nicht greifbar: „Was kann ich tun? Ich bin nur eine Person."
- Es ist nicht meine Verantwortung: „Ich habe diesen Schlamassel nicht angerichtet, warum soll ich ihn also aufräumen?"

Die „sanfte Verweigerung" vieler Führungskräfte verbindet sich mit einem allgegenwärtigen Gefühl der Hilflosigkeit. Verständlicherweise wird weitergemacht wie bisher, und die etablierten Institutionen reagieren mit halbherzigen Maßnahmen, die wenig dazu beitragen, den unaufhaltsamen Vormarsch in eine katastrophale Zukunft zu verlangsamen. Nichtsdestotrotz passt ein kleiner Teil der Menschen seine Arbeits- und Lebensweise an.

Die Vereinigten Staaten – die weltweit führende Verbrauchernation – veranschaulichen, wie schwierig es ist, den Übergang konstruktiv zu bewältigen. Rev. Victor Kazanjian von der United

Religions Initiative beschreibt, wie die USA eine Gesellschaft der Trauer ist, die nicht in der Lage ist, ihr Schicksal zu akzeptieren und über die von uns verlangten Veränderungen zu trauern. Er schreibt:

> „… vieles von dem, was Ärger, Wut und Gewalt zugrunde liegt, ist Trauer – ein Gefühl von Verlust über Verlust über Verlust. Aber in unserer Kultur haben wir nicht viel Platz für Trauer. Trauer, wenn sie nicht angesprochen wird, wird zu Groll. Wir leben in einer Kultur des Grolls. Groll drückt sich darin aus, anderen die Schuld zu geben. Wir müssen uns mit tiefer Trauer auseinandersetzen."

Die Störungen des Klimas und der natürlichen Systeme werden bis Mitte der 2020er Jahre so gewaltig, dass sie trotz großer Widerstände beginnen, den Konsens der „consumer-trance", der Ablenkung und der Leugnung zu durchbrechen. Die Klimanotstände häufen sich und wecken die wachsende Erkenntnis, dass die Erde vor schwierigen Herausforderungen steht. Selbstgefälligkeit weicht wachsender Besorgnis, da die Jahreszeiten auf dem Planeten so stark gestört sind, dass die Nahrungsmittelproduktion beeinträchtigt wird und es zu schweren Hungersnöten und Unruhen kommt.

Die übergreifende Herausforderung der 2020er Jahre besteht darin, unser gesellschaftliches Vorstellungsvermögen für die Notwendigkeit außerordentlicher Veränderungen in der Art und Weise, wie wir auf der Erde leben, zu wecken. Wir müssen anerkennen, dass ein völlig neuer Ansatz für die Zukunft erforderlich ist, wenn die CO_2-Emissionen reduziert und unter Kontrolle gebracht werden sollen.

- Allmählich beginnen die materiell Privilegierteren, sich vom übermäßigen Konsum zu einem Lebensstil der „freiwilligen Einfachheit" zu bewegen, während die Verarmten mit unfreiwilliger Einfachheit und dem täglichen Kampf ums Überleben weitermachen.
- Der Aufschrei gegen die extreme Ungleichheit von Reichtum und Wohlstand wird immer lauter. Es wächst der Konsens, „die Milliardäre zu besteuern", um Sicherheitsnetze im

Gesundheitswesen, Sozialversicherungssysteme und die Instandsetzung der Infrastruktur zu finanzieren.
- Die wohlhabenderen Menschen beginnen, sich vegetarisch zu ernähren, die Verkehrsmittel werden auf Elektrofahrzeuge umgestellt, die Häuser werden energieeffizienter, und die Arbeit verlagert sich auf eine geringere Umweltbelastung und einen größeren sozialen Beitrag und Sinn.
- Ökologische Lebensstile entwickeln sich von einer Randbewegung für einige wenige zu einer Welle des Experimentierens für die Mainstream-Kultur. Ein kohlenstoffarmer, materiell einfacher und erlebnisreicher Lebensstil verbreitet sich zusehends. Für die meisten ist es eine relativ oberflächliche Art, „grün" zu werden.
- Materialismus und Konsumismus werden zunehmend infrage gestellt, da die Menschen die Kultur der aggressiven Werbung hinterfragen und erklären: Wir sind mehr als Konsumenten, die unterhalten werden wollen; wir sind Bürger der Erde, die an der Schaffung einer nachhaltigeren Zukunft mitwirken wollen.
- Es entstehen neue Abläufe der Wirtschaftstätigkeit, die die lokale Widerstandsfähigkeit, persönliche Fähigkeiten und vielfältige Arbeitsstrukturen betonen.

Gegen Ende des Jahrzehnts setzt ein Kultur- und Bewusstseinswandel ein, vor allem in den reichen Ländern, in denen die Menschen den Luxus haben, über das tägliche Überleben hinauszuschauen. Es wächst ein klares Verständnis dafür, dass neue Lebensansätze notwendig sind – aber die Maßnahmen stehen selten im Einklang mit den Notwendigkeiten.

In den letzten Jahrzehnten hat sich auf der ganzen Welt eine Revolution der Achtsamkeit entwickelt. Eine relativ kleine, aber bedeutende Anzahl von Menschen entwickelt die Fähigkeiten eines reflektierenden Bewusstseins – die Fähigkeit, ihr Leben einfach zu beobachten und mit weniger Reaktivität und größerer Reife zu leben. Ein kleiner, aber signifikanter Teil der Menschheit beginnt aufzuwachen und erwachsen zu werden. Mit einem reflektierteren Bewusstsein nehmen wir ökologische Krisen, Armut, übermäßigen Konsum, Rassenungerechtigkeit und andere Umstände, die uns in der Vergangenheit gespalten haben, deutlicher wahr. Mit einer reflektierteren Perspektive beginnen wir, ein kollektives Verständnis zu entwickeln, das dem Wohlergehen aller dient. Reflektiertes Bewusstsein ist der unsichtbare Klebstoff, der beginnt die Menschheitsfamilie zu einem wertschätzenden Ganzen zusammenzuschweißen, während wir gleichzeitig unsere Unterschiede respektieren.

Mit dem wachsenden beobachtenden Bewusstsein erkennen die Menschen, dass die Krise des Gesamtsystems auch eine *Kommunikationskrise* ist, und dies führt zu verschiedenen Kommunikationsinitiativen – von Gesprächen in Wohnzimmern bis hin zu Dialogen und Konferenzen zwischen Führungskräften in Wirtschaft, Regierung, Medien, Bildung, Religion und anderen Bereichen. Diese Initiativen sind wichtig, aber schmerzlich unzureichend. Das Ausmaß der Kommunikation entspricht nicht dem der Herausforderungen, vor denen wir stehen. Die Menschen erkennen, dass die Dimension der zivilgesellschaftlichen Gespräche derjenigen der Notlage, die oft von nationaler und globaler Größenordnung ist, entsprechen muss. Der Übergang zu einer regenerativen Zukunft erfordert, dass Millionen, ja sogar Milliarden von Bürgern miteinander kommunizieren. Wie auch immer ihr Standpunkt ist, die Menschen wollen gehört werden und bei der Gestaltung der Zukunft eine Stimme haben. Vielfältige Kommunikationsinitiativen werden zu einer wichtigen Quelle für den sozialen Zusammenhalt in einer Welt im Umbruch. In der Mitte des Jahrzehnts entfacht diese Erkenntnis eine „Community Voice"-Bewegung auf lokaler Ebene und eine „Earth Voice"-Bewegung auf globaler Ebene.

Community-Voice-Initiativen arbeiten daran, das Fernsehen zu mobilisieren und den Äther zurückzuerobern, um eine neue Ebene des Bürgerdialogs auf regionaler Ebene in den Großstädten der Erde zu schaffen. Eine Earth-Voice-Bewegung arbeitet daran, die Macht und Reichweite des den ganzen Planeten umspannenden Internets zu mobilisieren. Diese Initiativen, die von einer vielfältigen Gemeinschaft vertrauenswürdiger Älterer und Jugendlicher einberufen werden, haben im Allgemeinen nur zwei Aufgaben: erstens, den Anliegen der Bürger zuzuhören und zweitens, diese Anliegen in Form von „elektronischen Bürgerversammlungen" der Gemeinschaft zum Dialog vorzulegen, um dann den Dingen ihren Lauf zu lassen. Erfolgreiche Community-Voice-Organisationen sind überparteilich, neutral und treten nicht für eine bestimmte Sichtweise ein; stattdessen dienen sie den Bürgern als Mittel, um in ihren eigenen Angelegenheiten und für ihre Zukunft eine Stimme zu haben. Das Beispiel einer Gemeinschaft inspiriert und katalysiert andere Gemeinschaften, ihre eigenen Community-Voice-Organisationen zu gründen, und eine neue Ebene des resilienten Dialogs beginnt sich durch Regionen und Nationen zu ziehen. Indem die Bürger ihre Bedenken äußern und elektronisch über verschiedene Lösungen abstimmen, beginnen sie, die festgefahrene Ohnmacht der Vergangenheit zu durchbrechen.

Bis zum Ende des Jahrzehnts werden drei Viertel der Weltbevölkerung ein Mobiltelefon besitzen und Zugang zum Internet haben. Eine Earth-Voice-Initiative ist im Gange, da die Menschen die Macht des Internets als Vehikel für kollektive Aufmerksamkeit und Aktionen erkennen und mobilisieren. Die Mehrheit der Erdenbürger erkennt, dass sie mit ihren Mobiltelefonen buchstäblich die notwendige Technologie in der Hand haben, um sich an einem Dialog auf planetarischer Ebene zu beteiligen, damit ein sichtbarer Konsens für eine lebensfähige Zukunft entwickelt werden kann.

Ein perfekter Sturm globaler Krisen wächst heran und fordert die Menschheit zu dramatischen Veränderungen heraus, wie wir darüber kommunizieren, wie wir auf der Erde leben wollen. Die menschliche Gemeinschaft hat Neuland betreten. Noch nie zuvor waren wir so gezwungen, als Regionen, Nationen und als Welt zusammenzukommen. Die kombinierte Kraft und das Potenzial der Community- und Earth-Voice-Bewegungen bieten praktische Werkzeuge, mit denen die im Umbruch befindliche Welt auf neue Weise zusammenfinden kann.

Die 30er Jahre:
Der Große Kollaps – der freie Fall

Zusammenfassung

Das zerbrechliche und komplexe Weltsystem ist so beschädigt, dass es nicht mehr zusammenhält, mit unerwarteter und atemberaubender Geschwindigkeit auseinanderbricht und in den freien Fall gerät. Chaos, Verwirrung und Panik breiten sich in der Welt aus. Lebenswichtige Dienste werden unterbrochen. Der Schutz durch Polizei und Feuerwehr ist nur noch sporadisch gewährleistet. Wellen von Stromausfällen treten auf, wenn ganze Stromnetze ausfallen. Große Institutionen (Unternehmen, Banken, Gesundheitssysteme) gehen in Konkurs, was zu massiver Arbeitslosigkeit führt. Insgesamt gibt es wenig, was die Welt zusammenhält, und wir erleben die kollektive Panik eines großen Absturzes.

Die massive Verschuldung, entstanden durch extravagante Ausgaben in früheren Jahrzehnten, hindert jetzt viele Regierungen daran, Ressourcen für kreatives Handeln zu mobilisieren. Anstatt sich den Herausforderungen zu stellen, gehen viele Institutionen zugrunde. Der Konkurs breitet sich auf ganze Städte aus. Viele lebenswichtige Dienstleistungen geraten ins Stocken – darunter der Polizei- und Brandschutz sowie die Aufrechterhaltung der Infrastruktur, wie Straßen- und Stromnetze. Große Hochschulen und Universitäten werden zahlungsunfähig und schließen ihre Pforten. Viele große Kirchen können sich den Unterhalt nicht mehr leisten und scheitern. Zusammenbrüche breiten sich in Wellen über die ganze Welt aus, und die Menschen müssen sich zunehmend auf lokaler Ebene selbst versorgen. Anstatt kreative Maßnahmen zu ergreifen, um eine sich verschärfende Klimakrise abzuwenden, ist die Welt damit beschäftigt, mit den sich rasch ausbreitenden Zusammenbrüchen fertigzuwerden.

Die weltweite Nachfrage nach Süßwasser steigt stärker als das Angebot, und etwa drei Milliarden Menschen leiden unter Wasserknappheit. Die Vielfalt der Nahrungsmittelauswahl nimmt drastisch ab, da die Dürre die landwirtschaftliche Produktivität verringert. Die Zahl der Klimaflüchtlinge, die in lebensfreundlichere Gebiete abwandern, steigt auf etwa hundert Millionen Menschen an. Die zivilen Strukturen und Ressourcen vieler Nationen sind völlig überfordert. Bestäubende Insekten sterben aus und gefährden dadurch die Nahrungsmittelversorgung der Welt zusätzlich. Die Integrität und Gesundheit der Biosphäre (Pflanzen, Landtiere, Vögel, Insekten und Meereslebewesen) verschlechtert sich rapide. Der Überlebensdruck wird so groß, dass der Instandsetzung und Wiederherstellung von Ökosystemen wenig Aufmerksamkeit geschenkt wird.

Die Weltbevölkerung wächst weiter, vor allem in Afrika, und nähert sich einer Gesamtzahl von 9 Milliarden. Spaltungen und Trennungen jeglicher Art nehmen zu – in finanzieller, politischer, generationeller, geschlechtsspezifischer, rassischer, ethnischer und religiöser Hinsicht. Die Welt ist überschwemmt von so vielen Streitigkeiten auf so vielen Ebenen mit so vielen Differenzen so vieler Art, dass nur wenig Raum für die Entwicklung zu einer höheren Menschlichkeit besteht. Die Welt ist voll von Schuldzuweisungen, Anschuldigungen, Denunziation, Feindseligkeit, Verurteilung und Vorwürfen. Die Herausforderungen an die Denkweise der Konsumkultur und des Kapitalismus wachsen, während Millionen um ihr Überleben kämpfen.

Eine internetbasierte Earth-Voice-Initiative, die geprägt ist von basisorientiertem Dialog und Feedback, schlägt Wurzeln in der sich auflösenden Welt. Medienorganisationen tragen die Verantwortung dafür, eine neue Ebene der Kommunikation zu unterstützen. Mit der Schwächung der Nationen wird die Regierungsführung zunehmend auf Regionen, Städte und lokale Gemeinschaften verlagert. Ökodörfer, kleine Kommunen und andere Lebensentwürfe beginnen, eine widerstandsfähige Grundlage für nachhaltige Städte zu schaffen. Die Rollen in der Arbeitswelt ändern sich dramatisch, da kleine, sich selbst organisierende Gemeinschaften neue Arbeitsumgebungen mit unterschiedlichen, für das Leben vor Ort geeigneten Fähigkeiten entwickeln. Einfachheit, als eine Möglichkeit den Aufprall am Tiefpunkt zu verhindern, wird zähneknirschend als ein überlebenswichtiger Lebensansatz akzeptiert.

Überblick über die wichtigsten treibenden Trends in den 2030er Jahren

- **Globale Erwärmung und Klimastörungen**: Die globalen Temperaturen steigen bis Ende der 2030er Jahre gegenüber den historischen Werten um 2° Celsius an. Bei einem Anstieg um 2° Celsius beginnen die Eisschilde unumkehrbar zu zerfallen, was zu einem katastrophalen Anstieg des Meeresspiegels führt, der im nächsten Jahrhundert seinen Höhepunkt finden wird. Der Temperaturanstieg führt nicht nur zur Erwärmung der Ozeane, zum Schrumpfen der Eisschilde und zur Versauerung der Meere, sondern auch zu neuen extremen Stürmen, Regenfällen, Überschwemmungen und Dürren, die die Landwirtschaft und die Lebensräume stark beeinträchtigen.[83]

Ein Anstieg um 2° Celsius wird als kritischer Klimakipppunkt angesehen – der Beginn eines unkontrollierbaren Klimawandels.[84] Das Potenzial für eine unaufhaltsame Erwärmung beginnt mit der Freisetzung des „schlafenden Riesen" Methan, der als Treibhausgas etwa 80-mal stärker wirkt als CO_2.[85] Ein Anstieg des Methans in der Atmosphäre droht die erwarteten Erfolge des Pariser Klimaabkommens zunichtezumachen.[86] Darüber hinaus besteht die düstere Aussicht auf sich selbst verstärkende Rückkopplungsschleifen, die das Klima ins Chaos stürzen, bevor wir Zeit haben, unser Energiesystem umzustrukturieren.

Ein weiterer „schlafender Riese" ist der Amazonasregenwald, der bisher als CO_2-Senke, die Kohlenstoff absorbiert, angesehen wurde. Eine neuere Studie zeigt jedoch, dass die tropischen Wälder ihre Fähigkeit zur Kohlenstoffaufnahme verlieren, was den Amazonas bis zu den 2030er Jahren zu einer CO_2-Quelle macht und den Zusammenbruch des Klimas beschleunigen wird. Dies wird viele, schwerwiegende Auswirkungen nach sich ziehen, was wiederum eine viel schnellere Reduzierung der kohlenstoffproduzierenden Aktivitäten erfordert, um dem Verlust der Kohlenstoffsenken entgegenzuwirken.[87]

- **Klimaflüchtlinge**: Mit dem Klimawandel steigt die Zahl der Flüchtlinge, die bis Ende der 2030er Jahre in lebensfreundlichere Gebiete abwandern werden, von einigen zehn Millionen auf hundert Millionen oder mehr. Migrationen dieses Ausmaßes überfordern die Anpassungsfähigkeit der Regionen. Zum Vergleich: In den 2010er Jahren destabilisierten etwa eine Million Flüchtlinge weite Teile Europas. Bei einer Migration von hundert Millionen oder mehr werden die Auswirkungen voraussichtlich um ein Vielfaches größer sein und sich ungleichmäßig verteilen, vor allem auf die ressourcenreichere nördliche Hemisphäre.
- **Wasserknappheit**: Die weltweite Nachfrage nach Wasser übersteigt die nachhaltige Nutzung um 40 Prozent.[88] Bis 2030 werden mindestens drei Milliarden Menschen unter Wasserknappheit leiden.[89] Mit zunehmender Trockenheit geht den Großstädten auf der ganzen Welt das Wasser langsam aus. Im Jahr 2019 stand Kapstadt (Südafrika), kurz vor dem „Zero Day" – dem Tag, an dem der Stadt das Wasser ausgeht. Kapstadt ist nur der Anfang. Mindestens 11 weitere Großstädte werden wahrscheinlich noch vor Ende des Jahrhunderts kein Wasser mehr haben: São Paulo (Brasilien), Bangalore (Indien), Peking (China), Kairo (Ägypten), Jakarta (Indonesien), Moskau (Russland), Mexiko-Stadt (Mexiko), London (England), Tokio (Japan) und Miami (USA).[90]

  In Indien, einem Land mit 1,3 Milliarden Menschen, lebt die Hälfte der Bevölkerung in einer Wasserkrise. Mehr als 20 Städte – darunter Delhi, Bangalore und Hyderabad – werden innerhalb der nächsten zwei Jahre ihre gesamten Grundwasservorräte aufbrauchen. Das bedeutet, dass 100 Millionen Menschen ohne Grundwasser leben müssen.[91]
- **Nahrungsmittelknappheit**: Für jedes Grad Celsius Temperaturanstieg wird ein Rückgang der landwirtschaftlichen Erträge um 10 bis 15 Prozent prognostiziert. Daher wird erwartet, dass ein Temperaturanstieg um 2° Celsius die landwirtschaftliche Produktivität um 20 bis 30 Prozent verringert, und das in einer Zeit, in der die Nachfrage die Nahrungsmittelversorgung bereits bis an ihre Grenzen belastet. Gebiete

mit Nahrungsmittelknappheit wachsen zu Gebieten mit regelrechten Hungersnöten heran, was zu weiteren Massenmigrationen und Zusammenbrüchen der Gesellschaft führt. (Siehe die Liste der Nahrungsmittelknappheit unten, um zu erfahren, wie sich die Ernährungslage dramatisch verschlechtern kann).[92]

NAHRUNGSMITTELKNAPPHEIT

In den kommenden Jahrzehnten wird eine Reihe von Lebensmitteln für alle außer den Wohlhabendsten unerschwinglich werden. Nachstehend findest du eine illustrative Liste. Es ist aufschlussreich, die Liste durchzugehen und die Lebensmittel abzuhaken, die du sehr vermissen wirst, wenn sie immer teurer werden. Wenn du viele dieser Lebensmittel nicht selbst anbaust oder über ein beträchtliches Vermögen verfügst, werden diese Lebensmittel praktisch nicht mehr verfügbar sein. Dies ist ein konkretes Beispiel, wie die Klimakrise uns alle betrifft.

- Mandeln
- Äpfel
- Avocados
- Bananen
- Hühnerfleisch
- Schokolade (Kakao)
- Kabeljau
- Kaffee
- Mais
- Honig
- Ahornsirup
- Austern
- Pfirsiche
- Erdnüsse
- Kartoffeln
- Kürbis
- Reis
- Crevetten
- Sojabohnen
- Erdbeeren
- Wein (Trauben)

Die Menschen beginnen, neue Ernährungsweisen, die sich an die eingeschränkten Möglichkeiten für Grundnahrungsmittel anpassen, zu entwickeln. Ärmere Menschen sind gezwungen, eine weniger nahrhafte, abwechslungsreiche und geschmackvolle Ernährung zu akzeptieren –, ein deutlicher Rückgang des Wohlbefindens und der Lebensqualität. Es ist eine Lebensmittelrevolution im Gange, welche die Wohlhabenden privilegiert, da diese sich mit gentechnisch veränderten, treibhausproduzierten Lebensmitteln zu viel höheren Kosten von der Lebensmittelknappheit freikaufen können.

- **Weltbevölkerung**: Es wird erwartet, dass die Zahl der Menschen bis 2037 fast neun Milliarden erreichen wird.[93] Eine Weltbevölkerung von neun Milliarden am Ende der 2030er Jahre ist eine realistische Schätzung, wobei ein Großteil des Wachstums in Afrika, Indien und Südasien stattfinden wird.

- **Artensterben**: Ausgehend von Prognosen aus den 2020er Jahren, wonach bis zum Ende des Jahrhunderts eine Million Arten aussterben könnten, wird sich der Verlust von Tier- und Pflanzenarten voraussichtlich rasch beschleunigen.[94] Die Unversehrtheit und Gesundheit der Biosphäre der Erde (Pflanzen, Landtiere, Vögel, Insekten und Meereslebewesen) verschlechtert sich rapide. Der durch die globale Erwärmung verursachte Sauerstoffverlust (und die Nährstoffverschmutzung durch Abflüsse aus Landwirtschaft und Abwasser) erstickt die Ozeane, was weitreichende und komplexe biologische Auswirkungen hat und zu einem deutlichen Rückgang des Lebens im Meer führt.[95]

- **Wirtschaftswachstum/Zusammenbruch**: Angesichts der außerordentlichen Anforderungen für einen extrem schnellen Übergang zu erneuerbaren Energiequellen befindet sich die Weltwirtschaft in einer tiefen Krise und in Aufruhr. Das Gesamtwachstum kommt trotz dramatischer Anstrengungen zum Ausbau erneuerbarer Energien zum Stillstand. Der enorme wirtschaftliche und soziale Druck führt dazu, dass sich die Industrieländer von ihrer historischen Ausrichtung auf ungehemmtes Wirtschaftswachstum und Konsumverhalten verabschieden.

Auf der ganzen Welt werden kreative Experimente durchgeführt, um praktische Wege zu finden, die Wirtschaft so umzugestalten, dass sie sowohl für die Menschen als auch für den Planeten funktioniert. Das Ziel, selbstorganisierende, *regenerative* Formen der Wirtschaftstätigkeit, die der globalen Zivilisation dienen, zu schaffen, wird zunehmend akzeptiert.[96] Angesichts der massiven Verdrängung von Arbeitskräften durch die Automatisierung – in Verbindung mit Erschütterungen durch die Klimakatastrophe und dem Zusammenbruch großer Fabriken und Unternehmen – werden regenerative Lebenskonzepte die Entwicklung „lokaler, lebendiger Ökonomien" fördern.

Regenerative Wirtschaftssysteme, die in alternative Gemeinschaftsformen eingebettet sind, entstehen überall auf der Welt, um widerstandsfähigere Lebenssysteme zu schaffen. Dennoch scheint ein unüberwindliches Ausmaß an Veränderungen erforderlich zu sein, um einen globalen Übergang zu erneuerbaren Energien und regenerativen, fair und gerecht gestalteten Wirtschaftssystemen zu schaffen.

- **Wirtschaftliche Ungleichheit**: Das reichste Prozent der Weltbevölkerung wird bis 2030 voraussichtlich zwei Drittel des Gesamtvermögens besitzen.[97] Die enormen Wohlstandsunterschiede in Verbindung mit der wirtschaftlichen Forderung, bis 2050 zu einer kohlenstofffreien Wirtschaft überzugehen, üben extremen Druck auf die bereits angeschlagene Weltwirtschaft und Gesellschaft aus. Ein extremer Mangel an Fairness und Vertrauen entzieht dem Weltwirtschaftssystem seine Legitimität.

Angesichts des enormen Wohlstands- und Einkommensgefälles stehen wir in den 2030er Jahren vor einem Jahrzehnt kaskadenartiger wirtschaftlicher Zusammenbrüche, in dem gefährdete Gebiete einen vollständigen wirtschaftlichen Umsturz erleben. Das Wachstumsparadigma des Materialismus und des Konsums löst sich als zwingendes gesellschaftliches Ziel auf – dieses Paradigma untergräbt nicht nur das Wohlbefinden der meisten Menschen, sondern trägt auch zur Zerstörung der Biosphäre der Erde bei.

Szenario: Wie sich die 2030er Jahre entwickeln könnten

Im Jahrzehnt der 2030er Jahre erkennen Menschen auf der ganzen Welt, dass sich eine umfassende Klimakatastrophe abzeichnet. Dennoch sind die etablierten Bürokratien – zum Beispiel in der Wirtschaft, den Medien, dem Bildungswesen, der Religion und den sozialen Diensten – immer noch weitgehend unvorbereitet und schlecht gerüstet, um die Herausforderungen eines sich verschlechternden Klimas, einer sich zuspitzenden Wirtschaft und einer kollabierenden Biosphäre zu meistern.

In den wohlhabenderen Ländern sind die meisten Menschen hoch verschuldet, die Steuern sind sehr ungleich, und die Motoren des Wirtschaftswachstums geraten ins Stocken. Es kommt zu einem raschen Wechsel der Führungspersönlichkeiten und der politischen Lösungen, aber nichts scheint auf Dauer zu funktionieren. Die Bemühungen, Ordnung zu schaffen, werden von der zunehmenden Unordnung überlagert. Der soziale Zusammenhalt ist auf breiter Front alarmierend gering, und viele Regierende haben praktisch keine Unterstützung.

In einer Abwärtsspirale aus bürokratischer Verwirrung und Chaos wird die frühere Resilienz aufgebraucht.[98] Wir haben nicht mehr die Fähigkeit, uns schnell von Schwierigkeiten zu erholen. Manche Menschen suchen nach Sicherheit, indem sie sich kontrollierteren, autoritäreren Gruppen zuwenden. Andere wenden sich selbstorganisierten Gemeinschaften zu, die sich auf starke Beziehungen und gemeinschaftliche Lebenskonzepte stützen.

Mit der Verschärfung des Klimawandels nehmen auch die Spaltungen jeglicher Art zu – in finanzieller, politischer, generationsbezogener, geschlechtsspezifischer, rassischer, ethnischer und religiöser Hinsicht. Die einzige Konstante in diesem desorientierenden und verwirrenden Jahrzehnt ist der unablässige Stress, generiert durch Zusammenbrüche und Trennungen.

Die reichsten Menschen, die ein „gutes Leben" mit materiellem Komfort und Vorteilen genießen, sehen sich einem wachsenden Protest von Milliarden Menschen, die ums Überleben kämpfen, gegenüber. Dennoch wehren sich die wohlhabenden Eliten gegen eine schnelle Anpassung an neue Lebensweisen. Da sie ihr Leben und ihre Identität in die materielle Anhäufung investiert haben, wehren sie sich und behaupten, ihr Privileg sei erarbeitet und wohlverdient. Obwohl die meisten die neuen Realitäten anerkennen, lehnen viele die neuen Lebensnormen ab. Doch Ende der 2030er Jahre beginnen ihre Bemühungen, sich in abgeschotteten und bewachten Gemeinschaften abzusondern, zu scheitern, da Milliarden verarmter Menschen, die nichts zu verlieren und viel zu gewinnen haben, sich zum Protest erheben.

Mit zunehmenden Zusammenbrüchen wächst die Hinwendung zu regionalen Strukturen mit einem Schub von sozialen, wirtschaftlichen und technischen Innovationen. „Pocket"-Nachbarschaften entwickeln sich zu verschiedenen Formen von Ökodörfern und bilden eine belastbare Grundlage für „Transition Towns" und nachhaltige Städte. Neu organisierte Gemeinschaften bauen mehr als nur physische Strukturen; sie entwickeln ein neues Verständnis des menschlichen Charakters und eine Reife, die dem Wohlergehen aller dienen soll. Die Arbeitsrollen verändern sich dramatisch, da kleine, sich selbst organisierende Gemeinschaften neue Rahmenbedingungen für die Entwicklung verschiedener Lebenskompetenzen schaffen.

Angetrieben durch die Klimakrise und die sich ausbreitenden Zusammenbrüche erkennt die wohlhabende Mehrheit in den Industrienationen, dass wir unsere Konsumkultur verändern und unseren ökologischen Fußabdruck verringern müssen, wenn wir eine globale Katastrophe vermeiden wollen. Die kulturelle Hypnose des Konsumismus verliert an Kraft, da die Menschen erkennen, dass der Traum vom ungehemmten Konsum eine verheerende, albtraumhafte Zukunft für die Erde bedeutet. Als Reaktion darauf beginnt sich eine globale Kultur zu entwickeln, die Einfachheit und Nachhaltigkeit schätzt. Die Werbung in den Massenmedien, die die Trance der Konsumkultur aggressiv gefördert hat, verlagert sich von Produktwerbung zu Werbespots für die Erde („Earth Commercials"), in denen Unternehmen ihr Engagement für einen gesunden Planeten verkünden.

Reiche Länder sind für den Klimawandel verantwortlich, aber die Armen leiden am meisten darunter. Angesichts der unverhältnismäßigen Auswirkungen der globalen Erwärmung auf ärmere Länder werden die wohlhabenderen Nationen – mit nur mäßigem Erfolg – dazu gedrängt, Verantwortung für die Unterstützung von Klimaanpassungen zu übernehmen. Starke Initiativen sind unerlässlich, um ein Gefühl der globalen Einheit und Zusammenarbeit zu fördern. Dennoch wirkt sich der Klimawandel zunehmend verheerend auf das tägliche Leben in den ärmeren Gegenden aus – einschließlich der Verfügbarkeit von Wasser, der Nahrungsmittelproduktion, der Gesundheitsversorgung, der Umweltqualität und des Wohlergehens gefährdeter Bevölkerungsgruppen, insbesondere von Frauen und Kindern.

In ärmeren Ländern machen die Auswirkungen der globalen Erwärmung die Fortschritte bei der Gleichstellung der Geschlechter oft wieder zunichte, da die Männer gezwungen sind, auf der Suche nach Arbeit abzuwandern, während die Frauen die gesamte Last der Kindererziehung, der Haushaltsführung und der Landwirtschaft oder des Fischfangs vor Ort tragen müssen. Dies führt dazu, dass Frauen stärker isoliert sind und weniger Möglichkeiten haben, eine sinnvolle Arbeit und Ausbildung zu finden.

Mit der Anerkennung der negativen Auswirkungen der weltweiten Erwärmung auf die Entwicklungsländer wächst eine globale Bewegung für Entschädigung, Wiedergutmachung und Anpassung, die versucht, ein neues Gefühl der Partnerschaft zwischen den Menschen auf der Erde aufzubauen.

Die parteiübergreifenden *Community-Voice*-Bewegungen, die in den 2020er Jahren begannen, werden nun zu wichtigen Quellen des sozialen Zusammenhalts. Sie wachsen rund um die Erde weiter und verbinden die Menschheit zu immer größeren Gemeinschaften, die sich in intensiven Gesprächen engagieren. In der Erkenntnis, dass der Umfang der Gespräche dem der Herausforderungen entsprechen muss, etablieren sich die *Earth-Voice*-Dialoge fest in der sich auflösenden Welt. Immer mehr Menschen erkennen, dass die Massenmedien eine Schlüsselkomponente in unserem „sozialen Gehirn" sind, ein direkter Ausdruck kollektiver Intelligenz. Der Slogan „Wie die Medien gehen, so geht unsere Zukunft" ist weit verbreitet. Medienorganisationen werden in einem völlig neuen Ausmaß zur Verantwortung gezogen und mobilisiert, um die soziale Vorstellungskraft der Menschheit zu unterstützen und Wege des Fortschritts hin zu einer nachhaltigen und sinnvollen Zukunft aufzuzeigen.

Die Aktivitäten der Medien entwickeln sich zu einer zentralen Kraft des Zusammenhalts, während immer mehr Institutionen zusammenbrechen und sich auflösen. Schmerz und Trauer nehmen zu, während Verlust und Tragödie in der Welt alltäglich werden. *Als kollektive Zeugen erkennen wir, dass wir diesen Übergangsritus gemeinsam durchlaufen.*

Obwohl sich die alte Welt auflöst und die Kommunikation von der lokalen zur globalen Ebene zunimmt, fehlt uns noch immer die Unterstützung, die wir brauchen, um rasch in eine sich transformierende Welt zu gelangen. Die Konsumgesellschaft und die Lebensweisen ändern sich nur langsam, die Besitzlosen werden weiterhin weitgehend ignoriert, ein umweltfreundlicher Übergang ist nicht in der Lage, eine Mehrheit für dramatische Maßnahmen zu mobilisieren, und autoritär geführte Regionen teilen sich weiterhin in abgeschottete Kontrollbereiche auf. Angesichts der tiefen Spaltungen sind die 2030er Jahre eine Zeit des Chaos und der Konflikte, in der es keine übergreifenden Werte und Absichten für das weitere Vorgehen gibt.

Die Finanzinstitute befinden sich im freien Fall. Lokale und nationale Regierungen, Finanzorganisationen, akademische Einrichtungen, religiöse Organisationen – um nur einige zu nennen –, sind überfordert, wenn sie versuchen zu verstehen, was geschieht und verfügen über deutlich zu wenig Ressourcen, um darauf zu reagieren. Doch der Kampf um ein neues Lebensparadigma hat bereits begonnen. Die Menschen fragen sich: *Wie können wir uns auf der Erde wieder zu Hause fühlen?* Haben wir die kollektive Reife, bewusst einen großen Übergang in eine neue Zukunft zu schaffen?

Die 2040er Jahre: Die große Initiation – Leid und Schmerz

Zusammenfassung

Im Jahrzehnt der 2040er Jahre erkennen die meisten Menschen, dass wir das Rennen gegen die Klimakatastrophe verlieren. Ein unkontrollierter Klimawandel ist nicht mehr nur eine sich abzeichnende Möglichkeit – er ist eine überwältigende und allgegenwärtige Realität. In dem Maße, in dem die Folgen des Klimachaos, der finanziellen Zusammenbrüche, der zivilen Anarchie, des Artensterbens, der Massenmigrationen und der weitverbreiteten Hungersnöte zunehmen, steuert die gesamte Welt auf einen unaufhaltsamen Kollaps zu. Die Notwendigkeit eines tiefgreifenden Wandels ist in der unmittelbaren Erfahrung der Menschheit verankert. Wir erkennen, dass wir entweder gemeinsam an einem Strang ziehen oder uns dem funktionalen Aussterben unserer Spezies stellen müssen. Wir verstehen, dass die Erde nie wieder zu den Klimamustern der letzten 10.000 Jahre seit dem Ende der letzten Eiszeit zurückkehren wird. Wir akzeptieren Gefühle der Scham, der Schuld, der Trauer und der Verzweiflung, während um uns herum eine ruinöse Zukunft heranwächst.

Die Biosphäre ist zunehmend verarmt, geschwächt und unfruchtbar. Tiefgreifende Klimaveränderungen, sinkende landwirtschaftliche Produktivität, extreme Wasserknappheit und große wirtschaftliche Ungleichheiten führen zu riesigen Gebieten mit verheerenden Hungersnöten. Es ist auch eine Zeit der „großen Brände", in der unerbittliche Dürren das Land austrocknen und Feuer weite Regionen der Erde versengen. Und es ist auch eine Zeit des „großen Sterbens", in der Millionen von Menschen und unzählige Tier- und Pflanzenarten umkommen. Die Menschheit ist mit einer zweifachen Tragödie unvorstellbaren Ausmaßes, die die Seele unserer Spezies erschüttert und wachrüttelt, konfrontiert.

Unterbrochene Versorgungsketten führen zu Hortung, Plünderung, Schwarzmärkten und Hyperinflation. Anpassungen werden auf die lokale Ebene der nachbarschaftlichen Gemeinschaft verlagert. Um das Leben von Grund auf neu aufzubauen, suchen die Menschen nach anderen, denen sie vertrauen und mit denen sie zusammenarbeiten können. Alte Wertquellen (gemessen in Bargeld, Aktien und Anleihen) sind nahezu wertlos geworden. Starke persönliche Beziehungen, der Zugang zu knappen Ressourcen mit einer real greifbaren Bedeutung, wie Lebensmittel, Medikamente und Brennstoffe, sind die neuen Wertquellen. Trotz ihres großen Wertes kämpft eine *Earth-Voice*-Bewegung ums Überleben, da das Internet ständig zusammenbricht und wieder repariert werden muss.

Die Welt versinkt in kollektiver Verzweiflung. Viele trauern um die verlorene Erde, weil sie das Gefühl haben, dass wir unserer Verantwortung als Bürger des Planeten nicht gerecht geworden sind. Durch moralische Verletzungen ist die Seele der Menschheit schwer verwundet. Wir stehen vor einer unendlich düsteren und verzweifelten Zukunft – es sei denn, wir wachsen gemeinsam an und mit dieser Herausforderung.

Überblick über die wichtigsten treibenden Trends in den 2040er Jahren

- **Globale Erwärmung und Klimastörung**: In diesem Jahrzehnt bewegen wir uns über eine Erwärmung von 2° Celsius hinaus auf einen neuen Richtwert von 3° Celsius zu – einem kritischen Klimakipppunkt.[99] Methan strömt in die Atmosphäre und löst unkontrollierbare Rückkopplungsschleifen aus.[100] Die Welt bewegt sich über die Zusammenbrüche hinaus auf einen vollständigen Kollaps und eine Klimakatastrophe zu. Ein bereits turbulentes und chaotisches Klima nimmt katastrophale Ausmaße an. Zu den Klimaextremen gehören sowohl Feuer als auch Wasser – große Regionen der Erde erleben noch nie dagewesene Dürren, die Brände auf eine ausgetrocknete Erde bringen, während andere Regionen beispiellose Stürme, Überschwemmungen und einen Anstieg des Meeresspiegels erleben.[101]
- **Wasserknappheit**: Wasserknappheit erreicht für drei Milliarden (oder mehr) Menschen kritische Ausmaße. Der

Wassermangel wiederum führt zu einem dramatischen Anstieg der Zahl der Klimaflüchtlinge, die aus von Dürre betroffenen Regionen fliehen.
- **Nahrungsmittelknappheit**: Der wachsende Bevölkerungsdruck in Verbindung mit Klimaschwankungen, sinkender landwirtschaftlicher Produktivität, Wasserknappheit und wirtschaftlicher Ungleichheit führt zu großen Gebieten mit verheerenden Hungersnöten.
- **Klimaflüchtlinge**: Es wird erwartet, dass mindestens 200 Millionen Klimaflüchtlinge unterwegs sein werden, was zu kolossalen sozialen und wirtschaftlichen Verwerfungen führen wird, da Nationen in ressourcenreichen Gebieten versuchen, den Zustrom einer erdrückenden Anzahl von Menschen zu bewältigen.
- **Weltbevölkerung**: In den 2040er Jahren wächst die Bevölkerung weiter und stößt durch Wasser- und Nahrungsmittelknappheit und den Zusammenbruch der Ökosysteme an immer engere Grenzen.[102] Tragischerweise scheint es plausibel, dass 10 Prozent oder mehr der ärmsten und schwächsten Bevölkerungsgruppen der Erde in dieser Zeit des großen Wandels vom Tod bedroht sein werden. Bei einer Weltbevölkerung von etwa neun Milliarden Menschen in den 2040er Jahren bedeutet dies, dass etwa 900 Millionen Menschen umkommen könnten. Diese Millionen werden nicht still und heimlich sterben, sondern in unserer medienreichen Welt sehr öffentlich, schmerzhaft und sichtbar. Ihr Tod wird durch Hungersnöte und Krankheiten sowie durch ein enormes Maß an Gewalt in Konflikten um schwindende Ressourcen verursacht werden.

  Das Sterben von Hunderten von Millionen Menschen wird ein unvorstellbares moralisches und psychologisches Trauma hervorrufen. Das unnötige Leiden und der Tod so vieler Millionen weckt die Menschheit auf, sich für einen Weg zu mehr Gleichheit und Fairness im Zusammenleben zu entscheiden.
- **Artensterben**: Die jahrzehntelange Zerstörung von Ökosystemen untergräbt die Lebensgrundlagen auf der ganzen Welt. Zahllose Arten sterben aus und lassen die Erde in einem im-

mer karger werdenden Zustand zurück. Die unnachgiebige Realität des ökologischen Zusammenbruchs bestätigt, dass wir ein integraler Bestandteil des globalen Lebensnetzes sind und dass die Bedrohung des Aussterbens auch für den Menschen gilt.

- **Wirtschaftswachstum/Zusammenbruch**: Wirtschaftliche Zusammenbrüche breiten sich auf der ganzen Welt aus und führen zu einem umfassenden Kollaps anfälliger Volkswirtschaften. Obwohl wirtschaftliche Zusammenbrüche die Treibhausgasemissionen verringern, führen die weitverbreiteten Überlebensbemühungen zu dem unglücklichen Ergebnis, dass Menschen und Gemeinschaften dazu gedrängt werden, für das kurzfristige Überleben alle verfügbaren Energiequellen zu nutzen, einschließlich Kohle und Öl. Eine Rückbesinnung auf fossile Brennstoffe trägt genau dann zu den Treibhausgasemissionen bei, wenn wir sie reduzieren müssten. Obwohl Anstrengungen um eine tiefgreifende Umgestaltung der lokalen und globalen Wirtschaft im Gange sind, machen der Zusammenbruch von Volkswirtschaften und Ökosystemen diese Bemühungen außerordentlich schwierig.

- **Wirtschaftliche Ungleichheiten**: Der äußerst komplexe und schwierige Übergang zu einer globalen, mit erneuerbaren Energien betriebenen Wirtschaft führt zu einem Rückgang der Gesamtleistung, und die Zivilisation ist mehr denn je gefordert, die Bedürfnisse der Armen in der Welt zu befriedigen und für mehr Gerechtigkeit zu sorgen. Die globalen Spannungen zwischen den Besitzenden und den Habenichtsen werden immer größer. Die globale Krise der Fairness und der sozialen Gerechtigkeit kollidiert mit der Konsumkultur und führt zu einem erbitterten Kampf um die zukünftige Ausrichtung unserer Spezies.

Die Menschen, die am wenigsten Zugang zu Ressourcen haben, stehen bei der Anpassung an die globale Erwärmung vor den größten Herausforderungen – und dies gilt gleichermaßen für Rassen, Geschlechter, Altersgruppen, Klassen sowie geografisch bedingte Lebensumstände.[103] Es gibt immer mehr Bemühungen, das Lebensnotwendige kostengünstig zu produzieren und den luxuriösen Lebensstil der Wohlhabenden einzuschränken. Die Umverteilung von Land ist ebenfalls ein Schlüsselfaktor für Fairness und weckt heftige Kämpfe um Besitz und Verteilung.

Szenario: Wie sich die 2040er Jahre entwickeln könnten

In diesem Jahrzehnt treten wir in eine Zeit großen Leids ein, wie es die Menschheit noch nie erlebt hat.[104] Ein globaler Kollaps ist im Gange, der alle Arten von Engpässen hervorruft – einschließlich lebenswichtiger Medikamente und medizinischer Versorgung, Grundnahrungsmitteln und sauberes Wasser. Viele große Unternehmen gehen in Konkurs, da ihre Kundenbasis wegbricht. Großstädte gehen aufgrund ihrer sich auflösenden Steuerbasis ebenfalls bankrott. Wichtige Infrastrukturen werden aufgegeben und verfallen, da fast alle Wartungsarbeiten vernachlässigt werden – Strom- und Telefonnetze, Internetdienste, Straßen, Brücken, Ampeln, Abwassersysteme, Müllabfuhr und Trinkwasserversorgung.

Verwirrung, Chaos und Konflikte nehmen zu. Während sich die Gesetzlosigkeit ausbreitet, ersetzen private Schutzkräfte die traditionelle Polizei und Strafverfolgung. In einem größeren Maßstab weitet sich der Kollaps über Städte hinaus auf Bundesstaaten und sogar Nationen aus. In dem Maße, in dem Nationen in den Bankrott gehen und auseinanderbrechen, werden auch internationale Organisationen wie die Vereinten Nationen, die kaum mehr als symbolische Gebilde sind, in Mitleidenschaft gezogen. Der globale Zusammenhalt wird nicht durch internationale Institutionen aufrechterhalten und gestaltet, sondern durch ein schnell wachsendes, elektronisches Gemeingut, das aus Grass-Roots-Bewegungen in der ganzen Welt hervorgeht. Diese Basisbewegungen nutzen die wankende globale Kommunikationsinfrastruktur, um in unserem kollektiven Bewusstsein ein neues globales Gemeinwesen zu schaffen.

Weder der öffentliche noch der private Sektor verfügt über die Ressourcen, um groß angelegte Projekte, die eine sinnvolle

Antwort auf das Ausmaß des gegenwärtigen Kollapses bieten könnten, durchzuführen. Die Anpassungen werden auf die lokale Ebene der Nachbarschaft und der Gemeinde verlagert, wo die Bürger auf die in ihrer Nähe verfügbaren Menschen, Fähigkeiten und Ressourcen angewiesen sind.

In den 2040er Jahren lässt sich die Geschichte der Menschheit unter zwei Überschriften zusammenfassen: das „Große Sterben" und das „Große Brennen". Obwohl im vorangegangenen Jahrzehnt bereits mehrere zehn Millionen Menschen umgekommen sind, nimmt das menschliche Sterben zu, und in den 2040er Jahren beginnt eine schreckliche Zeit des „Großen Sterbens". Die Tragfähigkeit der Erde wird auf etwa drei Milliarden Menschen, die einen europäischen Lebensstil der Mittelklasse führen, geschätzt. Eine Weltbevölkerung, die sich auf neun Milliarden Menschen zubewegt, übersteigt die geschätzte Tragfähigkeit der Erde um ein Vielfaches.[105] Die Menschen entdecken, dass sie sich nicht vom Rest des Lebens auf der Erde unterscheiden, das vom Aussterben bedroht ist.[106] Eine Flutwelle des Todes schwappt über den Planeten und bringt unerbittlich Krankheiten, Hungersnöte und Gewalt mit sich, die die Seele unserer Spezies beflecken.[107]

Die Mathematik des Todes ist unerbittlich. Da in den 2040er Jahren etwa neun Milliarden Menschen auf der Erde leben und konservativ geschätzt zehn Prozent der Weltbevölkerung (die Ärmsten der Armen) am stärksten vom Tod bedroht sein werden, bedeutet dies, dass in diesem Zehnjahreszeitraum 900 Millionen Menschen sterben könnten. Rein rechnerisch bedeutet diese Zahl, dass *jedes Jahr* erstaunliche 90 Millionen Menschen sterben – das entspricht in etwa sieben Holocausts in *jedem Jahr* in diesem Jahrzehnt.

Während Wellen des Todes über die Erde schwappen, erschüttern die moralischen und psychologischen Auswirkungen dieser Verluste die menschliche Psyche. Die Katastrophe entfaltet sich in Echtzeit in hochauflösenden Medien, die die Gesichter und das Sterben unzähliger Menschen und anderer Lebewesen zeigen. Der unermessliche Schmerz und das Leid des Großen Sterbens zerreißt das Gefüge von Kultur und Bewusstsein. Der Verlust, die Trauer und der Schmerz sind unermesslich. Diese erschütternden Jahre zerbrechen unsere Verbindungen zur Vergangenheit und lassen unser Erbe in Scherben liegen.

Das Ausmaß der Tragödie und des Leids während des Großen Sterbens verwandelt das Herz und die Seele unserer Spezies.[108]

Der zweite Bereich großer Tragödien und großen Leids, der dieses Jahrzehnt kennzeichnet, ist das „Große Brennen".[109] Obwohl es seit den 2020er Jahren in einigen Gebieten auf der ganzen Welt zu extremen Bränden gekommen ist, werden die nun auf dem gesamten Planeten wütenden Brände zwei Jahrzehnte später zu einem ernsten Notfall. Mit der zunehmenden globalen Erwärmung nehmen auch die Gebiete mit schwerer Dürre und großen Bränden zu.

- Große Teile des Amazonas sind ausgetrocknet und brennen.[110]
- Weite Teile Kaliforniens und des Westens der Vereinigten Staaten stehen chronisch in Flammen und verwandeln alte Wälder in Buschland und Gestrüpp.[111]
- Große Gebiete in der Region Los Angeles brennen, ebenso wie große Gebiete in Texas und Colorado.
- Weite Teile Mexikos stehen in Flammen.
- Weite Teile Australiens verbrennen.[112]
- Große Regionen Europas – vor allem Südfrankreich, Portugal und der übrige Mittelmeerraum – brennen.
- Große Teile Indiens, Pakistans, Irans und Afghanistans stehen in Flammen.
- Regionen im Norden und Südwesten Chinas stehen regelmäßig in Flammen.
- In weiten Teilen Afrikas brennt es unaufhörlich – vor allem in Äthiopien, Uganda, Sudan und Eritrea.

Anstatt unser Zeitalter als „Anthropozän" zu bezeichnen, definiert es Professor Stephen Pyne in seinem Buch *Fire Age* als „Pyrozän" – eine Zukunft mit Feuer und Umwälzungen, die so gewaltig und unvorstellbar sind, dass „der Bogen des ererbten Wissens, der uns mit der Vergangenheit verbindet, zerbrochen ist" und wir in eine Zukunft eintreten, die anders ist als alles, was wir bisher gekannt haben.[113]

Das „Große Brennen" und das „Große Sterben" symbolisieren den funktionalen Zerfall und die Abkopplung der menschlichen Zivilisationen von der Vergangenheit. Wir sind im wahrsten Sinne des Wortes nicht mehr in der Lage, so zu funktionieren, wie wir es früher getan haben. Trotz der gewaltigen Anstrengungen der vergangenen Jahrzehnte ist das evolutionäre Experiment der Menschheit gescheitert. Die letzten Reste des Vertrauens in den historischen Pfad des materiellen Fortschritts der Menschheit sind aus der Welt verschwunden.

Die mächtigen Eliten, die den Globus in den vergangenen Jahrzehnten beherrschen, ziehen sich in Enklaven zurück, während die Welt um uns herum zusammenbricht. Die planetarische Ökokrise hat erreicht, was gewaltlose Aktionen und Proteste nicht vermochten: das *Erwachen der Menschheit*. Vor allem braucht die Menschheit einen neuen und zielgerichteten Weg in die Zukunft sowie eine starke Vision und Stimme, die uns dorthin bringt.

Die menschliche Bevölkerung erlebt kollektiv CTPS (Chronic Traumatic Planetary Stress), eine völlig neue Denkweise, die die gesamte menschliche Familie umschließt. Der Unterschied zwischen PTSD (Posttraumatische Belastungsstörung) und CTPS besteht darin, dass das Trauma nicht nur eine relativ kurze und begrenzte Episode ist, sondern lebenslang und von planetarischer Tragweite. Es gibt kein Entkommen – die Last des kollektiven Traumas durchdringt die Seele der Menschheit.

Noch während die Menschen das unermessliche Leid dieses Jahrzehnts am Verarbeiten sind, wird ihnen bewusst, dass die sich verschlechternde Biosphäre in den kommenden Jahrzehnten noch größeres Leid hervorrufen wird, da die Menschen damit zurechtkommen müssen, dass sie von ihren Wurzeln, ihrem Land, ihrer Kultur, ihrer Gemeinschaft und ihrem Lebensunterhalt weggerissen werden. Obwohl dies bereits auch in der Vergangenheit geschehen ist, wird es in den 2040er Jahren zu einem Phänomen planetarischen Ausmaßes kommen. Zu den Folgen von CTPS gehören:

- ein extrem hohes Maß an sozialer Ängstlichkeit, Furcht und Schutzreaktionen
- eine Begrenzung der Aufmerksamkeit und Schwierigkeiten, sich auf das große Ganze zu konzentrieren
- emotionale Betäubung und weit verbreiteter Alkohol-, Drogen- und Medienkonsum zur Flucht vor dem Alltag
- Reaktivität, Gewalt und emotionale Störungen
- Gefühle der Hilflosigkeit, Hoffnungslosigkeit und Depression, die zu Selbstmord-Epidemien führen

Das unermessliche Leid dieses Jahrzehnts löst alte Identitäten und Dogmen auf und hinterlässt bei vielen tiefe psychische und soziale Wunden. Der Stressexperte Hans Seyle schrieb: „Jeder Stress hinterlässt eine unauslöschliche Narbe, und der Organismus bezahlt für sein Überleben nach einer Stresssituation damit, dass er ein wenig älter wird."[114] Gerade in Zeiten, in denen wir als Spezies an einem Strang ziehen müssen, wird dies durch CTPS erheblich erschwert.

Das unendliche Leid dieser Zeit ist nicht wertlos. Im konsumorientierten Streben nach ständigem Glück haben viele den Kontakt zu den Tiefen des Lebens – zu unserer Seele – verloren. Seit mehr als zwei Jahrzehnten arbeitet der Psychotherapeut Francis Weller mit Gruppen und ermöglicht ihnen authentische Begegnungen mit der Trauer. Weller schreibt:

„Für die traditionellen Völker war der Verlust der Seele zweifellos der gefährlichste Zustand, dem ein Mensch ausgesetzt sein kann. Er beeinträchtigt unsere Lebensenergie, verringert Freude und Leidenschaft, schwächt unsere Lebendigkeit und unsere Fähigkeit zu Staunen und Ehrfurcht, schwächt unsere Stimme und unseren Mut und untergräbt schließlich unseren Lebenswillen. Wir werden entzaubert und niedergeschlagen."[115]

In großer Trauer liegt ein großes Geschenk verborgen – ein Weg, um wieder mit unserer Seele in Kontakt zu treten. Carl Jung riet: „Nimm deinen Schmerz an, denn darin wird deine Seele wachsen". Uneingestandener Kummer schränkt den Kontakt zur kollektiven Seele unserer Spezies ein. Wenn die Menschheit der Dunkelheit unserer kollektiven Verluste begegnet, können wir den Kontakt zu unserer gemeinsamen Seele wiederherstellen. Francis Weller schreibt:

> „… ohne die Vertrautheit mit dem Leid reifen wir nicht als Männer und Frauen. Es ist das gebrochene Herz, der Teil, der den Schmerz kennt, der zu echter Liebe fähig ist … Ohne dieses Bewusstsein bleiben wir in den pubertären Strategien des Vermeidens und des heroischen Strebens gefangen."[116]

Trauer stellt das unausgesprochene Einverständnis der Konsumgesellschaft, ein Leben zu akzeptieren, das oberflächlich und gefühllos ist, infrage. Kummer ist ein Zugang zur natürlichen, nicht domestizierten Lebendigkeit unserer Seele. Die Trauer willkommen zu heißen ist das Geheimnis, voll lebendig zu sein – das Tor zur wilden, ungezähmten Vitalität der Seele. Naomi Shihab Nye schreibt in ihrem Gedicht „Freundlichkeit":

> *Bevor du Güte als das tiefste Ding in dir erkennst,*
> *Musst du Schmerz als das andere tiefste Ding erkennen.*
> *Du musst mit Schmerz aufwachen,*
> *Du musst zu ihm sprechen, bis deine Stimme*
> *Den Faden aller Schmerzen auffängt,*
> *Und du siehst, wie groß das Tuch ist.*[117]

Das Ausmaß des Leids in der Welt ist immens. Wir entdecken, was die indigene Seele schon immer gewusst hat: *Wir sind nicht von der Erde getrennt – die Lebendigkeit ist überall und in allen Dingen.* Wenn die Erde verarmt, verarmen wir in gleichem Masse.

Die Menschheit hat so viel zu trauern, weil die Verluste so groß sind: Mit dem großen Sterben verlieren wir Millionen wertvoller Mitmenschen – Schwestern und Brüder, die ihr einzigartiges Leben auf der Erde suchen, deren Potenziale nicht ausgeschöpft werden, deren Beziehungen unerfüllt bleiben, deren Talente nicht zum Ausdruck kommen und deren Gaben von anderen nicht angenommen werden. Wir verlieren auch so viel vom übrigen Leben – Pflanzen und Tiere, die Vielfalt, Widerstandsfähigkeit und Schönheit in unser Leben bringen.

In den 2040er Jahren verlieren wir nicht nur unzählige Menschenleben, sondern auch Städte, Kulturen, Sprachen und Weisheiten. Mit dem Anstieg des Meeresspiegels verlieren wir zum Beispiel viele der ältesten Städte der Welt, die an den Küsten errichtet wurden – Alexandria, Ägypten; Shanghai und Hongkong, China; Jakarta, Indonesien; Mumbai, Indien; Ho-Chi-Minh-Stadt, Vietnam; Osaka und Tokio, Japan; London, England; New York und Washington, D.C., USA ... und viele mehr.[118]

Verluste sind so weit verbreitet und so grundlegend, dass sie die Menschen für die Weisheit von *Ubuntu* sensibilisieren: „Ich bin, wer ich bin, aufgrund dessen, wer wir sind." Wenn das „Wir"-Gefühl schwindet, bin ich in dem Maße geschwächt, wie der Reichtum des Lebens verloren gegangen ist. Wenn wir mit unserer Essenz, unserer Seele, in Kontakt sind, sind wir in die größere Ökologie der Lebendigkeit eingebettet. Wir haben Anteil an der Verwandtschaft aller Wesen und erfahren unmittelbar das subtile Summen und Singen allen Lebens auf dem Planeten.

Im Griff der überwältigenden Trauer über die Unermesslichkeit unserer Verluste sehnen wir uns danach, dorthin zurückzukehren, wo wir waren, bevor die Trauer uns überkam. Doch wir wissen, dass wir niemals zurückkehren können; stattdessen sind wir aufgefordert, unser Schicksal zu akzeptieren und zu entdecken, wie diese Weisheit unseren Weg in die Zukunft verändern kann. Die kollektive Trauer brennt sich durch mentale Konstruktionen und Fassaden hindurch, und wir begegnen unserer ursprünglichen Menschlichkeit. In der Authentizität dieser Begegnung schreiten wir voran und bauen neue Welten auf.

In der Trauer des Großen Sterbens und der Großen Brände sind wir nackt vor der Evolution. Leid ist kein Betrugsspiel. Das ist die reale Welt.

Wenn der Kummer uns einholt, wissen wir, dass diese Welt nicht nur eine Illusion ist. Wir stellen uns der Ehrlichkeit des Lebens selbst, welches wir als das, was es ist, anerkennen und akzeptieren müssen. Jennifer Welwood, eine Lehrerin für spirituelle Psychologie und eine Dichterin, spricht zu diesen Zeiten:

> *„Meine Freunde, lasst uns erwachsen werden.*
> *Lasst uns aufhören, so zu tun, als wüssten wir nicht,*
> *worum es hier geht.*
> *Oder wenn wir es wirklich nicht bemerkt haben,*
> *lasst uns aufwachen und es bemerken.*
> *Seht her: Alles, was verloren werden kann,*
> *wird auch verloren werden.*
> *Es ist ganz einfach – wie konnten wir das so lange übersehen?*
> *Trauern wir um unsere Verluste wie reife Menschen.*
> *Aber bitte lasst uns nicht so schockiert darüber sein.*
> *Lasst uns nicht so betrogen tun,*
> *als ob das Leben sein geheimes Versprechen*
> *an uns gebrochen hätte.*
> *Unbeständigkeit ist das einzige Versprechen,*
> *welches uns das Leben gibt,*
> *und es hält es mit rücksichtsloser Unfehlbarkeit.*
> *Einem Kind erscheint es grausam, doch es ist nur wild,*
> *und sein Mitgefühl ist von erlesener Präzision:*
> *Brillant durchdringend, leuchtend vor Wahrheit,*
> *nimmt es das Unwirkliche weg,*
> *um uns das Wirkliche zu zeigen.*
> *Dies ist die wahre Reise – geben wir uns ihr hin!*
> *Lasst uns aufhören, Deals für eine sichere Passage zu machen:*
> *Es gibt sowieso keine, und der Preis ist zu hoch.*
> *Wir sind keine Kinder mehr.*
> *Der wahre erwachsene Mensch gibt alles für das,*
> *was nicht verloren werden kann.*
> *Lasst uns den wilden Tanz der Hoffnungslosigkeit tanzen!"*[119]

Schmerz führt uns über die Hoffnung hinaus in die rohe Wahrheit der Realität. In unserer kollektiven Trauer sind wir aufgerufen, die Jugendlichkeit unserer Spezies hinter uns zu lassen, unsere tatsächliche Situation anzuerkennen, für das, was wirklich ist, einzutreten und so gut wie möglich zu handeln.

*Das Große Sterben schreit nach unserer kollektiven Reife
jenseits von Hoffnung und Verzweiflung –
und fordert uns auf, aufzustehen
und einfach Verantwortung für die Arbeit, die in unserer
Zeit des großen Übergangs erforderlich ist, zu übernehmen.*

Trauer offenbart die Tiefen. In der Begegnung mit dem Tod sind wir bereit, uns ganz dem Leben zuzuwenden. In der Begegnung mit dem scheinbar Unerträglichen entdecken wir das Lebendigste, das es gibt. Trauer zerstört den Schein und durchbricht das oberflächliche Geplänkel der Konsumkultur. Wir sind an einem Wendepunkt der Geschichte angelangt, an dem die Menschheit Entscheidungen, deren Folgen bis in die ferne Zukunft reichen, treffen muss. Das ist Evolution in Reinkultur. Das Große Sterben ruft uns zu einer höheren Stufe kollektiver Reife auf – damit wir die Adoleszenz unserer Spezies hinter uns lassen und unsere Zukunft in die Hand nehmen können.

Gemeinsam fragen wir uns, ob wir die Reife haben, das Wohl des Lebens über unsere persönlichen Interessen zu stellen. Können wir diese schwierigen Zeiten mit Demut und Mitgefühl angehen? Können wir weniger reden und mehr auf das Leid in der Welt hören? Können wir die Verantwortung dafür übernehmen, wie wir leben und arbeiten, um eine bewohnbare Biosphäre zu schaffen, in dem Bewusstsein, dass dies einen dramatischen Wandel in unserer Lebensweise erfordert?

Vor allem in den wohlhabenderen Ländern hat sich eine tiefgehende psychologische Krise entwickelt, da die Menschen enorme Schuld- und Schamgefühle wegen der Zerstörung des Planeten und der verminderten Chancen für künftige Generationen haben. Viele trauern um die Erde und haben das Gefühl, dass die Menschheit in ihrem großen Experiment der Evolution gescheitert ist. Nach Zehntausenden von Jahren langsamer Entwicklung haben viele das Gefühl, dass wir innerhalb einer einzigen Generation unsere Chance auf evolutionären Erfolg verspielt haben, und trauern um diese verlorene Gelegenheit. Die menschliche Gemeinschaft ist sich darüber im Klaren, dass wir einer düsteren Zukunft mit zunehmendem Ruin und wachsender Verzweiflung entgegensehen, wenn wir uns dieser Herausforderung nicht kollektiv stellen.

Leid und Schmerz sind das reinigende Feuer, das die Seele unserer Spezies erweckt. Wellen ökologischer Katastrophen haben Zeiten wirtschaftlicher Krisen verstärkt, und beide wurden durch massive Wellen ziviler Unruhen noch intensiviert. Auf momentane Versöhnung folgt Zerfall und dann neue Versöhnung. Bei der Geburt einer bewussteren, nachhaltigeren Spezies-Zivilisation bewegt sich die Menschheit durch Zyklen von Kontraktion und Entspannung hin und her, bis wir uns völlig erschöpfen und die verbleibenden Barrieren, die uns von unserer Ganzheit als menschliche Familie trennen, durchbrechen.

Schließlich wissen wir mit unumstößlicher Gewissheit: Wir haben die Wahl zwischen Auslöschung und Transformation.

In den 2040er Jahren fragen sich viele, ob der Untergang der Menschheit eine Tragödie oder ein Segen sein wird.[120] Sind wir ein so wertvoller Beitrag zur Erde, dass wir es verdienen zu leben, während das bei einer Million anderer Arten nicht der Fall ist? Eine tiefe moralische Krise überzieht die Erde. Sind wir es wert, weiter zu existieren? Können wir einen Weg und ein Ziel finden, die es uns ermöglichen, über diese Tragödien hinauszuwachsen und des Lebens würdig zu sein?

Die Bemühungen um Versöhnung beginnen mit einem Gefühl der Verheißung und Hoffnung, um dann angesichts des Klimachaos und des Zusammenbruchs der Systeme abermals zu scheitern. Gibt es wirklich eine Grundlage für das Zusammenleben auf dieser kleinen Erde mit so vielen Unterschieden? Wir wissen, dass die Sorgen und Spaltungen einer zerbrochenen Welt akzeptiert werden müssen, bevor sie geheilt werden können – das Eingeständnis unserer Gebrochenheit ist der erste Schritt auf dem Weg zur Ganzheit.

Aus der Not heraus entstehen Innovationen beim Aufbau neuer Arten von Gemeinschaften. Die Menschen rüsten alte Strukturen um, um neue Ausdrucksformen von Gemeinschaft, die von kleinen Vierteln und Wohngemeinschaften bis hin zu Ökodörfern unterschiedlicher Bauart reichen, zu schaffen. „Rettungsboot-Gemeinschaften" verbreiten sich, da die Menschen erkennen, dass sich kleinere Einheiten schnell an veränderte Umstände anpassen können. In dem Bewusstsein, wie wichtig gesunde Zusammenschlüsse sind, wächst die Unterstützung für Transition Towns und nachhaltige Städte, aber die Schäden durch die frühere Wirtschaft, Gesellschaft und Ökologie sind so groß, dass dies äußerst schwierig ist. Gleichzeitig nehmen die Spannungen zu, da Ströme von nach Sicherheit und Überlebensmöglichkeiten suchenden Klimaflüchtlingen versuchen, in gesunde Gemeinschaften zu ziehen.

Ein einfacher Lebensstil wird nicht länger als rückschrittliche Lebensweise angesehen. Eine kohlenstoffarme Lebensform und die damit verbundenen Werte führen zu einer neuen Wertschätzung von Gemeinschaft, Genügsamkeit und Freundlichkeit. Ein einfacher Lebensstil fördert starke Gemeinschaften, die sich gegenseitig unterstützen und überleben. Wenn die Menschen eine Reihe von Fähigkeiten entwickeln, die direkt zum Wohlergehen ihrer Mitmenschen beitragen, haben sie das Gefühl, dass ihre wahren Gaben im täglichen Leben willkommen sind.

Die Kräfte des Aufschwungs sind überall auf der Welt vorhanden, aber sie sind so zersplittert und voneinander getrennt, dass sie nicht zu einem starken Aufwind mit sich gegenseitig verstärkenden Rückkopplungen zusammenströmen können. Die Welt ist zerbrochen. Der Öko-Kollaps führt zum Ego-Kollaps. Die kollektive Psyche der Menschheit ist zutiefst verwundet. Der Ruf nach Reife wird immer lauter, nur um von den Kräften der Desintegration, welche die Menschheit auf ein grundlegendes Niveau des Überlebenskampfes hinunterdrücken, überwältigt zu werden. Kleine Gemeinschaften werden zum grundlegenden Maßstab für Sicherheit und Überleben.

Das reflektierende oder bezeugende Bewusstsein wächst, wenn die Menschheit dazu getrieben wird, tief unter das alltägliche Leben zu blicken und die verwundete Existenz zu erkennen, die wir als Grundlage für unsere Zukunft geschaffen haben. Wir erkennen, dass diese Übergangszeiten wahrscheinlich entweder zu einem endgültigen Abstieg in die funktionale Auslöschung oder zu einem gemeinsamen Erwachen und Wiederaufbau führen werden.

Kollektive Kommunikation scheint das größte Potenzial für eine rasche Erneuerung zu bieten. Kommuniziere oder geh unter! In der Konfrontation mit der Realität eines umfassenden Kollapses der Ökosysteme wissen wir, dass wir uns nicht aus dem öffentlichen Dialog und der Konsensbildung zurückziehen dürfen. Dennoch erscheint vielen eine Kommunikation von local-to-global, die darauf abzielt, einen Weg nach vorn zu finden, als fruchtlos und zum Scheitern verurteilt.

Die 2050er Jahre: Der Große Übergang – Frühes Erwachsenenalter

Zusammenfassung

Das Große Sterben und das Große Brennen lassen keinen Zweifel daran, dass die Welt der Vergangenheit untergegangen ist. Die Menschheit kann in die Dunkelheit des Autoritarismus oder in das Tintenschwarz der Auslöschung absinken – oder sich dafür entscheiden, aus der tiefen Trauer unserer kollektiven Seele in eine Zukunft von unerwarteter Lebendigkeit vorzustoßen. Unsere Zeit der kollektiven Entscheidung ist unnachgiebig und dringend. Wir kennen die Worte des Dichters Wallace Stevens nur zu gut:

Nach dem endgültigen Nein kommt ein Ja
Und davon, ja davon hängt die zukünftige Welt ab.[121]

Was wird das „Ja" der Menschheit sein? „Ja, wir kapitulieren", entweder vor dem Autoritarismus oder vor der funktionalen Auslöschung; oder: „Ja, wir treffen eine mutige Entscheidung", um zu einer höheren Reife und einer transformierenden Zukunft aufzusteigen!

So sehr, wie die Realität der sich abzeichnenden Klimakatastrophe und der Krise ganzer Systeme in unser Bewusstsein rückt, wird die menschliche Gemeinschaft auf sich selbst zurückgeworfen, um authentisch zu überdenken, wie es weitergehen soll. Können wir unser kollektives Denken (den Geist unserer Spezies) und unsere Sichtweise über den Zweck unseres Lebens auf der Erde (die Reise unserer Spezies) verändern? Die letzten drei Jahrzehnte brachten erschütternde Verzweiflung und Kummer. Wir haben das Projekt aufgegeben, die Vergangenheit zurückzuerobern. Können wir eine neue Zukunft aufbauen, indem wir einen neuen Sinn für die Reise unserer Spezies wecken? Haben wir den sozialen Willen, diese große Wende zu vollziehen? Joanna Macy bringt die Situation klar auf den Punkt:

„[Sind wir] ... da als Sterbebegleiter für eine sterbende Welt oder als Hebammen für die nächste Stufe der menschlichen Evolution? Wir wissen es einfach nicht. Also, was wird es sein? Was könnte uns davon abhalten, die mutigste, innovativste und warmherzigste Version von uns selbst zu sein, wenn wir nichts zu verlieren haben?"[122]

Die tiefen Wunden, die das „Große Sterben" und das „Große Brennen" geschlagen haben, suchen die kollektive Psyche der Menschheit heim. Wir sind aus der oberflächlichen Trance des Materialismus befreit worden und können zu unserer ursprünglichen Intuition der Lebendigkeit, die die Welt durchdringt, zurückkehren. Das Paradigma der Lebendigkeit ehrt die spirituellen Wurzeln aller großen Weisheitstraditionen der Menschheit und bringt eine heilende Perspektive in die Welt. Initiativen für eine breite und tiefe Versöhnung können von diesem Fundament aus wachsen, sich ausbreiten und unsere vielen Spaltungen – rassische, ethnische, religiöse, geschlechtsspezifische und Wohlstand betreffende – zu heilen beginnen.

Zu Beginn des Jahrzehnts der 2020er erkannten wir, dass die Schaffung einer bewohnbaren Erde eine rasche Senkung der CO_2-Emissionen auf Null bis 2050 erfordern würde. Nun kommt dieses Jahrzehnt mit der erschreckenden Erkenntnis, dass die Bemühungen der Menschheit zwar heldenhaft waren, aber viel zu wenig und viel zu spät. Wir haben dieses entscheidende Ziel nicht erreicht.[123] Mehrere Kipppunkte wurden überschritten, Methan strömt weiterhin in die Atmosphäre, und die globalen Temperaturen bewegen sich auf einen erschreckenden Anstieg von 3° Celsius zu, was zu Klimaextremen führt, die sämtliche Lebensformen zerstören. Eine Milliarde Menschen sind zu Klimaflüchtlingen geworden.

Schritt für Schritt bewegen wir uns auf unser frühes Erwachsensein als Spezies zu. Mit tiefem Respekt für das Wohlergehen allen Lebens als Grundlage für die Zukunft spüren wir die ermutigende Brise des Aufschwungs und der entstehenden Möglichkeiten. Community-Voice-Initiativen sprießen auf regionaler Ebene und eine starke Earth-Voice-Initiative blüht weltweit auf. Wir wissen in unseren Knochen, dass wir alle Bürger der Erde sind, und wir suchen nach neuen Dialogen, um dieses Verständnis in unser tägliches Leben zu integrieren und uns gemeinsam für den Wiederaufbau der Erde als unser Zuhause einzusetzen. Das unermessliche Leid des vergangenen Jahrzehnts weckt ein kollektives Engagement für die Gestaltung eines Weges in die Zukunft, der über die endlosen Zerwürfnisse der Gewalt hinausgeht.

Die Welt erkennt die Dringlichkeit, eine höhere gemeinsame Basis des Verständnisses und der Heilung zu finden und taucht in einen Ozean der Kommunikation ein. Rund um die Uhr wird in einem reichen und komplexen globalen Austausch nach Verständnis und einer heilenden Vision für die Zukunft gesucht. Wir haben die Schwelle zu einer neuen Phase des Erwachsenseins, in der wir bereit sind, uns für das Wohlergehen allen Lebens einzusetzen und Verpflichtungen für eine tiefgreifende Zukunft einzugehen, überschritten. Vor uns liegen Jahrtausende der Arbeit, während denen wir uns mit dem Zusammenleben und dem Aufbau einer blühenden Zukunft auf einer schwer verwundeten Erde versöhnen.

Überblick über die wichtigsten treibenden Trends in den 2050er Jahren

- **Globale Erwärmung und Klimakatastrophe:** Das Ziel von null CO_2-Emissionen bis 2050 wird nicht erreicht. Die globalen Temperaturen steigen auf erschreckende 3° Celsius an und führen zu höchst störenden und zerstörerischen Klimaveränderungen.[124] Methan strömt weiterhin in die Atmosphäre, verstärkt extreme Wettermuster, verringert die landwirtschaftliche Produktivität, belastet Küstengebiete mit Sturmfluten und Wirbelstürmen und stört den Lebensraum von Pflanzen und Tieren nachhaltig. Durch die beispiellose Erwärmung und Übersäuerung sind die Ozeane weitgehend ohne Leben, die Böden verbrannt und ausgetrocknet. Ökologische Zusammenbrüche sind weit verbreitet, da sich Pflanzen und Tiere nicht an die Geschwindigkeit des Klimawandels anpassen können.

Seit mehreren Jahrzehnten wissen wir, dass bei einem Temperaturanstieg auf 3° Celsius die Chance, eine Erwärmung um 4° Celsius zu vermeiden, gering ist, und dass, wenn wir 4° Celsius erreichen, noch stärkere Rückkopplungsschleifen entstehen, die es extrem schwierig machen, den Temperaturanstieg bei 5° Celsius zu stoppen.[125] Wir befinden uns auf einer Achterbahnfahrt in die Hölle.

Die große Klimakrise ist eingetroffen.

- **Wasserknappheit**: „Es wird erwartet, dass bis 2050 52 Prozent der Weltbevölkerung von Wassermangel betroffen sein werden".[126] Bei einer Weltbevölkerung von annähernd 10 Milliarden Menschen bedeutet dies, dass wahrscheinlich mehr als 5 Milliarden Menschen unter Wasserknappheit leiden werden.[127] (Diese Schätzung lässt die Wahrscheinlichkeit eines großen Sterbens außer Acht, bei dem eine Milliarde oder mehr Menschen umkommen). Für viele ist das Leben in einer überhitzten und ausgedörrten Welt zu einem erbärmlichen Überlebenskampf geworden.

- **Nahrungsmittelknappheit**: Bis 2050 wird die Weltbevölkerung voraussichtlich auf über 9 Milliarden Menschen anwachsen, doch die Nahrungsmittelversorgung steht unter enormem Druck und ist gefährdet, da sich die Welt auf ein zunehmend unfruchtbares Ökosystem zubewegt, das keine reiche Vielfalt an Pflanzen und Tieren aufweist. Der Nahrungsmittelbedarf ist um 60 Prozent höher als im Jahr 2020, doch die globale Erwärmung, die Urbanisierung und die Bodendegradation haben die Anbauflächen schrumpfen lassen.[128] Es wird geschätzt, dass jedes Grad Celsius Erwärmung zu einem Rückgang der landwirtschaftlichen Erträge um 10 bis 15 Prozent führt. Bei einer Temperatur von 3° Celsius sinkt die landwirtschaftliche Produktivität infolge des Temperaturanstiegs also um 30 bis 45 Prozent. Erschwerend kommt hinzu, dass die Bemühungen zur Verringerung der Kohlenstoffemissionen auch eine Reduzierung des Einsatzes von Düngemitteln und Pestiziden auf Erdölbasis beinhalten. Da die landwirtschaftliche Produktion nicht angekurbelt werden kann, sinken die Nahrungsmittelbestände weiter, und Milliarden von Menschen sind von Hunger bedroht. „Bis zum Jahr 2050 werden bis zu 5 Milliarden Menschen von Hunger und Trinkwassermangel betroffen sein, da die Erwärmung des Klimas die Bestäubung, das Süßwasser und die Lebensräume an den Küsten beeinträchtigt. Am schlimmsten wird es die Menschen in Südasien und Afrika treffen."[129]

- **Klimaflüchtlinge**: Bis zur Mitte des Jahrhunderts werden bis zu 300 Millionen Klimaflüchtlinge erwartet, und es könnten noch viel mehr sein.[130] Der Zustrom einer enormen Anzahl von Flüchtlingen in bewohnbarere Regionen des Planeten schafft die Voraussetzungen für enorme Konflikte.

- **Weltbevölkerung**: Die Weltbevölkerung wird bis 2057 auf zehn Milliarden Menschen anwachsen.[131] Diese Schätzung berücksichtigt jedoch nicht das „Große Sterben" in den 2040er Jahren, bei dem zehn Prozent oder mehr der Weltbevölkerung umkommen könnten. Das potenzielle Ausmass des Todes in den 2050er Jahren scheint unvorstellbar, vor allem angesichts der zunehmenden Wasserknappheit und der sinkenden landwirtschaftlichen Produktion.

- **Artensterben**: Die Lebensräume von Pflanzen und Tieren auf der Erde – an Land, in den Ozeanen und in der Luft – werden in einem Tempo, das ihre Anpassungsfähigkeit bei Weitem übersteigt, zerstört. Bis zur Mitte des Jahrhunderts stirbt etwa ein Drittel allen Lebens auf dem Planeten aus – mit entsetzlichen Folgen. Das Aussterben ganzer Insektenarten führt zu einem kaskadenartigen Kollaps der Biosphäre. Menge und Beschaffenheit der Nahrungsmittelversorgung verändern sich dramatisch. Grasland ist bedroht. Tiere, die auf Pflanzen als Nahrung angewiesen sind, sind gefährdet. Die kurzfristigen Nutznießer dieses Insektensterbens sind Aasfresser – Kakerlaken und Geier an Land und Quallen in den Meeren.[132]

- **Wirtschaftswachstum/Zusammenbruch**: In der Mitte des Jahrhunderts sind die Auswirkungen der globalen Erwärmung entsetzlich. Die Bemühungen, die Kohlendioxidemissionen auf null zu reduzieren, drücken das Wirtschaftswachstum und werden als Fehlschlag betrachtet – verstärkt durch eine wachsende Welle von Wirtschaftskrisen, Konkursen und organisatorischen Auflösungen. Versorgungsengpässe aller Art nehmen zu, begleitet von Hamsterkäufen, Schwarzmärkten, weitverbreitetem Diebstahl und Gewalt. Traditionelle Wertquellen (Bargeld, Aktien und Anleihen) werden nahezu wertlos, während der Wert von knappen Medikamenten, Nahrungsmitteln und Brennstoffen steigt. Die landwirtschaftliche Produktivität sinkt weiter, während die Temperaturen steigen. Klimastörungen und massive Völkerwanderungen stören die Handels- und Produktionsmuster nachhaltig. Die Weltwirtschaft zerbricht, zersplittert und geht über in lokale, lebendige Wirtschaftssysteme. Das Wachstumsdenken der Vergangenheit wird weitgehend durch ein Überlebens- und Nachhaltigkeitsdenken ersetzt, wobei der Schwerpunkt auf dem Aufbau lokaler Resilienz in lebendigen Volkswirtschaften liegt.

- **Wirtschaftliche Ungleichheiten**: Trotz der Versuche, eine Fairness-Revolution zu schaffen, bestehen weiterhin extreme Ungleichheiten fort. Die Auswirkungen der globalen Erwärmung spüren die Menschen am stärksten, die am wenigsten für deren Entstehung verantwortlich geschweige denn in der Lage sind, sie abzumildern. Die Armen der Welt haben mit Hungersnöten, Krankheiten und Vertreibung zu kämpfen. Extreme Armut – ohne Zugang zu grundlegenden Werkzeugen und Ressourcen, die für den Aufbau einer lebensfähigen lokalen Wirtschaft erforderlich sind – zwingt die Menschen um ihr Überleben zu kämpfen und hindert sie daran, sich an den Bemühungen um den Aufbau einer Öko-Zivilisation für die Erde zu beteiligen. Ein gerechterer Zugang zu grundlegenden Technologien und Ressourcen ist unerlässlich, um die Gesundheit und Produktivität der Benachteiligten zu verbessern und die Grundlage für eine nachhaltigere Zukunft zu schaffen. Die Verbesserung der Lebensumstände der Ärmsten ist mehr als ein Ausdruck des Mitgefühls, sie ist der Weg zur Mobilisierung einer wirkungsvollen, bürgernahen Antwort auf Klimastörungen und globale Zusammenbrüche.

Szenario: Wie sich die 2050er Jahre entwickeln könnten

Das „Große Sterben" geht weiter, jeden Monat sterben Millionen von Menschen. Der Schatten des unnötigen Leidens verdunkelt die Welt und durchdringt die Zukunftsaussichten der Menschheit. Das „Große Brennen" beschleunigt sich, da die unkontrollierte globale Erwärmung an Fahrt gewinnt. Millionen von Klimaflüchtlingen versuchen, in Gebiete mit mehr Ressourcen zu gelangen. Gut gemeinte Bemühungen lokaler Gemeinschaften, die Ressourcen zu teilen, treffen auf massive Flüchtlingswellen, welche die bereits überlasteten Systeme schnell überfordern. Viele Kommunen sehen sich weit über ihre Möglichkeiten hinaus gefordert. Die Überforderung führt zu gewaltsamen Konflikten, da die Menschen und Gemeinschaften an den Rand des Überlebens gedrängt werden. Gewalt fördert den lokalen Isolationismus und eine „Mauerbau"-Mentalität.

Vor allem in den Industrieländern wächst eine tiefe psychologische Krise, da die Menschen sehen, dass sich die Chancen für künftige Generationen verschlechtern. Viele versinken in tiefer Verzweiflung. Die Seele der Menschheit ist durch moralische Verletzungen schwer verwundet – wir haben die Erde verwüstet und unseren intuitiven Sinn für Ethik verletzt. Wir stehen vor einer unendlich düsteren Zukunft. Haben wir den gesellschaftlichen Willen, einen umfassenden Wandel zu vollziehen?

*Die Frage aller Fragen ist:
Wie kann die menschliche Gemeinschaft zusammenfinden,
um den Herausforderungen, vor denen wir jetzt stehen,
solidarisch zu begegnen?*

Wir sind als Spezies mit einer existenziellen Krise konfrontiert und gezwungen, uns immer wieder zu fragen: Wer sind wir? Wohin gehen wir? Wir werden gedrängt, uns an die ursprüngliche Weisheit, dass wir in einer Welt leben, die von subtiler Lebendigkeit durchdrungen ist, zu erinnern. Die Rückbesinnung auf die Weisheit der umfassenden Lebendigkeit verbindet uns mit dem Universum als einheitlichem Ganzen. Unser Sinn für Identität und unsere evolutionäre Reise werden transformiert. Zunehmend betrachten wir uns als biologische und kosmische Wesen, die lernen, in einer Ökologie der Lebendigkeit zu leben. Indem wir die Konsumhypnose des oberflächlichen Materialismus in einem toten Universum durchbrechen, werden wir befreit, um Wege des Lebens in einem empfindungsfähigen Universum zu erkunden, die eine große Tiefe an Sinn und Zweck bieten.

Vorwärts getrieben durch den immensen Verlust und angezogen durch das Versprechen einer heilenden Reise, erwacht das globale Nervensystem mit einer neuen Fähigkeit zur kollektiven Selbstwahrnehmung. Es entsteht ein neues „Artenbewusstsein" oder ein reflektierendes Bewusstsein der Erde als Ganzes. Wir haben begonnen, die Fähigkeit zu entwickeln, uns selbst zu beobachten – uns im Spiegel unseres kollektiven Geistes zu erkennen – und uns zu höheren Ebenen der Organisation, Kohärenz und Verbindung zu führen. Mit einem reflektierenden Bewusstsein können wir klarer sehen, was sich in der Welt abspielt, und bewusster unseren Weg wählen, der vor uns liegt. Wir treten aus der Blase des verstörenden Materialismus heraus und finden zu einer wachen Teilnahme am Leben.

Die Menschheitsfamilie erkennt nun, dass es unsere Fähigkeit zur Kommunikation war, die es ermöglichte, uns über Tausende von Jahren bis hin zu einer planetarischen Zivilisation zu entwickeln. Wir erkennen auch, dass wir eine neue Ebene der planetarischen Kommunikation brauchen, die es uns ermöglicht, zusammenzuarbeiten und uns für das Wohlergehen aller einzusetzen. In den 2050er Jahren befinden wir uns in der dritten Generation der globalen Kommunikationsrevolution und haben eine starke Abneigung gegen die Manipulation konsumorientierter Medien. Wir wissen, dass unser Überleben von einem genauen und realistischen Verständnis der Geschehnisse in der Welt abhängt, und wir sind sehr misstrauisch gegenüber allen Versuchen, unseren kollektiven Verstand für Macht und Profit zu manipulieren. Unsere Spezies hat die Erfahrung gemacht, dass wir mit bewussten Verzerrungen und Fehlinformationen überflutet wurden, um Chaos, Verwirrung und Unsicherheit zu stiften.[133] Diese schmerzhaften Erfahrungen dienen als soziale Immunisierung, um die Möglichkeit von Infektionen in unserem kollektiven Geist zu verringern.

Eine wichtige Entwicklung für die globale Konsensbildung ist das Aufkommen von Supercomputern, die über so enorme Kapazitäten verfügen, dass sie problemlos die Stimmabgabe von Milliarden von Menschen in Echtzeit überwachen können. Durch die Kombination der Leistung künstlicher Intelligenz mit den vertrauenswürdigen Aufzeichnungen der Blockchain-Technologien können Supercomputersysteme die vertrauliche Stimmabgabe von Milliarden Menschen in sicheren Netzwerken gewährleisten. Mit diesen Fortschritten wird die Erde durch neue Ebenen der local-to-global-Kommunikation belebt. Community-Voice-Organisationen breiten sich regional aus und eine starke Earth-Voice-Organisation funktioniert weltweit. Die Welt ist von einer klaren Kommunikation über unsere gemeinsame Zukunft durchdrungen. Die meisten Menschen begrüßen ein wachsendes Gefühl von einer:

- *Identität* als Erdenbürger. Eine globale Identität schmälert andere Identitäten wie Nationalität, Gemeinschaft, ethnische Zugehörigkeit usw. nicht; sie erkennt vielmehr die Realität der gegenseitigen Abhängigkeit und die Verantwortung aller Bürger für das Wohlergehen der Erde an.
- *Befähigung* als Erdenbürger. Die jahrzehntelange Teilnahme an verschiedenen elektronischen Foren hat gezeigt, dass das

Feedback der Bürger einen starken Einfluss auf die öffentliche Politik haben kann.
- *Gleichheit* als Erdenbürger. Trotz der Unterschiede bei Wohlstand und Privilegien zählen in den elektronischen Foren die Stimme und das Votum jedes Einzelnen gleichermaßen bei der Entscheidung über die Zukunft der Menschheit.
- *Solidarität* als Erdenbürger. Jahrzehnte des Traumas und des Leids haben neue Bande des Vertrauens geschaffen und die Erkenntnis ermöglicht, dass die Verwirklichung einer transformierenden Zukunft eine Teamleistung sein wird.

Ein vielversprechender Weg in eine regenerative, zielgerichtete und nachhaltige Zukunft zeichnet sich ab. Obwohl wir als Spezies an den Rand des Ruins gelangt sind, haben wir uns mit lokalen und globalen Dialogen und einem neuen Maß an kollektiver Reife und Einsicht vom Rande der Katastrophe zurückgezogen. Nachdem wir alle Hoffnung auf Teillösungen aufgegeben haben, haben wir begonnen, das Chaos und den Schmerz dieser Zeiten zu durchdringen und einen tieferen Sinn für Gemeinschaft und kollektive Ziele zu entdecken. Wir haben ein „Großes Sterben" durchlebt und reifen nun als Erdengemeinschaft zu einem „Großen Erwachen" heran. Wir bewegen uns als Spezies über die egozentrische Adoleszenz hinaus in ein frühes Erwachsenenalter mit wachsender Fürsorge um das Wohlergehen allen Lebens. Wir erkennen strukturellen Rassismus, extreme Ungleichheiten in Bezug auf Wohlstand und Wohlergehen, geschlechtsspezifische Unterschiede usw. und suchen nach Heilung und einer höheren gemeinsamen Basis, die eine neue Ebene der Kooperation und Zusammenarbeit verkörpert.

Die Welt befindet sich jetzt in einem Wettlauf zwischen Aussterben und Wandel. Der Kollaps der Zivilisationen hat die Grundlagen für den Aufbau einer tragfähigen Zukunft für die Erde noch nicht irreparabel beschädigt. Rund um den Globus entstehen neue Lebensformen, die sich an kleinräumigen, selbstorganisierten und autarken Ökodörfern orientieren.

Freiwillige Einfachheit wird zu einem zentralen Wert und berührt alles – die Lebensmittel, die wir essen, die Arbeit, die wir verrichten, die Häuser und Gemeinschaften, in denen wir leben, und vieles mehr. Ökologische Lebensweisen erblühen mit einer Vielzahl von Ausdrucksformen. Die Menschen erkennen, dass die Wiederherstellung und Erneuerung der Erde als bewohnbares Lebenserhaltungssystem Jahrhunderte in Anspruch nehmen wird, aber diese Reise ist jetzt im Gange.

Aus der dunklen Nacht der Seele der Spezies ist eine Reihe von aufbauenden Faktoren hervorgegangen, die ein starkes Engagement für den Aufbau einer neuen Welt erzeugen. Wenn diese sieben Faktoren ins Spiel kommen und beginnen, sich gegenseitig zu verstärken, schaffen sie gemeinsam einen Auftrieb, der stark genug ist, damit sich die Menschheit über den Abwärtssog des Autoritarismus oder der Auslöschung erheben kann. Wir erkennen, dass wir uns als Spezies durch eine tiefgreifende Initiation bewegt haben und eine Zukunft der Wiederherstellung und Erneuerung möglich ist, wenn wir unseren Weg bewusst wählen. Halbherzige Entscheidungen werden nicht ausreichen. Der evolutionäre Wandel erfordert das volle Engagement der Menschen, um die Erde und unsere eigene Zukunft zu retten.

Die 2060er Jahre: Die große Freiheit – Wir wählen die Erde

Zusammenfassung

Eine Mehrheit der Menschen ist sich darüber im Klaren, dass wir uns an einem Wendepunkt der Geschichte befinden. Die nährende Erde, die unseren Aufstieg zur globalen Zivilisation ermöglichte, wurde durch Brände, Überschwemmungen, Dürren, Hungersnöte, Krankheiten, Konflikte und Artensterben verändert. Anstatt diese Herausforderungen zu verdrängen, wissen wir, dass unsere Aufgabe darin besteht, sie zu akzeptieren und in uns zu integrieren. Akzeptanz ist die Quelle für grundlegendes Lernen, das uns befähigt, bis in die ferne Zukunft zu bestehen.

Der Weg der Transformation ruft uns zur Reife und zur Etablierung einer dynamisch stabilen, selbst referenzierenden und selbst organisierenden Spezies. Auf der ganzen Welt beginnt eine neue Wirtschaft zu wachsen. Ökodörfer und größere Gemeinschaften werden zu Motoren einer neuen Art von Handel, indem sie sich mit anderen Gemeinschaften zusammenschließen und lokale Währungen nutzen, um Fähigkeiten und Dienstleistungen auszutauschen – z. B. in den Bereichen Bildung, Gesundheitsfürsorge, Altenpflege, Solar- und Windkraftanlagen, biologischer Gartenbau, Hydrokultur, vertikale Landwirtschaft, Hausbau und vieles mehr. Resiliente Ökodörfer verbinden sich zu resilienten Gemeinwesen, und diese wiederum zu resilienten Regionen des kooperativen Lebens.

Ehrfurcht und Fürsorge für das Wohlergehen des Lebens gründen sich zunehmend auf die Erkenntnis, dass das Universum selbst ein riesiger lebender Organismus ist, von dem wir ein integraler Teil sind. Wir sind mehr als biologische Wesen, wir sind „bio-kosmische" Wesen, die lernen, sich in einem lebendigen Universum zu Hause zu fühlen. Reflektierendes Bewusstsein wird nicht länger als spiritueller Luxus für wenige betrachtet, sondern als evolutionäre Notwendigkeit für viele.

Eine Mehrheit der Menschen entscheidet sich bewusst dafür, sich für eine Erdgemeinschaft einzusetzen, die auf Freiheit, Gleichheit, ökologischem Wohlergehen, Einfachheit des Lebens, Heilung und Wiederherstellung des Planeten und authentischer Kommunikation beruht. Eine lebendige Earth-Voice-Bewegung bietet dieser Absicht der Spezies wachsende Kohärenz und Richtung.

Ein erdengroßer Artenorganismus, bestehend aus Milliarden von Individuen, erwacht als kollektive Menschheit. Mit wachsender Solidarität wählen wir die Erde als unsere dauerhafte Heimat. Für den Preis unsäglichen Leids und Kummers haben wir die Isolation der Vergangenheit durchbrochen, um eine tiefe, seelenvolle Beziehung zur Erde und zu anderen Menschen zu entdecken. Wir fühlen, dass wir durch unser unermessliches Leid unseren Beitrag geleistet haben – den Preis für den Eintritt in die erste Stufe der globalen Reife. Die große Angst, ob unsere Spezies überleben würde, wird von intensiven Gefühlen der globalen Gemeinschaft, Solidarität und Verwandtschaft, die neue Wellen des Optimismus erzeugen, abgelöst. Wir haben diese Zeit der tiefgreifenden Initiation *gemeinsam* durchgestanden. Unsere Spezies ist durch die Zeit der größten vorstellbaren Gefahr gegangen, und wir haben überlebt. Wir haben begonnen, uns wirklich als menschliche Familie zu erkennen, mit all unseren Fehlern und Eigenheiten. Wir wissen, dass es keine endgültige Ruhe gibt – dass wir ewig daran arbeiten müssen, uns mit uns selbst zu versöhnen –, und wir wissen jetzt, dass wir dieser Herausforderung gewachsen sind.

Überblick über die wichtigsten treibenden Trends in den 2060er Jahren

- **Die globale Erwärmung** nähert sich rasch einem katastrophalen Niveau von 3° Celsius, und das Weltklima gerät ins Chaos. Aus der Not heraus wendet sich die Welt dem groß angelegten Einsatz von Klima-Geoengineering zu, um die globale Erwärmung zu begrenzen. Das Solar-Geoengineering, bei dem ein kleiner Teil der Sonnenenergie in den Weltraum zurückreflektiert wird, trägt dazu bei, den durch den Anstieg der Treibhausgase verursachten Temperaturanstieg zu dämpfen. Ein dünner Partikelschleier bekämpft die globale Erwärmung, indem er die feine Asche von Vulkanausbrüchen imitiert und so die in die Atmosphäre strömende Sonnenstrahlung ablenkt. Während dieser Partikelschleier den raschen Anstieg der globalen Temperaturen ausgleicht, wird erwartet, dass die Verringerung der Sonneneinstrahlung auch zu dramatischen Veränderungen der Wettersysteme und der von der Sonnenenergie angetriebenen Niederschlagsmuster führen wird. Durch solares Geoengineering könnte beispielsweise der asiatische Monsun, von dem die Ernährung von zwei Milliarden Menschen abhängig ist, zum Erliegen kommen. Trotz der enormen Risiken wird das solare Geoengineering wahrscheinlich bis in die 2060er Jahre in großem Maßstab eingesetzt, um die globale Erwärmung zu stabilisieren. Die Erderwärmung könnte auch durch massive Anstrengungen zur Kohlenstoffbindung eingedämmt werden, beispielsweise durch das Pflanzen von einer Billion oder mehr Bäumen auf der ganzen Erde.

- **Wasserknappheit** belastet mehr als die Hälfte der Weltbevölkerung und führt zu heftigen Konflikten und Gewalt über den Zugang zu Wasser. Eine weltweite Initiative zur Verteilung des Wasserzugangs und zur Entwicklung von Entsalzungsanlagen, die mit Solarenergie betrieben werden, wird auf den Weg gebracht.
- **Die Nahrungsmittelknappheit** nimmt zu, während die Bevölkerung wächst und die Produktivität sinkt. Die Hälfte der Weltbevölkerung ist mit chronischer Knappheit und Hungersnot konfrontiert. Wie beim Wasser wird auch bei den Lebensmitteln eine globale Initiative zur Rationierung und Zuteilung in die Wege geleitet.
- Die Zahl der **Klimaflüchtlinge** steigt weiter dramatisch an. Die Cornell University schätzt, dass bis 2060 erstaunliche 1,4 Milliarden Menschen – etwa ein Fünftel der Weltbevölkerung – zu Klimaflüchtlingen werden könnten.[134] Die zivilgesellschaftlichen Strukturen einer aus den Fugen geratenen Welt werden überfordert sein und eine globale Zusammenarbeit erfordern, um für diese Menschen eine geeignete Unterkunft zu finden.
- **Die Weltbevölkerung** nähert sich rund zehn Milliarden Menschen und übersteigt damit die Regenerationsfähigkeit der Erde. Im Gegenzug könnten jedes Jahr immer noch Hunderte Millionen Menschen an Hungersnöten und Krankheiten sterben – ein starkes Motiv für die Suche nach praktikablen Lösungen für die Bevölkerungskrise.
- **Das Artensterben** beschleunigt sich, da sich Pflanzen und Tiere nicht schnell genug an die dramatischen Veränderungen des Klimas und der Wettermuster anpassen können. In dem Maße, in dem sich die Biosphäre verschlechtert, könnte sich ein wachsender Teil der Menschheit für ein Freiwilligenkorps melden, um für die Erneuerung der Erde zu arbeiten.
- **Der wirtschaftliche Zusammenbruch** ist weit verbreitet und führt zu Hamsterkäufen, Schwarzmärkten und Gewalt. Der Überlebenskampf wird jedoch durch widerstandsfähige lokale Ökonomien auf Gemeindeebene ausgeglichen. Auf lo-

kaler Ebene entsteht eine neue Art von Wirtschaft, die auf Erneuerung, Wiederherstellung und Regeneration ausgerichtet ist.

Szenario: Wie sich die 2060er Jahre entwickeln könnten

Die Mehrheit der Menschheit erkennt, dass wir an einem historischen Wendepunkt angelangt sind. Die nährende Erde, die den Aufstieg einer globalen Zivilisation ermöglichte, hat sich verändert. Ob die Biosphäre ausreichend wiederhergestellt werden kann, um den Aufstieg einer neuen Art von menschlicher Zivilisation zu unterstützen, bleibt ungewiss. Der Startschuss der Geschichte ist gefallen, und wir befinden uns in einem Wettlauf, um eine von uns selbst verursachte Katastrophe hinter uns zu lassen.

Schritt für Schritt entsteht ein transformierter Spezies-Geist mit einem erkennbaren Charakter und Temperament. Wir entwickeln allmählich eine neue Ebene der kollektiven Reife und des Mitgefühls, die sich über die Trennungen der Vergangenheit erhebt. Indem wir einen Schritt zurücktreten und uns selbst als eine streitbare und doch kreative Spezies betrachten, die über ein enormes ungenutztes Potenzial für Innovation und Freundlichkeit verfügt, bringen wir eine funktionierende Spezies-Zivilisation hervor. Es entsteht ein erdengroßer Arten-Organismus, und mit wachsender Solidarität wählen wir die Erde als unsere dauerhafte Heimat. Für den Preis von unsagbarem Leid und Schmerz haben wir die Isolation der Vergangenheit durchbrochen und eine tiefe, seelenvolle Beziehung zur Erde, zu all ihren Geschöpfen und zu anderen Menschen entdeckt.

Die zugrunde liegende schöpferische Intelligenz und die unermessliche Geduld des lebendigen Universums werden uns immer deutlicher vor Augen geführt. Wir überschreiten eine Schwelle zu neuen Ebenen des kollektiven Verständnisses unserer evolutionären Reise. Die gesamte Geschichte unserer Spezies hat uns zu dieser Öffnung für eine größere Identität, eine größere Menschheit und eine größere Zukunft geführt. Wir beginnen, uns als Zellen im Körper eines Superorganismus zu sehen. Während sich die alte Welt auflöst und auseinanderfällt, setzt sich eine neue Menschheit aus diesen Fragmenten zusammen.

Wellen der Kommunikation umhüllen die Erde. Eine Community-Voice-Bewegung schlägt in den Metropolregionen rund um den Planeten Wurzeln und verschafft der Menschheit eine solide, basisdemokratische Stimme. „Neighborhood-Voice"-Initiativen tragen zu den bioregionalen Initiativen bei und unterstützen das kollektive Bewusstsein der Spezies mit intensiver Kommunikation rund um die Erde. Diese lebendigen Quellen lokaler Kommunikation münden in regionale Initiativen auf der ganzen Welt. Mit einer ermächtigten Kommunikation, die die meisten Regionen der Erde erreicht, wächst und vertieft sich ein starkes Fundament für *Earth Voice*.

Die Unterschiede in Bezug auf Rasse, Wohlstand, Geschlecht, Religion, ethnische und geografische Zugehörigkeit bleiben bestehen. Die globale Kommunikationsrevolution ist jedoch zu einer mächtigen Kraft der Versöhnung geworden. Martin Luther King Jr. sagte, dass zur Verwirklichung von Gerechtigkeit in menschlichen Angelegenheiten „die Ungerechtigkeit mit all den Spannungen, die sie hervorruft, dem Licht des menschlichen Gewissens und der öffentlichen Meinung ausgesetzt werden muss, bevor sie geheilt werden kann".[135] Globale Ungerechtigkeit und Ungleichheit sind in der Dunkelheit der Unaufmerksamkeit und Ignoranz gediehen. Jetzt schafft das heilende Licht der Aufmerksamkeit ein neues Bewusstsein in der menschlichen Gemeinschaft. Weil die überlebenden Menschen wissen, dass die ganze Welt zuschaut, durchdringt ein mächtiger restaurativer und heilender Impuls die menschlichen Beziehungen. Mit zahllosen Resolutionen, Petitionen, Erklärungen und Umfragen aus allen Regionen und Ebenen der Welt bringen die Menschen der Erde ihre Gefühle zum Ausdruck – wir entscheiden uns immer wieder dafür, unsere unzähligen Differenzen zu überwinden und gemeinsam an einem Strang zu ziehen. Das Engagement für eine regenerative und zielgerichtete Zukunft verfestigt sich – sichtbar, bewusst und tief in unserer kollektiven Psyche. Angetrieben von der dringenden Notwendigkeit und angezogen von den zwingenden Möglichkeiten, wird die große Wende, nach der die Menschheit gesucht hat, allmählich aus dem Schmerz und der Trauer der entscheidenden Jahrzehnte hervorgehen.

Milliarden von Menschen starben, als sie die Initiation unserer Spezies ins frühe Erwachsenenalter vollzogen. Wir geloben, ihr Opfer heilig zu halten und niemals zu vergessen; vielmehr machen wir es zu einem heiligen Geschenk der Dankbarkeit, während wir lernen, in einer größeren Lebendigkeit zu leben. Die Dunkelheit des Todes hat die Flamme der beseelten Lebendigkeit entzündet. Während wir immer noch den Verlust so vieler Leben, so vieler Kulturen, so vieler Arten betrauern, verpflichten wir uns Schritt für Schritt zu neuen Lebensweisen, die all das ehren, was verloren gegangen ist, und verwandeln großes Leid in neue Formen des Zusammenseins.

Erschöpft von den oberflächlichen Projekten des Konsumdenkes, sind wir von den tiefgründigen Projekten begeistert, die uns helfen zu lernen, in unserem lebendigen Universum zu leben. Wir haben der Möglichkeit unseres funktionalen Aussterbens ins Auge geblickt und stattdessen nach einem größeren Leben gegriffen. Wir akzeptieren unser Schicksal – in dem Bewusstsein, dass es keinen endgültigen Waffenstillstand oder dauerhafte Harmonie gibt – und verpflichten uns stattdessen jeden Tag zu gutem Willen und Zusammenarbeit – für immer.

Indem wir erkennen, dass es kein endgültiges Ausruhen gibt, dass wir aber die Fähigkeiten und das Durchhaltevermögen für die weitere Reise haben, erklimmen wir eine neue Ebene des kollektiven Bewusstseins, der Reife und Verantwortung.

Mit einem kollektiven „Ja" treffen diejenigen, die überlebt haben, die kraftvolle Entscheidung, einen neuen Weg zu finden. Wir verpflichten uns, die Erde als unser Zuhause für eine lange Zukunft zu wählen. Unsere langfristige Zukunft ist alles andere als sicher, aber wir haben uns der Aufgabe verschrieben, unsere tief verwundete Welt wiederherzustellen und uns als lebensfähige Spezies und Zivilisation zu etablieren. In uns wächst eine reife Fähigkeit zu ethischem Verhalten. Auf der Grundlage bewusster Reflexion und Versöhnung beginnt die menschliche Gemeinschaft mit der Wiederherstellung und Erneuerung der Biosphäre als einem gemeinsamen Projekt, welches ein tiefes Gefühl der Verwandtschaft und Verbundenheit fördert. Es entsteht eine globale Kultur der Freundlichkeit.

Das Leben im gegenwärtigen Moment mit der unmittelbaren Erfahrung, lebendig zu sein, wird zur zentralen Quelle von Sinn und Zweck. Wir entscheiden uns, über das endlose Streben nach Konsum hinauszugehen und uns dem Reichtum, in diesem bemerkenswerten Universum einfach lebendig zu sein, zuzuwenden. Gemeinsam wechseln wir von einer Denkweise der Trennung und Ausbeutung in einem toten Universum zu einer Denkweise der Verbindung und Fürsorge in einem lebendigen Universum.

Die 2070er Jahre: Die große Reise – eine offene Zukunft

Zusammenfassung

Mit Blick auf die Zukunft sind alle drei primären Wege noch immer in der Welt präsent. Welcher von ihnen sich letztlich durchsetzen wird, ist unklar.

Die gesamte Erde befindet sich immer noch in einer Systemkrise. Die Notwendigkeit zu starkem und koordiniertem Handeln ist so hoch, dass ohne ein erhebliches Maß selbstorganisierten Handelns seitens der Bürger der extreme Bedarf an schneller und gezielter Entscheidungsfindung den Autoritarismus zur vorherrschenden politischen Realität machen könnte.

Obwohl sich das gesellschaftliche Gravitationszentrum zugunsten eines transformatorischen Weges vorwärts verlagert hat, bleibt die Bedrohung der funktionalen Auslöschung der Menschheit eine realistische Möglichkeit. Neue Technologien mögen uns helfen, aber sie werden uns nicht retten. Nicht sichtbare Faktoren – wie Kommunikation, Bewusstsein, Versöhnung, Lebendigkeit – werden das Ergebnis bestimmen.

Nach einem halben Jahrhundert des Aufruhrs und des Übergangs sehen wir mit absoluter Klarheit, dass wir immer noch drei sehr unterschiedliche Zukunftsszenarien vor uns haben:

- funktionales Aussterben und ein neues dunkles Zeitalter
- autoritäre Herrschaft und evolutionäre Stagnation
- Transformation und ein neuer Schub an kreativer Entwicklung

Diese Zeilen von T.S. Eliot sprechen Bände:

Wir werden nicht aufhören zu erkunden
und das Ende all unserer Erkundungen
wird sein, dort anzukommen, wo wir angefangen haben
und kennen den Ort zum ersten Mal.[136]

Obwohl der vor uns liegende Weg noch offen ist, hat sich das Zentrum der gesellschaftlichen Schwerkraft entscheidend zugunsten einer transformativen Zukunft und der Aussicht auf eine immer reifere planetarische Zivilisation verschoben. Während wir weiter lernen, wachsen und erwachen, bleibt die Zukunft eine Frage der kollektiven Entscheidung. Wir haben die große Verletzung der Erde nicht geheilt. Wir haben uns nicht in einem wundersamen, neuen goldenen Zeitalter des Friedens und des Wohlstands eingerichtet. Wir kämpfen weiterhin ums Überleben, bewältigen die immensen Herausforderungen der globalen Erwärmung, den unermesslichen Schmerz und die Trauer über das Große Sterben, die extremen Schwierigkeiten bei der Ansiedlung von Millionen von Klimaflüchtlingen, mit der Wiederherstellung so vieler Pflanzen- und Tierarten wie möglich und der Bewältigung der kolossalen Herausforderung des Übergangs zu einer Zukunft mit erneuerbaren Energien. Dennoch ist das, was wir erreicht haben, von großer Bedeutung: Als vielfältige und immer noch kontroverse Spezies haben wir ein Stadium reifen, kollektiven Verständnisses erreicht. Wir wissen, dass wir für immer zusammenarbeiten müssen, wenn wir nicht von der Erde verschwinden wollen; jetzt müssen wir einen Weg finden, im Gleichgewicht mit der Ökologie der Erde und des lebendigen Universums zu leben.

Teil IV

Aufschwung für eine transformierende Zukunft

Es ist 3:23
Morgens
und ich bin wach,
weil meine Ururenkelkinder
mich nicht schlafen lassen.
Meine Ururenkelkinder
fragen mich im Traum
Was hast du getan, als der Planet geplündert wurde?
Was hast du getan, als die Erde sich auflöste?
Sicherlich hast du etwas getan,
als die Jahreszeiten auszufallen begannen?
Als die Säugetiere, Reptilien und Vögel starben?
Hast du die Straßen mit Protest gefüllt,
als die Demokratie gestohlen wurde?
Was hast du getan,
als
du es
wusstest?

Hieroglyphische Treppe von Drew Dellinger[137]

Aufschwung für Transformation

Wenn wir die Erde heilen, heilen wir uns selbst.
David Orr

Aufschwung entsteht, wenn das *gesamte* Leben aufgewertet wird! Das *Wohlergehen allen Lebens* als Grundlage für unser Befinden als Spezies zu wählen, erfordert eine tiefgreifende Erweiterung und Vertiefung unseres Engagements für das Leben. Ein großer Übergang von tiefer Trennung zu bewusster Verbundenheit, die dem Wohl allen Lebens dient, wird nicht automatisch geschehen. Dies ist ein anspruchsvoller Prozess, sowohl individuell als auch kollektiv.

Angesichts der Aussicht auf die Auslöschung der Menschheit ist die Entdeckung von Kräften, die uns, wenn wir sie bewusst wählen, auf unserer evolutionären Reise unterstützen können, ein unbezahlbarer Schatz. Im Folgenden werden sieben aufbauende Kräfte vorgestellt, die einfach, universell und emotional stark sind und unsere höheren menschlichen Potenziale wecken können. Teile davon wurden in das vorangegangene Szenario des kommenden halben Jahrhunderts eingewoben. Hier werden die unterstützenden Kräfte ausführlicher erforscht, um den mächtigen Aufwind zu entdecken, den sie auf der menschlichen Reise bringen können.

1. Die Wahl der Lebendigkeit
2. Die Wahl des Bewusstseins
3. Die Wahl der Kommunikation
4. Die Wahl der Reife
5. Die Wahl der Versöhnung
6. Die Wahl der Gemeinschaft
7. Die Wahl der Einfachheit

Lass uns nun jedes dieser Elemente näher betrachten.

Entscheidung für Lebendigkeit

*Das Universum ist ein einziges Lebewesen,
das alle Lebewesen in sich birgt.*
Plato

*Wir sind Seelen, die in heilige biochemische Gewänder
gekleidet sind, und unsere Körper sind die Instrumente,
durch die unsere Seelen ihre Musik spielen.*
Albert Einstein

Wenn wir uns in einem Paradigma der Lebendigkeit einrichten, das ein neues Verständnis der Natur der *Realität* und der menschlichen *Identität* bietet – und wenn dies wiederum neue Einsichten in unsere *evolutionäre Reise* mit sich bringt –, dann kann dies auf natürliche Weise zu einem begeisternden Höhenflug führen. Paradigmenwechsel, die diese dreifache Transformation hervorrufen, sind in der Geschichte äußerst selten. Wir befinden uns jetzt inmitten eines solchen Erwachens, das sich im Wesentlichen als *Übergang von der Leblosigkeit zur Lebendigkeit* zusammenfassen lässt: Anstatt das Universum als tote Materie und leeren Raum ohne Sinn und Zweck zu betrachten, wird das Universum als ein einheitlicher, empfindungsfähiger Organismus erkannt und erfahren – eine einzigartige und lebendige Einheit, die immer bewusster wird und immer komplexere Ausdrucksformen ihrer Lebendigkeit hervorbringt.

Die Ansicht, dass wir in einem einheitlichen und lebendigen Universum leben, ist nicht „neu", sondern das ursprüngliche Verständnis der Menschheit von der Realität, das in den letzten paar hundert Jahren weitgehend in Vergessenheit geraten ist. Jetzt wird es durch das Zusammentreffen von Erkenntnissen aus den Grenzbereichen der Wissenschaft und den ältesten Weisheitstraditionen der Welt wiederentdeckt.

Die frühesten Intuitionen der Menschen offenbarten eine subtile Lebendigkeit, die die gesamte Existenz durchdringt. Mindestens 5.000 Jahre lang war dies die Sichtweise des heute ausgestorbenen Indianerstamms der Ohlone, die auf ihrem Land in der

San Francisco Bay Area nachhaltig lebten. Der Kulturanthropologe Malcolm Margolin hat sehr schön beschrieben, wie für die Ohlone die Natur lebendig und vor Energie schimmernd war.[138] Lebendigkeit war nicht fern, sondern wie die Luft überall und in allem präsent. Weil alles mit Leben erfüllt war, war jede Handlung spirituell. Alle Aufgaben – die Jagd auf ein Tier, die Zubereitung von Nahrung oder das Flechten eines Korbes – wurden mit einem Gefühl für die umgebende Welt des Lebens und der Kraft ausgeführt. Die Erkenntnis, dass wir in einem lebendigen Universum leben, war nicht auf indigene Kulturen beschränkt. Vor mehr als 2.000 Jahren schrieb Plato seine Schöpfungsgeschichte *Timaios* und schilderte das Universum oder den Kosmos als ein einzigartiges, lebendiges Wesen, das mit einer Seele ausgestattet ist.

Trotz dieser tiefen Verwurzelung der Lebendigkeit hat sich die Idee eines nicht lebenden Universums und eines toten Materialismus vor etwa 300 Jahren in den westlichen Gesellschaften durchgesetzt. Der Materialismus versteht tote Materie und leeren Raum als die einzig wahre Realität und betrachtet das Universum als etwas ohne Lebendigkeit oder tieferen Sinn und Zweck. Diese oberflächliche und verarmte Sichtweise der Realität, der menschlichen Identität und unserer evolutionären Reise war aus einem einfachen Grund ungeheuer mächtig – sie verwandelte die Welt in eine Ressource, die konsumiert werden kann. Wenn die Natur im Wesentlichen tote Materie ist, dann war es logisch, das Tote zu konsumieren, um das Lebendige zu nutzen – uns selbst. Diese einfache Logik erlaubte rücksichtslos die hemmungslose Ausbeutung der Natur. Da es keine ethischen Einschränkungen gab, hat das Paradigma des toten Materialismus seine Macht gnadenlos ausgeübt – mit voller Kraft, bis es an die Grenzen seines oberflächlichen und naiven Verständnisses der Existenz stieß. Diese Grenze ist nun in Sicht, da wir sehen, wie die selbstmörderische Logik des toten Materialismus zum Aussterben unserer Spezies und eines Großteils des übrigen Lebens auf der Erde führt. Wir sehen uns jetzt mit dem Paradoxon einer großen Verarmung als Preis für materiellen Überfluss konfrontiert. Wir bringen uns selbst um. Die Zerstörung der Ökosysteme zwingt uns dazu, uns auf unser ursprüngliches Verständnis der Existenz zu besinnen und dessen ethische Grundlage zurückzufordern: Wenn die Welt um uns herum lebendig ist, dann besteht unsere reife Aufgabe darin, allem Lebendigen bewusste Fürsorge zukommen zu lassen und es mit großem Respekt zu behandeln.

Es gibt einen krassen und einfachen Unterschied zwischen diesen beiden Paradigmen: Wenn die Welt in ihren Grundfesten tot ist, dann beute sie aus, verbrauche sie und konsumiere sie. Wenn sie lebendig ist, sollte man sich um sie kümmern und ihre Gaben mit Dankbarkeit und Maß nutzen. Die moderne Denkweise hat die Natur als tot und damit als gefühllos angesehen. Im Gegenzug achten wir nur oberflächlich darauf, wie wir sie nutzen (und missbrauchen). Durch Missachtung und Distanz sind der Reichtum und die Tiefe der Welt zu Ressourcen, die es auszubeuten gilt, degradiert worden. Was auch immer an Erfüllendem im mechanistischen Paradigma vorhanden ist, es bedeutet eine dünne Fassade des Glücks, die auf dem Konsum von mehr materiellen Dingen beruht.

Im Gegensatz dazu ist ein Paradigma der Lebendigkeit reich an Auftrieb. Unser gesamtes Universum ist vor fast 14 Milliarden Jahren aus einem Energiepunkt entstanden und hat sich zu einer Existenz von schätzungsweise zwei Billionen Galaxien entwickelt, jede mit hundert Milliarden oder mehr Sternensystemen! Unsere Existenz ist eine erstaunliche Veranschaulichung für Aufschwung, da wir kontinuierlich aus einem generativen Grund der Lebendigkeit entstehen. Eine außergewöhnliche Lebenskraft ist sowohl *grundlegend* (indem sie unser Universum hervorbringt und erhält) als auch *emergent*, indem sie unzählige Ausdrucksformen der Lebendigkeit hervorbringt. Wir sehen die unbändige Lebendigkeit überall: zum Beispiel im Gras, das durch die Ritzen der Bürgersteige wächst, in den eisigen Weiten des arktischen Meeres, in der brütenden Hitze der hydrothermalen Schlote in den Tiefen des Ozeans, in Lehmböden meilenweit unter der Erde, die noch nie Sonnenlicht und Wasser gesehen haben. Ein ganzes Universum zu erhalten und zahllose Lebensformen zu gebären, ist eine erstaunliche Errungenschaft. Wenn wir zur Lebendigkeit erwachen, entdecken wir den kontinuierlichen Auftrieb wieder,

der der gesamten Existenz zugrunde liegt. Wenn die Lebendigkeit im kosmischen Maßstab Billionen von Galaxien erschaffen und erhalten kann, dann kann sie sicherlich auch für einen Aufschwung sorgen, der den Schmerz über den Ruin der Erde durch den Materialismus in die Freude über das Leben in einem blühenden Garten voller Möglichkeiten verwandelt.

Die Kraft der „Lebendigkeit"

Unsere kollabierende Welt fordert uns mit einer unnachgiebigen Frage heraus: „Gibt es eine Lebenserfahrung, die so weit verbreitet ist, dass sie uns auf einer gemeinsamen Reise in eine blühende Zukunft zusammenführen kann?" Die Antwort ist ein klares „Ja". Neben unseren vielen Unterschieden teilen wir alle die Erfahrung, einfach nur am Leben zu sein, und diese bemerkenswerte Erfahrung bietet eine unerschütterliche Grundlage für die Menschheit, um sich auf eine gemeinsame Reise des Übergangs und der Transformation zu begeben.[139]

Wenn unsere persönliche Lebendigkeit für die Lebendigkeit des lebenden Universums transparent wird, machen wir ganz natürlich Erfahrungen des Staunens und der Ehrfurcht. Wenn wir uns für die kosmischen Dimensionen unseres Seins öffnen, fühlen wir uns mehr zu Hause, sind weniger mit uns selbst beschäftigt, haben mehr Empathie für andere und ein stärkeres Verlangen, dem Leben zu dienen. Dieser Perspektivenwechsel ist für den Aufbau einer nachhaltigen und zielgerichteten Zukunft von unschätzbarem Wert.

Einer der weltweit bedeutendsten Gelehrten der Weisheitstraditionen der Menschheit war Joseph Campbell. Ich hatte das Privileg, gemeinsam mit ihm ein Buch mit dem Titel *„Changing Images of Man"* zu verfassen, das sich mit den grundlegenden Archetypen befasst, die uns in diesen Übergangszeiten in die Zukunft führen.[140] In einem aufschlussreichen Interview wurde Campbell gefragt, ob die tiefste Suche des Menschen die „Suche nach dem Sinn" sei. Er antwortete:

„Die Leute sagen, dass wir alle nach dem Sinn des Lebens suchen. Ich glaube nicht, dass es das ist, wonach wir wirklich suchen. Ich denke, was wir suchen, ist die Erfahrung, lebendig zu sein, sodass unsere Lebenserfahrungen auf der rein physischen Ebene in Resonanz mit unserem eigenen innersten Wesen und unserer eigenen Realität stehen, damit wir tatsächlich die Verzückung des Lebendigseins spüren."[141]

Ein Zitat, das dem Philosophen Blaise Pascal zugeschrieben wird, spricht eine deutliche Sprache: „Das Ziel des Lebens ist nicht Glück, Frieden oder Erfüllung, sondern *Lebendigkeit*."[142] Howard Thurman, Autor, Philosoph, Theologe und Bürgerrechtler, sagte: „Fragen Sie nicht, was die Welt braucht. Fragen Sie, was Sie lebendig macht, und tun Sie es. Denn was die Welt braucht, sind Menschen, die lebendig geworden sind."[143]

Lebendigkeit ist unser einziger wahrer Reichtum

Der Psychologe und Philosoph Erich Fromm hat geschrieben, dass unsere Erfahrung von Lebendigkeit das wertvollste Geschenk ist, das wir mit anderen teilen können. Wenn wir die uns innewohnende Erfahrung der Lebendigkeit teilen – unsere Dankbarkeit und unsere Ängste, unser Verständnis und unsere Neugier, unseren Humor und unsere Trauer –, bieten wir die Essenz unseres Seins an. Indem wir unsere Lebendigkeit teilen, bereichern wir das Leben anderer. Wir wecken ihren Sinn für Lebendigkeit, indem wir unsere eigene Erfahrung des Lebendigseins im Augenblick teilen. Wir teilen nicht mit der Absicht, etwas von anderen zu erhalten; stattdessen ist das Teilen an sich unser Geschenk, das eine gemeinsame Lebendigkeit in anderen weckt und uns in einen sich gegenseitig verstärkenden Fluss zurückbringt. Die spirituelle und ökologische Älteste Joanna Macy verbindet den Klimaaktivismus mit unserer Erfahrung von Lebendigkeit:

„Der gegenwärtige Moment ist eine wunderbare Zeit, um zu leben. Denn das Bewusstsein des drohenden Kollapses ist eine Einladung, uns tiefe Sinnfragen zu stellen, die wir normalerweise aufschieben – und zu denen manche von uns gar nicht erst kommen. Die *Klimaverzweiflung lädt die Menschen ein, wieder zu leben* ... Der Weg durch die Verzweiflung hindurch besteht darin, sich als Teil eines größeren Ganzen zu erfahren und sich dem Geheimnis der Schöpfung hinzugeben ... Die Klimakrise lädt uns ein, uns mit neuen Augen und offenem Herzen auf das Geheimnis des Lebens einzulassen."[144]

Die Jungsche Philosophin Anne Baring beschreibt, wie schwer es den Konsumkulturen fällt, sich auf die Erfahrung der indigenen Kulturen und deren Verständnis einzulassen, dass „... das Leben des Kosmos, das Leben der Erde und das Leben der Menschheit ein einziges Leben ist, das von belebendem Geist durchdrungen und geprägt ist."[145] Sie schreibt, die große Offenbarung unserer Zeit sei, dass „wir uns von der Geschichte eines toten, gefühllosen Kosmos zu einer neuen Geschichte eines Kosmos bewegen, der pulsierend lebendig und der primäre Grund unseres eigenen Bewusstseins ist."[146]

Ein unbelebtes Universum ist ohne Bewusstsein und kennt daher keinen Sinn für menschliche Ziele. Als existenziell getrennte Lebensformen mögen wir uns heldenhaft bemühen, dem Universum einen Grund für unsere Existenz aufzuzwingen, doch ist dies in einem Kosmos, der kein Leben kennt, letztlich fruchtlos. In krassem Gegensatz dazu scheint ein lebendiges Universum darauf bedacht zu sein, in jedem Maßstab selbstreferenzierende und selbstorganisierende Systeme zu erzeugen. Wir sind Ausdruck der Lebendigkeit, die es dem Universum nach fast 14 Milliarden Jahren ermöglicht, zurückzublicken und über sich selbst nachzudenken. Das Paradigma eines lebendigen Universums bringt einen tiefgreifenden Wandel in unserer evolutionären Zielsetzung mit sich:

„Das Leben ist gleichzeitig damit beschäftigt, sich selbst zu erhalten und sich selbst zu übertreffen. Wenn es nur sich selbst erhält, dann ist das Leben nur kein Sterben."[147]
Simone de Beauvoir

Hinter den Unterschieden in Sprache und Geschichte verbirgt sich ein gemeinsames Verständnis: Das Universum ist ein lebendiges System, das in jedem Augenblick neu entsteht. Wir sind ein untrennbarer Teil dieses Regenerationsprozesses. Dieses Verständnis ist bekannt und wird von vielen Mystikern, Dichtern und Naturforschern anerkannt:[148]

Der Himmel ist sowohl unter unseren Füßen als auch über unseren Köpfen.
Henry David Thoreau[149]

Je tiefer wir in die Natur schauen, desto mehr erkennen wir, dass sie voller Leben ist ... Aus dieser Erkenntnis erwächst unsere spirituelle Beziehung zum Universum.
Albert Schweitzer[150]

Und ich gehe in den Wald, um meinen Verstand zu verlieren und meine Seele zu finden.
John Muir[151]

Aber nicht nur schön – die Sterne sind wie die Bäume im Wald, lebendig und atmend. Und sie beobachten mich.
Haruki Murakami[152]

Das Ziel des Lebens ist es, deinen Herzschlag mit dem des Universums in Einklang zu bringen, deine Natur mit der Natur in Einklang zu bringen.
Joseph Campbell[153]

Wenn du das Göttliche kennenlernen willst, spüre den Wind auf deinem Gesicht und die warme Sonne auf deiner Hand.
Buddha[154]

Ich glaube an Gott, aber ich buchstabiere ihn mit Natur.
Frank Lloyd Wright[155]

Wenn wir zu unserer bewussten Verbindung mit dem lebendigen Universum erwachen, erweitert sich auf ganz natürliche Weise auch unser Handlungsspielraum und unser Mitgefühl – und erleichtert die Möglichkeit, gemeinsam an einer nachhaltigen Zukunft zu arbeiten. Dies ist keine abstrakte Philosophie, sondern die unmittelbare Erfahrung, dass wir einfach nur lebendig sind und unsere einzigartige Wahrnehmung mit uns selbst machen. Im Alter von 90 Jahren beschreiben die Worte von Florida Scott-

Maxwell diese Sichtweise kraftvoll: „Du musst nur die Ereignisse deines Lebens für dich beanspruchen, um du selbst zu sein. Wenn du alles besitzt, was du gewesen bist und getan hast, bist du mit der Realität im Reinen."[156]

Indem wir zu der Lebendigkeit im Zentrum unseres Wesens erwachen, verbinden wir uns gleichzeitig mit der Lebendigkeit des Universums.

Lebendigkeit kostet nichts und wird uns frei als unser Geburtsrecht gegeben. Die Erfahrung der Lebendigkeit ist hier und steht uns jederzeit zur Verfügung. Lebendigkeit ist eine verkörperte, kraftvolle und universell geteilte Erfahrung. Zur Veranschaulichung habe ich die Teilnehmer einer Lerngemeinschaft, die ich mitmoderiere, gebeten zu beschreiben, was es für sie bedeutet, „voll lebendig zu sein". Die Antworten waren unmittelbar und direkt: „Im Fluss sein." – „Der Geist kommt nach Hause zum Körper." – „Die ganze Bandbreite meiner Emotionen spüren." – „Zielgerichtet und ohne Erwartungen leben." – „Meine seelischen Gaben voll zum Ausdruck bringen." – „Tiefe Verbundenheit mit der Natur."[157]

Ein Lebensweg, der sich der Entwicklung voller Lebendigkeit widmet, mag von denjenigen, die in einer materialistischen und konsumorientierten Denkweise leben, als Wunschvorstellung abgetan werden. Diese Sichtweise ist jedoch dabei sich zu ändern. Die Denkweise des Materialismus wird durch neue Erkenntnisse der Wissenschaft, durch dauerhafte Einsichten aus Weisheitstraditionen und durch die direkte Erfahrung eines großen Teils der Menschheit verändert. Durch die Integration dieser verschiedenen Erkenntnisquellen entdecken wir, dass Lebendigkeit die neue – und zeitlose – Erfahrung ist, die der Menschheit einen Ort der gemeinsamen Begegnung und kollektiven Heilung bietet.

Unsere engste Verbindung zu den frühesten Erkenntnissen der alten Völker geht auf indigene Traditionen zurück, deren tiefe Wurzeln weit in die Vergangenheit der Menschheit zurückreichen. Die Weisheit der Ureinwohner hat unsere Vorfahren unterstützt, als sie außergewöhnlich harte Bedingungen während mehrerer hunderttausend Jahre ertrugen. Wie erleben Menschen, die diese alten Traditionen aufrechterhalten, das Leben und die Welt?

Der Stamm der Koyukon im nördlichen Zentralalaska

Die Koyukon leben „in einer Welt, die uns beobachtet, in einem Wald von Augen". Sie glauben, dass wir, wo immer wir sind, nie wirklich allein sind, weil die Umgebung, egal wie abgelegen, sich unserer Anwesenheit bewusst ist und mit Respekt behandelt werden muss.[158]

Sarayaku Kichwa, aus dem Dschungel des ecuadorianischen Amazonas

Glaube daran, dass „alles im Dschungel lebendig ist und einen Geist hat".

Luther Standing Bear, Lakota-Sioux aus dem Gebiet von Nord- und Süddakota

„So etwas wie Leere gab es in der Welt nicht. Selbst im Himmel gab es keine leeren Stellen. Überall gab es Leben, sichtbares und unsichtbares, und jedes Objekt weckte in uns großes Interesse am Leben. Die Welt wimmelte von Leben und Weisheit; für die Lakota gab es keine vollständige Einsamkeit."[159]

Die Vorstellung und Erfahrung einer lebendigen, bewussten Präsenz, die die Welt durchdringt, wird von den meisten (vielleicht allen) indigenen Kulturen geteilt. Das alaskische Volk der Koyukon beschrieb die natürliche Welt als einen „Wald von Augen", die unsere Anwesenheit wahrnehmen, egal wer oder wo wir sind. Eine damit zusammenhängende Intuition sagt uns, dass eine Lebenskraft oder ein „heiliger Wind" durch das Universum weht und die Fähigkeit zur Bewusstheit und Gemeinschaft mit allem Leben mit sich bringt.

Im Einklang mit den indigenen Ansichten finden wir in verschiedenen spirituellen Traditionen eine erstaunliche Einsicht in die Natur des Universums. Die meisten spirituellen Traditionen betrachten das Universum als ein in jedem Augenblick neu entstehendes, ungeteiltes Ganzes, das in einem unsagbar gewaltigen Prozess von ungeheurer Präzision und Kraft entsteht:

Christentum: *„Gott erschafft das gesamte Universum, vollständig und total, in diesem gegenwärtigen Jetzt. Alles, was Gott erschaffen hat ... erschafft Gott jetzt auf einmal."*[160]
Meister Eckhart, christlicher Mystiker

Islam (Sufi): *„In jedem Augenblick gibt es einen Tod und eine Rückkehr ... Jeden Augenblick wird die Welt erneuert, aber wir, die wir die Kontinuität ihrer Erscheinung sehen, sind uns ihrer Erneuerung nicht bewusst."*[161]
Jalāl ad-Dīn Muhammad Rūmī, Sufi-Lehrer und Dichter aus dem 13. Jahrhundert

Buddhismus (Zen): *„Meine feierliche Verkündigung ist, dass jeden Augenblick ein neues Universum entsteht."*[162]
D. T. Suzuki, Zen-Lehrer und Gelehrter

Hinduismus: *„Das gesamte Universum trägt unaufhörlich zu deiner Existenz bei. Daher ist das gesamte Universum dein Körper."*[163]
Sri Nisargadatta, Hindulehrer

Taoismus: *„Das Tao ist die erhaltende Lebenskraft und die Mutter aller Dinge; aus ihr entstehen und vergehen alle Dinge ohne Unterlass."*[164]
Lao Tzu, Begründer des Taoismus

Wie weit verbreitet ist die Erfahrung von durchdringender Lebendigkeit und tiefer Einheit im täglichen Leben? Wie oft empfinden die Menschen Lebendigkeit und innige Verbundenheit mit der Natur und der Welt im Allgemeinen? Wissenschaftliche Untersuchungen haben sich mit dieser zentralen Frage beschäftigt:

- Eine weltweite Umfrage unter 7.000 Jugendlichen in 17 Ländern aus dem Jahr 2008 ergab, dass 75 Prozent an eine „höhere Macht" glauben und die Mehrheit angibt, eine transzendente Erfahrung gemacht zu haben, an ein Leben nach dem Tod zu glauben und es „wahrscheinlich wahr" ist, dass alles Lebendige miteinander verbunden ist.[165]
- Im Jahr 1962 ergab eine Gallup-Umfrage unter der erwachsenen Bevölkerung in den USA, dass 22 Prozent der Befrag-

ten von Erweckungserlebnissen berichteten, die unsere innige Verbindung mit dem Universum offenbaren. Bis 1976 stieg dieser Anteil laut Gallup auf 31 Prozent. Eine Newsweek-Umfrage von 1994 ergab, dass dieser Anteil auf 33 Prozent gestiegen war. Im Jahr 2009 berichtete eine Pew-Research-Umfrage, dass „Momente plötzlicher religiöser Einsicht oder Erweckung" auf erstaunliche 49 % der erwachsenen Bevölkerung angestiegen waren.[166]

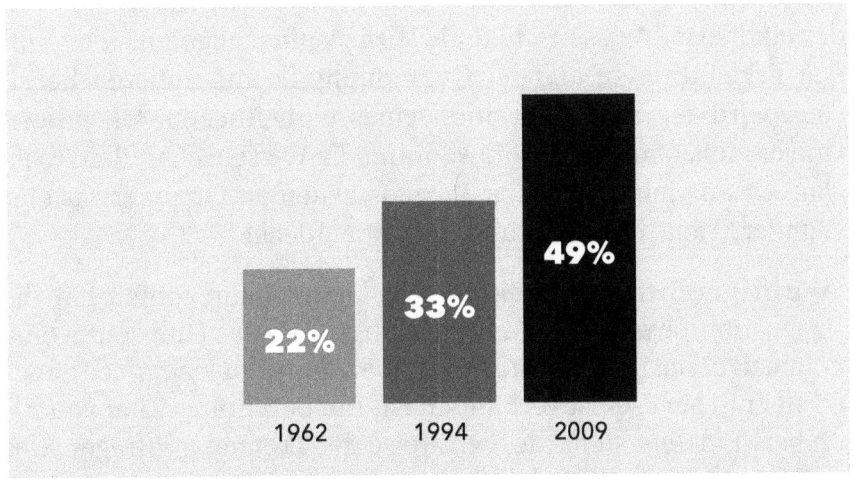

Abbildung 5: Zunahme der Erleuchtungserfahrungen in den USA 1962 - 2009 nach Prozentsatz der Bevölkerung

- In einer landesweiten Umfrage in den USA im Jahr 2014 gaben fast 60 Prozent der Erwachsenen an, dass sie regelmäßig ein tiefes Gefühl von „spirituellem Frieden und Wohlbefinden" empfinden, und 46 Prozent sagen, dass sie mindestens einmal pro Woche ein tiefes Gefühl von „Staunen über das Universum» erleben.[167]
- Ein wichtiger Grund für diese Veränderungen könnte die starke Zunahme der Meditation in den letzten Jahren sein. Was in den 1960er Jahren als New-Age-Neuheit galt, ist im 21. Jahrhundert zu einer Mainstream-Bewegung geworden. Der Anteil der Erwachsenen, die meditieren, wächst rasant: von geschätzten 4 Prozent der US-Bevölkerung im Jahr 2012 auf mehr als 14 Prozent nur fünf Jahre später (2017).[168] Me-

ditation, Ernährung und körperliche Fitness werden heute als Mainstream-Aktivitäten für Gesundheit und Wohlbefinden angesehen.

Diese Umfragen zeigen, dass erleuchtende Erfahrungen der Gemeinsamkeit und der Verbindung mit der Lebendigkeit des Universums keine Randphänomene sind, sondern einem großen Teil der Öffentlichkeit vertraut sind. Die Menschheit erwacht spürbar zu der Einsicht, dass wir untrennbar mit dem größeren Universum verbunden sind.[169]

Bis vor wenigen Jahrzehnten wurde die Vorstellung, dass das Universum ein einheitliches, lebendiges System sein könnte, von der etablierten Wissenschaft als Hirngespinst abgetan. Jetzt, mit den Erkenntnissen aus der Quantenphysik und anderen Bereichen wird die uralte Intuition eines einheitlichen, lebendigen Universums neu überdacht, während die Wissenschaft den Aberglauben ausräumt und den Kosmos als einen Ort unerwarteter Wunder, Tiefe, Dynamik und Einheit entdeckt.[170]

- **Ein geeintes Ganzes**: In den letzten Jahrzehnten hat die Quantenphysik wiederholt bestätigt, dass das Universum eine einzige, riesige Einheit ist, die überall und zu jedem Zeitpunkt tief mit sich selbst verbunden ist. Ein berühmtes Zitat von Albert Einstein stellt die Sichtweise der Trennung infrage: „Der Mensch ist ein Teil des Ganzen, das wir ‚Universum' nennen, ein Teil, der in Zeit und Raum begrenzt ist. Wir erleben uns selbst, unsere Gedanken und Gefühle als etwas vom Rest Getrenntes. Eine Art optische Täuschung des Bewusstseins. Das Streben nach Befreiung aus dieser Fessel ist das einzige Ziel der wahren Religion."[171]

- **Größtenteils unsichtbar**: In einer verblüffenden Infragestellung der Ansicht, dass es im Universum nur Materie und Energie gibt, glauben Wissenschaftler nun, dass der überwiegende Teil des Universums unsichtbar und nicht materiell ist!

Wissenschaftler schätzen heute, dass etwa 95 Prozent des bekannten Universums für unsere physischen Sinne unsichtbar sind, wobei 72 Prozent aus „dunkler" (oder unsichtbarer) Energie und 23 Prozent aus „dunkler" (unsichtbarer) Materie bestehen.[172] Unsere Biologie ist eine Manifestation der vier Prozent des Universums, die aus sichtbarer Materie bestehen. Dieses neue Verständnis der Wissenschaft bestätigt die ursprüngliche Wahrnehmung der Menschheit, dass es hinter der physischen Welt eine weitaus größere unsichtbare Welt mit unsichtbarer Energie und immenser Kraft gibt.

Hier ist eine noch weitreichendere Ansicht von Albert Einstein: „Was wir Materie genannt haben, ist Energie, deren Schwingung soweit herabgesetzt wurde, dass sie mit den Sinnen wahrnehmbar ist. Materie ist Geist, reduziert auf den Punkt der Sichtbarkeit. Es gibt keine Materie."

Abbildung 7: Zusammensetzung des Universums:
Prozentualer Anteil der sichtbaren und unsichtbaren Materie und Energie

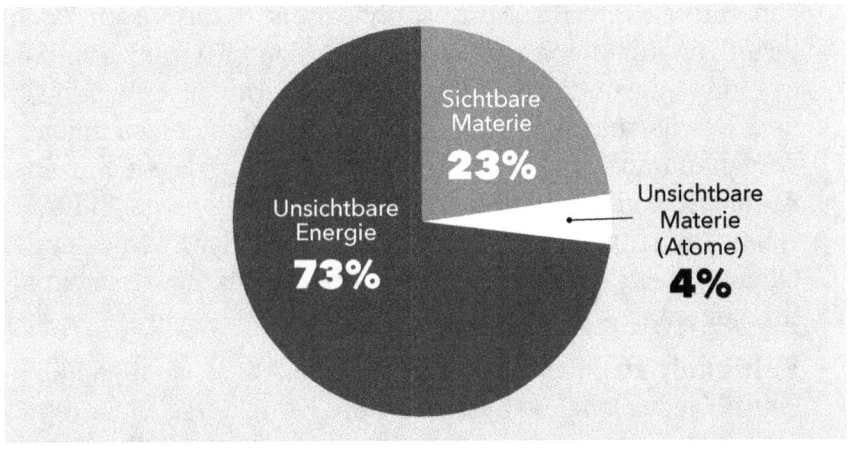

- **Mit-Entstehung:** In jedem Augenblick entsteht das gesamte Universum neu als eine einzigartige Inszenierung kosmischen Ausdrucks. Nichts ist von Dauer. Alles ist Fluss. Um es mit den Worten des Kosmologen Brian Swimme zu sagen: „Das Universum taucht aus einem alles nährenden Abgrund auf, nicht nur vor 14 Milliarden Jahren, sondern in jedem Augenblick."[173] Trotz des äußeren Anscheins von Solidität und Stabilität sehen wir bei grundlegenderen wissenschaftlichen Untersuchungen Beweise dafür, dass das Universum ein regeneratives System ist.

- **Bewusstsein in allen Dimensionen**: Im gesamten Universum scheint es eine Abstufung des Bewusstseins zu geben, sodass das Bewusstsein niemals vollständig abgeschaltet wird, wenn wir immer kleinere Ausprägungen des Lebens erforschen. Tatsächlich nimmt das Bewusstsein in dem Maße ab, in dem die organische Komplexität abnimmt – vom Menschen über Hunde, Insekten, Pflanzen und einzellige Lebewesen bis hin zu anorganischer Materie wie Elektronen und Quarks, die eine extrem einfache Form des Bewusstseins besitzen, die mit ihrer einfachen Natur übereinstimmt.[174] Da das Universum ein einheitliches Ganzes ist und es keine unabhängigen Teile gibt, liegt die Vermutung nahe, dass das Universum selbst ein Bewusstsein hat, das Ausdruck seiner ganzheitlichen Natur ist und von den Menschen als das Bewusstsein des Kosmos oder „kosmisches Bewusstsein" erfahren werden kann.[175] Die generative Kraft des „Mutteruniversums" – das unser „Tochteruniversum" hervorgebracht hat – deutet darauf hin, dass es einen zugrundeliegenden Ozean generativer Lebendigkeit und Bewusstheit gibt, aus dem ein ganzes Universum hervorgehen und von einem Samen, der kleiner als ein einzelnes Atom ist, zu einem riesigen System mit mehreren Billionen Galaxien heranwachsen kann. Max Planck, der Entwickler der Quantentheorie, erklärte: „Ich betrachte das Bewusstsein als fundamental".[176]

- **Fähigkeit zur Reproduktion:** Eine lebenswichtige Fähigkeit für jedes lebende System ist die Fähigkeit, sich zu reproduzieren. In der Kosmologie wird zunehmend die Ansicht vertreten, dass sich unser Universum durch schwarze Löcher selbst reproduziert. Der Physiker John Gribbin schreibt: „Anstatt dass ein schwarzes Loch eine Einwegreise ins Nirgendwo darstellt, glauben viele Forscher jetzt, dass es eine Einwegreise nach Irgendwo ist – zu einem neuen, expandierenden Universum in einer eigenen Reihe von Dimensionen."[177]

Ein neues Bild unseres Universums rückt ins Blickfeld. Das Leben existiert im Leben. Unsere Lebendigkeit ist untrennbar mit der größeren Lebendigkeit eines lebendigen Kosmos verbunden. Das Universum ist ein einheitlicher „Superorganismus", der sich in jedem Moment kontinuierlich erneuert, und dazu gehört auch das Bewusstsein, eine wissende Fähigkeit, die es den Systemen auf jeder Ebene der Existenz ermöglicht, ein gewisses Maß an Entscheidungsfreiheit auszuüben.

Wir sind nicht die, für die wir uns gehalten haben. Betrachtet man die Unermesslichkeit des Universums mit seinen Milliarden von wirbelnden Galaxien, jede mit Milliarden von Sternen, ist es nur natürlich, zu dem Schluss zu kommen, dass wir im kosmischen Maßstab der Dinge absolut winzig sind. Diese Ansicht ist jedoch grundlegend falsch. Wir sind keine kleinen Lebewesen – im Gesamtmaßstab des Universums sind wir buchstäblich Riesen! Stellen Sie sich vor, Sie hätten ein Lineal, das vom größten Maßstab des bekannten Universums bis zum kleinsten misst. Auf der größten Skala sehen wir Hunderte von Milliarden von Galaxien und auf der kleinsten Skala reisen wir tief in den Kern eines Atoms und dann noch viel weiter hinunter in die unvorstellbar kleinen Bereiche unseres regenerativen Universums. Wenn wir die Größe des Menschen an diesem kosmischen Maßstab messen, befinden wir uns im mittleren Bereich. In der Tat *gibt es mehr Kleinheit in uns als Größe außerhalb von uns*! Im kosmischen Maßstab der Dinge sind wir wirklich riesige Geschöpfe – wir sind Riesen! Als kolossale Wesen übersehen wir leicht die Wirbelstürme der regenerativen Aktivität, die im wahrhaft mikroskopischen Maßstab des Universums ständig am Werk sind.

Thomas Berry, Gelehrter der Weltreligionen, beschreibt die untrennbare Verbindung des Einzelnen mit dem Universum: „Wir tragen das Universum in unserem Sein, wie das Universum uns in seinem Sein trägt. Beide haben eine totale Präsenz füreinander und für das tiefere Geheimnis, aus dem sowohl das Universum als auch wir selbst hervorgegangen sind."[178] Wie außergewöhnlich: Ein Feld der Lebendigkeit erschafft und erhält unser Universum und hält es geduldig über Milliarden von Jahren in seiner großzügigen Umarmung, während es immer bewusstere Ausdrucksformen der Lebendigkeit hervorbringt, die zunehmend in der Lage sind, mit reflektierendem Bewusstsein zurückzublicken und ihre Ursprünge zu würdigen.

Wenn wir lernen, unsere Erfahrung der Lebendigkeit zu erkennen, und wenn wir der Lebendigkeit, die dem Universum zugrunde liegt, als gefühlte Erfahrung begegnen – wenn Leben auf Leben trifft –, öffnet sich ein Fenster, und es entstehen ganz natürlich erweckende Erfahrungen. Wenn unsere Erfahrung von Lebendigkeit sich mit der größeren Lebendigkeit des Universums verbindet, erkennen wir als direkte Erfahrung, dass wir Teil der großen Ganzheit des Lebens sind. Das ist es, was wir sind: sowohl eine einzigartige biologische Lebendigkeit als auch ein untrennbarer Teil der kosmischen Lebendigkeit. Wir sind von Natur aus sowohl biologisch als auch kosmisch – wir sind „bio-kosmische" Wesen. In einem verblüffenden Paradoxon werden wir in dem Maße, in dem wir in unserer geistigen Reife wachsen und mit allem Leben eins werden, gleichzeitig immer vollständiger und einzigartiger wir selbst.

Wenn wir diese vielen Weisheitsfäden zusammenführen – indigenes Verständnis, spirituelle Traditionen, Naturweisheit, direkte Erfahrung und wissenschaftliche Erkenntnisse –, dann verwandeln sie unser Verständnis der *Realität* (vom Toten zum Lebendigen), und dies verwandelt unser Verständnis der menschlichen *Identität* (sowohl biologischer als auch kosmischer Natur), und dies verwandelt unser Verständnis unserer evolutionären *Reise* (wir lernen, in einem lebendigen Universum zu leben).

Zur Erinnerung: Das Paradigma des Materialismus geht davon aus, dass wir in einem Universum leben, das in seinen Grundfesten nicht lebendig ist, ohne Bewusstsein, Sinn und Zweck. Infolgedessen identifizieren wir uns mit unserer materiellen oder biologischen Natur, und nicht mehr. Ich denke, und deshalb bin ich die Gedanken, die ich denke, und nicht mehr. In einem lebendigen Universum hingegen umfasst unser Wesen ein Bewusstsein, das in eine grenzenlose Ökologie jenseits unseres denkenden Gehirns hineinreicht. Daher kann unsere Identität als bewusste Wesen weit über unsere biologische Natur und mentale Aktivität hinausgehen. Wir sind Wesen von sowohl biologischer als auch kosmischer Dimension – ich wiederhole: *wir sind bio-kosmische Wesen*. So wie wir unsere Denkfähigkeit kultivieren und weiterentwickeln können, können wir auch unsere Fähigkeit zu grenzenlosem Wissen in der Einheit des Universums entwickeln. Die Erweiterung und Vertiefung unserer natürlichen Fähigkeit zum kosmischen Bewusstsein transformieren unsere Identität und unsere evolutionäre Reise.

Wir wollen unbeirrbar realistisch bleiben. Es erscheint unwahrscheinlich, dass wir den Weg der Spaltung – mit seinen wachsenden Ungerechtigkeiten, dem übermäßigen Verbrauch von Ressourcen und der tiefen Verletzung der Erde – verlassen werden, wenn wir nicht einen Weg in die Zukunft entdecken, der wahrhaftig so bemerkenswert, transformierend und einladend ist, dass wir von der gefühlten Präsenz dieser Einladung magnetisch angezogen und zusammengeführt werden. Dieser Weg muss als gefühlte Möglichkeit so unwiderstehlich sein, dass wir im gegenwärtigen Moment zur Erforschung hingezogen werden. Dieser Weg offenbart sich durch Erkenntnisse, die aus der Wissenschaft und den Weisheitstraditionen der Welt zusammenfließen.

Wir entdecken, dass wir, statt in einem toten Universum um Sinn und ein Wunder des Überlebens zu kämpfen, eingeladen sind, in den tiefen Ökologien eines lebendigen Universums für immer zu lernen und zu wachsen.

Dieser Einladung zu folgen und zu lernen, in einem lebendigen Universum zu leben, ist eine so außergewöhnliche Reise, dass sie uns auffordert, die Wunden der Geschichte zu heilen und eine bemerkenswerte Zukunft zu verwirklichen, die wir nur gemeinsam erreichen können. Wenn wir uns für die kosmischen Dimensionen unseres Seins öffnen, fühlen wir uns mehr zu Hause, sind weniger auf uns selbst bezogen, haben mehr Mitgefühl für andere und fühlen uns zunehmend dazu hingezogen, dem Leben zu dienen. Diese Perspektivwechsel sind von unschätzbarem Wert für den Aufbau einer nachhaltigen Zukunft.

Das Annehmen der Einladung, zu lernen bewusst in einem lebendigen Universum zu leben, bedeutet, ein neues Kapitel in der menschlichen Evolution mit einem transformierten Verständnis der Realität, der menschlichen Identität und unserer evolutionären Reise zu beginnen.

Auch wenn es nur für kurze Momente ist, wir können die Existenz als eine nahtlose Gesamtheit erahnen und erkennen. Das Berühren der Lebendigkeit des Universums, selbst nur für ein paar Augenblicke, kann unser Leben verändern. Der beliebte Sufi-Dichter Kabir schrieb, dass er das Universum „für fünfzehn Sekunden als einen lebendigen und expandierenden Körper sah, und es machte ihn zu einem Diener fürs Leben."[179] Egal, wie banal die Umstände sind, egal, wie trivial die Situation zu sein scheint, wir können uns immer der subtilen Lebendigkeit und des Bewusstseins in uns und um uns herum gewahr werden. Wir können das lebendige Universum im goldenen Licht eines späten Nachmittags oder im Glanz eines alten Holztisches erblicken, der mit einer unerklärlichen Tiefe und Präsenz leuchtet. Wir können auch an Orten, die weit von der Natur entfernt zu sein scheinen, Zeuge der summenden Lebendigkeit des Daseins werden – ein Raum, der nur mit Plastik, Chromstahl und Glas gefüllt ist, wird die Lebendigkeit im Rohzustand deutlich zeigen. In der sanften Betrachtung eines beliebigen Teils der gewöhnlichen Realität können wir einen Blick auf den großen Wirbelsturm der Energie erhaschen, der mit stiller Kraft durch alle Dinge weht und sich mit einem „Wald von Augen" unserer Existenz bewusst ist. Der leere Raum offenbart auch, dass er ein Ozean tanzender Lebendigkeit ist – eine subtile Symphonie transparenter Architektur, die der Materie aktiv einen Rahmen bietet, um sich zu präsentieren.

Als Mensch geboren zu werden, ist ein seltenes und kostbares Geschenk. Während wir das Geschenk eines Körpers haben, der unsere Erfahrung verankert, ist es wichtig, unsere bio-kosmische Natur zu erkennen.

Wir sind bio-kosmische Wesen:
Unser Körper ist ein biologisch abbaubares Vehikel,
um Erfahrungen des seelischen Wachstums zu erwerben.

Als kompostierbare Kanäle für kosmische Lernerfahrungen sind unsere Körper Ausdruck einer schöpferischen Lebendigkeit, die es dem Universum nach fast 14 Milliarden Jahren ermöglicht, zurückzublicken und über sich selbst nachzudenken. Da der Kosmos ein lernendes System ist, besteht ein Hauptzweck des Hierseins darin, sowohl aus den Freuden als auch aus den Schmerzen des Daseins zu lernen. Wenn es keine Freiheit gäbe, Fehler zu machen, gäbe es auch keinen Schmerz. Gäbe es keine Freiheit für authentische Entdeckungen, gäbe es auch keine Ekstase. In Freiheit erfahren wir sowohl Freude als auch Schmerz im Prozess der Entwicklung unserer Identität als Wesen, in der irdischen und kosmischen Dimension gleichermaßen.

Wir stehen auf der Erde als Träger der Selbstreflexion und des schöpferischen Handelns in einer Zeit des großen Übergangs, in der wir bewusst lernen, in einem lebendigen Universum zu leben. Ein altes griechisches Sprichwort spricht direkt zu unserer Reise des Lernens: „Zünde deine Kerze an, bevor die Nacht dich einholt". Wäre das Universum bei seiner Gründung nicht lebendig gewesen, hätte es ein Wunder gebraucht, um uns zum Zeitpunkt des Todes vor der Vernichtung zu bewahren und uns von hier aus in einen Himmel (oder in das gelobte Land) der fortwährenden Lebendigkeit zu bringen. Wenn das Universum jedoch lebendig ist, dann sind wir bereits in seine Lebendigkeit eingebettet und wachsen in ihr.

Alle Dinge enden.
Alles Sein geht weiter.
Das liegt in der Natur von beidem.

Wenn unser physischer Körper stirbt, macht sich der Lebensstrom, der wir sind, auf den Weg zu einem passenden Zuhause in der größeren Ökologie der Lebendigkeit. Wir brauchen kein Wunder, um uns zu retten – wir existieren bereits innerhalb des Wunders der erhaltenden Lebendigkeit. Anstatt vor dem Tod gerettet zu werden, ist es unsere Aufgabe, unsere Aufmerksamkeit achtsam auf die immer wieder auftauchende Lebendigkeit im Hier und Jetzt zu lenken. Wir sehen uns nicht mehr als zufällige Schöpfungen, die durch einen leblosen Kosmos ohne Sinn und Zweck wandern, sondern wir nehmen uns als Teil einer heiligen Entdeckungsreise in einem lebendigen Kosmos von erstaunlicher Tiefe und einer reichhaltigen Absicht wahr. Cynthia Bourgeault, eine moderne Mystikerin und bischöfliche Priesterin, schreibt:

„Jeder von uns und jede Handlung, die wir tun, trägt eine Qualität der Lebendigkeit in sich, einen Duft oder eine Schwingung, die einzigartig ist. Wenn die äußere Form dessen, was wir in diesem Leben sind, durch unseren physischen Körper vermittelt wird, so wird die innere Form – unsere wahre Schönheit und Authentizität – durch die Qualität unserer Lebendigkeit vermittelt. Darin liegt das Geheimnis unseres Seins."[180]

Indem wir lernen, in einem lebendigen Universum zu leben, lernen wir, in der tiefen Ökologie der Existenz zu leben. Dies ist ein so erstaunlicher Aufruf aus dem tiefen Mitgefühl eines lebendigen Universums an unsere seelenvolle Natur dass wir kosmische Narren wären, eine Einladung zu ignorieren, deren Wert jenseits jeden Maßstabs ist.

Ein altes Sprichwort sagt: „Ein toter Mann erzählt keine Geschichten." In ähnlicher Weise „erzählt ein totes Universum keine Geschichten". Im Gegensatz dazu ist ein lebendiges Universum selbst eine riesige Geschichte, die sich kontinuierlich entfaltet und in der zahllose Charaktere fesselnde Dramen des Erwachens und des kreativen Ausdrucks spielen, die untrennbar mit der Kunst der Weltgestaltung verbunden sind. Das Universum ist eine lebendige, sich entfaltende Schöpfung. Die heilige Teresa von Avila erkannte dies, als sie schrieb: „Es bleibt das Gefühl, dass auch Gott auf dem Weg ist."[181] Wenn wir uns bewusst als Teilhaber an einem kosmischen Garten des Lebens erkennen, der über Milliarden von Jahren geduldig gewachsen ist, können wir zu dem erhebenden Gefühl der Lebendigkeit erwachen und von Gefühlen kosmischer Trennung zu Gefühlen kosmischer Teilhabe, Neugierde und Liebe übergehen.

Entscheidung für Bewusstsein

„In der Geschichte des Kollektivs, wie auch in der Geschichte des Individuums, hängt alles von der Entwicklung des Bewusstseins ab".
Carl Jung

Eine alte Weisheit besagt, dass es drei Wunder des Lebens gibt. Erstens, dass überhaupt etwas existiert. Zweitens, dass lebende Dinge (Pflanzen und Tiere) existieren. Drittens: Lebewesen wissen, dass sie existieren. Das dritte Wunder ist die Fähigkeit zu selbstreflektierendem Bewusstsein und liegt in unserem Wesen als Menschen begründet. Unser wissenschaftlicher Name ist *Homo sapiens sapiens* – *wir* sind nicht nur „wissend" (Wesen mit der Fähigkeit zu wissen), wir sind Wesen, die „wissen können, dass wir wissen" und uns selbst beobachten oder die bezeugen können, wie wir durch unser tägliches Leben gehen. Wir erkennen, dass wir die Freiheit der Wahl haben, wenn wir nicht auf Automatik geschaltet sind und nicht gewohnheitsmäßigen und vorprogrammierten Lebensweisen folgen. Bewusstsein und Freiheit sind intime Partner im Tanz der Evolution. Reflektierendes Bewusstsein ist für unsere Spezies ein mächtiges und unterstützendes Hilfsmittel in der Bewegung durch diese Zeit der Initiation.

Der erste Schritt zur Weiterentwicklung und Evolution besteht darin, einfach zu sehen, „was ist" – ein unparteiischer Beobachter oder Zeuge unserer eigenen Erfahrung zu werden. Ehrliche Reflexion und nicht wertendes Beobachten sind grundlegend, um unser Leben zu verbessern. Indem wir unserem Leben im Spiegel des Bewusstseins Aufmerksamkeit schenken, können wir uns mit uns selbst anfreunden und zu einer größeren Eigenverantwortung gelangen. Die Fähigkeit zur ehrlichen Selbstreflexion hilft uns, das oberflächliche Geschwätz unseres Lebens zu durchdringen und die direkte Erfahrung unserer Existenz zu entdecken.

Peter Dziuban schreibt über das Verhältnis von Bewusstsein und Lebendigkeit.[182] Er beschreibt „Lebendigkeit" als eine direkte Erfahrung und nicht als etwas, über das wir nachdenken. Er bittet uns, uns eine Weinverkostung vorzustellen, bei der die Verkostung der Zweck ist. So ist es auch mit dem Leben. Wir sind hier, um zu probieren, was es bedeutet, lebendig zu sein – unsere Lebendigkeit direkt zu erfahren und zu leben. Dziuban schreibt: „Das Leben ist nichts, wenn es nicht lebendig ist!" In der Schlichtheit der Stille können wir die Lebendigkeit erfahren. Unsere Lebendigkeit ist nicht ein Gedanke, sondern eine lebendige Gegenwart. Lebendigkeit ist auch kein Gedanke über Lebendigkeit – sie ist die *direkte Erfahrung der Lebendigkeit selbst.*

> Du bist bewusst und lebendig. Die Worte und Gedanken sind das, dessen du dir *bewusst* bist. Worte und Gedanken an sich sind niemals bewusst – nur du bist es. Das ist es also, was du wirklich bist, dieses reine Bewusstsein – und nicht unbewusste Worte und Gedanken *darüber*. Das ist ein großer Unterschied. Denken ist ein sich verändernder Prozess. Lebendigkeit ist eine unveränderliche Gegenwart.[183]

Uns selbst dabei zu beobachten, wie wir uns durch das Leben bewegen, ist kein mechanischer Prozess, sondern eine lebendige Erfahrung, bei der wir unser Leben bewusst „kosten" und uns mit uns selbst anfreunden, einschließlich der Momente, die wir vielleicht lieber ignorieren würden, Momente des Zweifels, der Wut, der Angst und des Verlangens. Ein „Beobachter-Selbst" oder „bezeugendes Selbst" gibt uns die Fähigkeit, uns von der vollständigen Identifikation mit körperlichen Wünschen, Gefühlen und Gedanken zu lösen. Mit dem vertrauenswürdigen Spiegel des reflektierenden Bewusstseins können wir uns selbst wie aus der Ferne betrachten. Aus dieser Perspektive sehen wir, dass unsere körperliche Erfahrung zwar ein Teil von uns ist, wir aber mehr sind als die Empfindungen, Freuden und Schmerzen unseres Körpers. Wir sehen auch, dass die emotionale Erfahrung zwar ein Teil von uns ist, dass wir aber mehr sind als die Erfahrung von Ärger, Glück und Trauer.

Indem wir das reflexive Bewusstsein in unser Leben bringen, erfahren wir mehr Weite und Freiheit. Wir identifizieren uns nicht mehr ausschließlich mit Empfindungen, Emotionen und unserem inneren Strom mentaler Dialoge. Der Abstand und die Perspektive, die das reflektierende Wissen bietet, unterstützen die Versöhnung, die wir brauchen, um durch diese Zeit des großen Übergangs zu kommen. Wenn wir mit reflektierendem Bewusstsein anwesend sind, agieren wir nicht länger weitgehend automatisch. Die Ausweitung des reflexiven Bewusstseins auf eine soziale Ebene – uns selbst im Spiegel der Massenmedien

(Internet, Fernsehen und andere Werkzeuge des globalen Nervensystems) zu sehen –, verändert alles. Die Erkenntnis, dass wir in einer gemeinsamen Ökologie des Bewusstseins leben, verwebt die menschliche Familie zu einem sich gegenseitig wertschätzenden Ganzen, während wir gleichzeitig unsere Unterschiede anerkennen.

Ein reflektiertes Bewusstsein ist für die Bewältigung intensiver globaler Belastungen und Herausforderungen unerlässlich. Wir sind in einen perfekten Sturm miteinander verflochtener und kritischer Probleme geraten, die ein noch nie dagewesenes Maß an globaler Reflexion und Versöhnung einfordern, inspiriert von einer gemeinsamen Vision einer nachhaltigen Zukunft. So drückte der bedeutende Wissenschaftler Carl Sagan unsere Situation aus, als er 1985 vor dem Kongress darüber aussagte, wie der Treibhauseffekt das globale Klimasystem verändern wird:

> „Für dieses Problem ist ein globales Bewusstsein unerlässlich. Eine Sichtweise, die über unsere ausschließlichen Identifikationen mit den Generationen und politischen Gruppierungen, in die wir zufällig hineingeboren wurden, hinausgeht. Die Lösung dieser Probleme erfordert eine Perspektive, die den Planeten und die Zukunft einbezieht, denn wir sitzen alle gemeinsam in diesem Treibhaus."[184]

Das Erwachen des Bewusstseins endet nicht mit Achtsamkeit oder reflektierender Aufmerksamkeit. Dies ist bedeutsam. Jenseits des reflektierenden Bewusstseins und der Polarität von Betrachter und Betrachtetem bzw. Beobachter und Beobachtetem können wir uns hin zu einem Einheitsbewusstsein entwickeln. Wenn wir beharrlich mit anhaltender Achtsamkeit weitermachen, verringert sich der Abstand zwischen Beobachter und Beobachtetem allmählich, bis wir ein einziger, integrierter Fluss der Erfahrung werden. Wenn der Wissende und das, was gewusst wird, zusammenkommen und in der Erfahrung eins werden, erkennen wir, dass wir von allem, was wir beobachten, untrennbar sind. Da das Universum ein zutiefst geeintes Ganzes ist, lassen wir einfach zu, dass unser bewusstes Wissen mit dem übereinstimmt, was ist. Wir lassen die Objektivierung der Realität als etwas, das „da draußen" zu beobachten ist, los und erkennen, dass die Realität direkt „hier drinnen" erlebt werden kann. Wir können durch das „Nachdenken über" das Leben hinausgehen und in die Erfahrung des „Zusammenfallens mit" dem Leben selbst übergehen (oder einfach Leben zu *sein*).[185]

In einer Kultur des mitfühlenden Bewusstseins wird sich eine neue soziale Atmosphäre entwickeln. Unabhängig davon, wo sich die Menschen auf der Welt befinden, werden wir uns zunehmend unter Verwandten wissen. Unser Identitätsgefühl wird sich ausweiten, und wir werden alle als „mitfühlende Bürger des Kosmos" betrachten – Wesen, die in die Tiefen eines lebendigen Universums eintauchen und eine tiefe Verwandtschaft mit allem Leben spüren.

Das Wort „passion" bedeutet „leiden" und das Wort „compassion" bedeutet wörtlich „mitleiden". Wenn wir beobachten, wie Menschen durch einen schmerzhaften Übergang gehen, können wir mit der Erfahrung des Leidens eins werden und uns ganz natürlich dafür einsetzen, dieses Leiden zu lindern. Wenn wir im großen Ozean des Lebens schwimmen, wissen wir intuitiv, dass wenn die Erde leidet, wir alle in einem Ozean subtilen Leidens baden. Wir erkennen, dass unsere Lebenserfahrung durchlässig ist und dass wir an jedem Maß an Glück oder Leid, das für das Ganze geschaffen wird, teilhaben.

Genauso wie der Druck äußerer Notwendigkeiten auf die Anziehungskraft ungenutzter innerer Kapazitäten trifft, erwacht in der Menschheit die Fähigkeit zur bewussten Reflexion und Erkenntnis. Wir erkennen, dass wenn wir abgelenkt sind und die Dringlichkeit und Bedeutung des jetzt stattfindenden großen Übergangs leugnen, wir eine einzigartige, nie wiederkehrende evolutionäre Chance verpassen.

Jede Generation bringt Opfer für die nachfolgende, um für die Zukunft zu sorgen. Die gegenwärtige Generation wird von einer verwundeten Erde gedrängt und von einem einladenden Universum gezogen, um ein noch nie dagewesenes Geschenk für die Zukunft der Menschheit zu machen: gemeinsam mit Gleichmut und Reife zu erwachen, um unser bio-kosmisches Potenzial und unsere Bestimmung, in einem lebendigen Universum leben zu lernen, bewusst zu verwirklichen.

Das bezeugende oder reflektierende Bewusstsein entwickelt sich vom Status eines spirituellen Luxus für einige wenige in einer früheren fragmentierten Welt zu einer sozialen Notwendigkeit für viele in unserer modernen interdependenten Welt. Die Qualität unserer persönlichen und sozialen Aufmerksamkeit ist die wertvollste Ressource und das größte Geschenk, das wir dem Leben machen können. Eine alte Weisheit bekommt eine neue Bedeutung: „Der Preis der Freiheit ist ewige Wachsamkeit." Unser Maß an sozialer Wachsamkeit ist für das Funktionieren einer freien Gesellschaft von grundlegender Bedeutung. Wenn wir nicht aufpassen, wenn Entscheidungen von evolutionärer Bedeutung getroffen werden, verspielen wir faktisch unsere Zukunft. Jetzt ist es an der Zeit, hellwach zu sein, sowohl persönlich als auch kollektiv.

Um frei von unnötigen staatlichen Eingriffen zu sein, müssen Individuen und Gemeinschaften ihre Fähigkeit zur bewussten Selbstregulierung mindestens in dem Maße entwickeln, wie die soziale Ordnung komplexer, interdependenter und verletzlicher wird. Wenn wir ein reflektierendes Bewusstsein in unsere verdrahtete Welt einbringen, können wir zum Beispiel die tiefen Wunden von Rassismus, Armut, Intoleranz und Geschlechterdiskriminierung objektiv sehen. Beobachtendes Bewusstsein ermöglicht es uns, zurückzutreten und unsere gemeinsame Menschlichkeit aus einer unvoreingenommenen Perspektive zu erleben, was den unsichtbaren Klebstoff liefert, der die menschliche Familie zu einer funktionierenden Gemeinschaft zusammenbindet.

Die Entwicklung einer bewussteren, reflexiveren Gesellschaft ermöglicht das Entstehen zahlreicher anderer Fähigkeiten, wie zum Beispiel:

- **Selbstbestimmung** – Eine der grundlegendsten Ausdrucksformen eines reifenden Bewusstseins ist eine verbesserte Fähigkeit zur Selbstbestimmung. Eine bewusste Gesellschaft ist sowohl in der Lage, ihre Optionen zu prüfen als auch sich selbst im Prozess der Wahl zu beobachten. Wir sind in der

Lage, unser kollektives Selbst „von außen" zu betrachten, so wie eine Kultur oder Nation eine andere betrachten kann. Eine reflektierende Gesellschaft vertraut nicht blindlings einer bestimmten Ideologie, einem Führer oder einer politischen Partei. Stattdessen richtet sie sich regelmäßig neu aus, indem sie hinter Slogans und vage Ziele blickt, um einen bevorzugten Weg in die Zukunft zu wählen.

- **Fehlerfreundlichkeit** – Eine bewusstere Gesellschaft erkennt an, dass soziales Lernen unweigerlich mit Fehlern einhergeht. Daher werden Fehler nicht automatisch als „schlecht" angesehen, sondern als wichtiges Feedback im Lernprozess akzeptiert.

- **Gelassenheit** – Eine bewusstere Gesellschaft neigt dazu, objektiv zu sein und gelassen auf die stressigen Strömungen und Ereignisse zu reagieren. Sie zeigt eine Ausgeglichenheit, Besonnenheit und Zuversicht, die von den Leidenschaften des Augenblicks nicht aus ihrem Zentrum gerissen wird.

- **Inklusion** – Eine bewusstere Gesellschaft sucht ständig nach Synergien, indem sie verschiedene ethnische Gruppen, das Leben in verschiedenen geografischen Regionen und ideologische Perspektiven aktiv in die Suche nach einer größeren gemeinsamen Basis einbezieht.

- **Vorausschauend** – Eine reflektierende Gesellschaft betrachtet die Welt objektiver aus einer größeren Perspektive und neigt dazu, bewusst alternative Wege in die Zukunft zu erwägen. Anstatt passiv darauf zu warten, dass Krisen zum Handeln zwingen, schenken wir den Gefahrensignalen mehr Aufmerksamkeit und reagieren darauf.

- **Kreativ** – Eine bewusste Gesellschaft ist nicht in gewohnten Denk- und Verhaltensmustern gefangen. Anstatt mit vorprogrammierten Lösungen zu reagieren, erkundet sie Optionen mit einer frischen und flexiblen Geisteshaltung.

Diese Qualitäten eines erwachenden, reflektierenden Bewusstseins sorgen für einen kraftvollen Auftrieb, um durch unsere Zeit der kollektiven Initiation zu gehen.

Entscheidung für Kommunikation

Kommunikation ist das Lebenselixier der Zivilisation. Die Fähigkeit zur Verständigung ermöglichte es den Menschen, sich von Sammlern und Jägern hin zum Beginn einer planetarischen Ökozivilisation zu entwickeln. Mit Hilfe von Internet und Fernsehen bewegt sich die menschliche Familie von einer Geschichte der Trennung in eine Zukunft der sofortigen globalen Kommunikation und Verbindung. Jeden Tag greift mehr als die Hälfte der Menschheit auf die erweiterte Realität von Fernsehen und Internet zu. Mit atemraubender Geschwindigkeit entwickeln wir Fähigkeiten für eine lokal-globale Kommunikation, die unsere kollektive Kommunikation und *unser Bewusstsein* als Spezies verändern. Während das Internet schneller, intelligenter und umfassender wird, verwebt es die Menschheit zu einem einzigen Kommunikationsnetz, das wie ein „Gehirn" für den Planeten Erde funktioniert.

Nicht länger voneinander isoliert, sind wir gemeinsam Zeuge unserer sich tiefgreifend verändernden Welt. Das Erwachen und die Innovationen, die sich auf der einen Seite des Planeten ereignen, werden sofort auf der ganzen Welt kommuniziert und ermöglichen es uns, gemeinsam aufzuwachen. Mit erstaunlicher Geschwindigkeit erwacht die Menschheit aus ihrem kollektiven Schlummer und entdeckt sich als eine einzige Spezies, die durch ein außergewöhnliches Netzwerk planetarischer Kommunikation verbunden ist. Die Erde beginnt, sich eine Stimme zu geben, die über lokale und nationale Interessen hinausgeht.

Diese Instrumente bieten der Menschheit einen klaren Blick auf die Welt und einen unerschütterlichen Spiegel, in dem wir uns selbst sehen können. Mit dem Internet und Fernsehen verfügen wir über ungeheuer leistungsfähige Technologien, die uns aus der Verleugnung und Ablenkung herausholen und in eine Zukunft tiefgreifender Veränderungen führen. Mit autoritären Kontrollen können dieselben Werkzeuge jedoch unsere soziale Aufmerksamkeit auf eine beengte und zensierte Realität einengen. Es ist wichtig, sich beider Möglichkeiten bewusst zu sein. Wir können uns mit diesen mächtigen Kommunikationsmitteln entweder zu höheren menschlichen Potenzialen erheben oder in einen dunklen Brunnen des digitalen Autoritarismus hinabsteigen.

Wenn eine autoritäre Regierung an die Macht kommt, besteht historisch gesehen eine der ersten Maßnahmen darin, ein Land abzuriegeln, um den freien Verkehr mit der Außenwelt zu verhindern. Als Nächstes werden die freie Meinungsäußerung und abweichende Meinungen innerhalb des Landes unterbunden. Digitale Diktaturen, die die Kommunikation sowohl innerhalb als auch außerhalb eines Landes einschränken, nehmen weltweit zu. Länder wie China und Russland schalten Internetseiten ab, unterdrücken die Opposition und verhängen drakonische Gefängnisstrafen für abweichende Meinungen im Internet.

In anderen Ländern, wie z. B. in den USA, werden die Freiheiten der Medien nicht von der Regierung eingeschränkt, sondern durch die Selbstzensur der Medienunternehmen, die ihre Gewinne maximieren wollen, indem sie Unterhaltungsprogramme mit kommerzieller Werbung ausstrahlen. In den USA können wir die Ergebnisse dieser Voreingenommenheit der Verbraucher an der völlig unzureichenden Aufmerksamkeit, die der Klimakatastrophe, dem Artensterben und anderen Bereichen der sich verschärfenden Erdkrise zuteilwird, erkennen. Zur Veranschaulichung: Wenn wir die Minuten der Klimaberichterstattung der Fernsehsender (ABC, CBS, NBC und Fox) *eines ganzen Jahres zusammenzählen,* sehen wir, dass die Gesamtzahl der Minuten der Nachrichtensendungen von etwas mehr als vier Stunden im Jahr 2017 auf etwas mehr als zwei Stunden im Jahr 2018 gesunken ist.[186] *Zwei Stunden kollektive Aufmerksamkeit für unsere globale Klimakrise für ein ganzes Jahr! Das ist erstaunlich wenig Aufmerksamkeit für eine moderne Demokratie, die mit einer planetarischen Krise konfrontiert ist!* Andere Faktoren wie das massenhafte Artensterben werden im Wesentlichen völlig ignoriert.

Im Jahr 2020 ist die Gesamtberichterstattung über den Klimawandel in den Fernsehnachrichten sogar noch weiter gesunken – um 53 Prozent. Im Laufe eines ganzen Jahres 2020 berichteten diese Nachrichtensendungen insgesamt 112 Minuten

Abbildung 8: Sendezeit im Fernsehen zum Thema Klimawandel: 2017, 2018, 2020

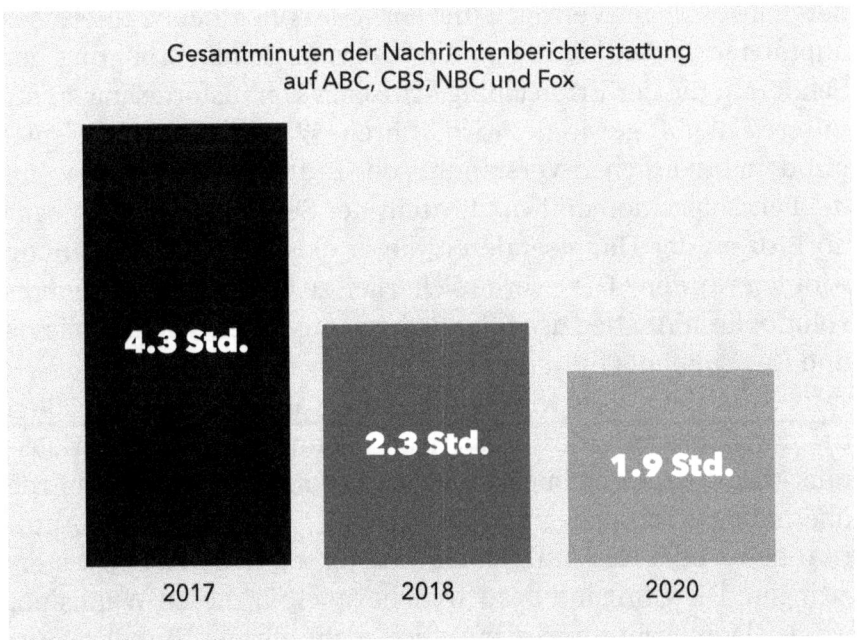

(weniger als zwei Stunden) über den Klimawandel – die geringste Berichterstattung seit 2016.[187] Dieser drastische Rückgang der Klimaberichterstattung erfolgte trotz zahlreicher klimabedingter Extremwetterereignisse, wichtiger Berichte über die Auswirkungen des Klimawandels, wiederholter Angriffe auf die Umwelt durch Politik und Wirtschaft und einer Präsidentschaftswahl, bei der der Klimawandel im Mittelpunkt stand. Insgesamt machte die Klimaberichterstattung im Jahr 2020 nur 0,4 Prozent der Fernsehnachrichten aus. *Dieses miserable Niveau der Aufmerksamkeit zeigt mit alarmierender Deutlichkeit, wie die USA im Dienst der Unternehmensgewinne von Fernsehsendern auf verheerende Weise verdummt werden.*

Wie kann die Menschheit diese lähmende und unnötige Verarmung unseres kollektiven Bewusstseins und Verständnisses überwinden? Meiner Ansicht nach müssen wir die Massenmedien nutzen, um die Massenmedien zu verändern. Anstatt Massenproteste an eine Ölgesellschaft oder eine Regierungsbürokratie zu richten, könnten die Bürgerinnen und Bürger den gleichen Protest an Fernsehgesellschaften und -sender herantragen und deren fast völliges Versagen im Dienst des öffentlichen Interesses anprangern. Dies könnte zu einer dramatischen Erhöhung der Sendezeit, die der Erforschung kritischer Herausforderungen für unsere Zukunft gewidmet wird, führen. Was würde zum Beispiel mit dem öffentlichen Verständnis der Erdkrise geschehen, wenn die Fernsehsender statt 0,5 Prozent der Sendezeit 10 oder sogar 20 Prozent der Hauptsendezeit dieser existenziellen Bedrohung widmen würden? Dies würde sicherlich zu einem raschen und revolutionären Anstieg des öffentlichen Interesses, Verständnisses und Engagements führen!

Es ist wichtig, dass wir die führende Rolle der Massenmedien bei der Förderung des kollektiven Wahnsinns des Materialismus erkennen. Es ist buchstäblich wahnsinnig, dass wir die Erde übermäßig verbrauchen und einen Abstieg in den digitalen Autoritarismus oder das funktionale Aussterben unserer Spezies erzwingen. Die USA sind das Paradebeispiel für diesen Wahnsinn, wo der Durchschnittsbürger täglich mehr als vier Stunden fernsieht, was bedeutet, dass die *Amerikaner als Zivilisation jeden Tag mehr als eine Milliarde Personenstunden fernsehen*. Gleichzeitig wird geschätzt, dass der Durchschnittsamerikaner mehr als 25.000 Werbespots pro Jahr sieht! Werbespots sind viel mehr als nur Werbung für Produkte; sie sind hochentwickelte Botschaften und Geschichten, die materialistische Werte und Lebensweisen in den Vordergrund stellen und fördern.

Es gibt vielleicht keine gefährlichere Herausforderung für unsere Zukunft als die durch das kommerzielle Fernsehen erzeugte kulturelle Hypnose, welche das menschliche Leben trivialisiert und die Menschheit von unserem Ritus des Erwachsenwerdens ablenkt. *Durch die Programmierung des Fernsehens auf kommerziellen Erfolg wird die Denkweise der Zivilisationen auf evolutionäre Stagnation und ökologisches Versagen programmiert.* Die Medienunternehmen sagen uns, dass wir mehr konsumieren sollen, während unsere ökologische Sorge um die Erde uns sagt, dass wir weniger konsumieren müssen. Carl Jung sagte, dass Schizophrenie ein Zustand ist, in dem „der Traum zur Realität wird". Der amerikanische Traum eines konsumorientierten Lebensstils ist zu unserer primären Realität geworden – und hat sich zunehmend von der Realität der Erde und unseren evolutionären Möglichkeiten entfernt. Schon vor Jahrzehnten warnte Professor Gene Youngblood vor der Möglichkeit, dass uns die Massenmedien in einer materialistischen Denkweise gefangen halten und die menschliche Evolution aufhalten könnten, indem sie einfach die Wahrnehmung von Alternativen kontrollieren.

> Die industrielle Ordnung hält sich nicht aufgrund einer Verschwörung, sondern einfach, weil es keine Nachfrage in der Bevölkerung nach einer speziell definierten Alternative gibt ... Begehren wird gelernt. Begehren wird kultiviert. Es ist eine Gewohnheit, die durch ständige Wiederholungen entsteht ... Aber wir können nicht das kultivieren, was nicht vorhanden ist. Wir bestellen kein Gericht, das nicht auf der Speisekarte steht. Wir stimmen nicht für einen Kandidaten, der nicht auf dem Wahlzettel steht ... Wir wählen selten das, was kaum verfügbar ist, selten hervorgehoben, selten präsentiert wird. ... Was könnte ein radikaleres Beispiel für Totalitarismus sein, als die Macht der Massenmedien, die einzige politisch relevante Realität zu synthetisieren und für den Großteil der Menschen die meiste Zeit festzulegen, was real ist und was nicht, was wichtig ist und was nicht ...? Dies, so behaupte ich, ist das eigentliche Wesen des Totalitarismus: die Kontrolle des Begehrens durch die Kontrolle der Wahrnehmung ... Was unsere Frustration daran hindert, neue Institutionen zu gestalten, ist die Unfähigkeit, Alternativen wahrzunehmen, was dazu führt, dass es kein Verlangen und somit keine Nachfrage nach diesen Alternativen gibt.[188]

Unsere Situation ist beispiellos in der Geschichte. Wir Menschen stehen vor der bahnbrechenden Herausforderung, uns gemeinsam für eine nachhaltige und sinnvolle Zukunft für uns alle einzusetzen. Martin Luther King Jr. hat diese Herausforderung so beschrieben:

> „Wir sind aufgefordert, uns über die engen Grenzen unserer individualistischen Belange hinaus zu den umfassenderen Be-

langen der gesamten Menschheit zu erheben ... Durch unser wissenschaftliches Genie haben wir aus der Welt ein Dorf gemacht; jetzt müssen wir durch unser moralisches und geistiges Genie aus ihr eine Bruderschaft machen."[189]

Dies sind die entscheidenden Jahre für die Zukunft der Kommunikation der Menschheit. Wird die Kommunikation – das Lebenselixier unserer Spezies – schwach, glanzlos und blass oder stark, kreativ und bunt sein? Wie gut wir kommunizieren, wird einen enormen Unterschied machen, ob wir genügend Unterstützung mobilisieren können, um uns über den Abwärtssog des Aussterbens oder des Autoritarismus zu erheben.

Es ist hilfreich, sowohl die Stärken als auch die Schwächen der beiden Technologien zu erkennen, die im Mittelpunkt der Kommunikationsrevolution stehen: Fernsehen und Internet.

- Das Fernsehen hat eine große Reichweite, ist aber im Allgemeinen oberflächlich.
- Das Internet hat eine große Reichweite, ist aber im Allgemeinen sehr begrenzt.

Isoliert voneinander erzeugen diese Werkzeuge eine Kommunikation, die tendenziell *oberflächlich und eng* ist. Kombinieren wir jedoch die Kraft der einzelnen Werkzeuge, können wir eine *tiefe und breite* Kommunikation erreichen! Es handelt sich nicht um konkurrierende Technologien, sondern um komplementäre und höchst synergetische. Die Werkzeuge für eine Revolution in der Kommunikation umgeben uns, wenn wir sie bewusst nutzen wollen.

Was die lokale Mitbestimmung betrifft, so können wir auf die mehr als hundertjährige Erfahrung in den USA mit den „New England Town Meetings", bei denen die Einwohner einer Stadt über Fragen von gemeinsamem Interesse abstimmten, aufbauen. In der heutigen Zeit können wir ein ganzes Ballungsgebiet (San Francisco, Philadelphia, Paris usw.) als „Stadt" betrachten und die Einwohner dieses Gebiets als „stimmberechtigt" und beratend zu wichtigen Anliegen wie der Klimakrise hinzuziehen.

Eine elektronische Bürgerversammlung im Großstadtmaßstab

ist kein Hirngespinst – die Machbarkeit dieses Ansatzes wurde vor Jahrzehnten (1987) in der San Francisco Bay Area demonstriert. Ich war Co-Direktor einer gemeinnützigen und überparteilichen Organisation namens „Bay Voice" – die elektronische Stimme der Bay Area. In Zusammenarbeit mit dem Fernsehsender ABC produzierten wir eine einstündige, überparteiliche elektronische Bürgerversammlung zur Hauptsendezeit. *Wir wussten, dass in den USA die Fernsehsender (ABC, CBS, NBC und Fox), die den öffentlichen Äther nutzen, gesetzlich verpflichtet sind, „dem öffentlichen Interesse, dem Nutzen und der Notwendigkeit" der Gemeinschaft zu dienen, bevor sie ihre eigenen Profitinteressen verfolgen.*[190] Um unsere Organisation *Community Voice* aufzubauen, brachten wir eine vielfältige Koalition von Bürgerbewegungen zusammen, darunter verschiedene ethnische Gruppen, Wirtschafts- und Gewerkschaftsorganisationen sowie Umweltorganisationen. Diese breite Koalition repräsentierte die verschiedenen Ansichten und Interessen der Gemeinschaft der Bay Area. Für die Durchführung des Pilotprojekts der elektronischen Bürgerversammlung arbeiteten wir mit zwei großen Universitäten (Stanford und UC Berkeley) zusammen und bildeten eine wissenschaftliche und zufällige Stichprobe von Bürgern, die von zu Hause aus Feedback geben konnten. Denjenigen, die sich bereit erklärten, wurde eine Liste mit Telefonnummern zugesandt, die verschiedenen Optionen entsprachen, in die sie sich einwählen konnten (dieses Experiment wurde mehr als ein Jahrzehnt vor der Verbreitung des Internets durchgeführt).

Das Pilotprojekt „Electronic Town Meeting" (im Folgenden als „ETM" abgekürzt) begann mit einem informativen Mini-Dokumentarfilm, um unser Thema in den Kontext zu stellen. Nach dem kurzen Dokumentarfilm gingen wir zum Dialog mit Experten und einem breit gefächerten Publikum im Studio über. Die in der Studiodiskussion aufgeworfenen Schlüsselfragen wurden dem wissenschaftlichen ausgewählten Ausschuss vorgelegt, der die Sendung *Community Voice* von zu Hause aus verfolgte. Sie gaben ihre Stimme ab, die dann sowohl den Teilnehmern im Studio als auch den Zuschauern zu Hause angezeigt wurde. Während der einstündigen Sendung zur Hauptsendezeit, die von mehr als

300.000 Menschen in der Bay Area gesehen wurde, konnten sechs Abstimmungen problemlos durchgeführt werden. Mit diesen sechs Abstimmungen wurden die allgemeinen Ansichten und Einstellungen der Öffentlichkeit in der Bay Area eindeutig festgelegt. *(Siehe die ersten dreieinhalb Minuten dieses Videoclips.)*[191]

Der Erfolg unseres Pilotprojekts im Jahr 1987 zeigt, dass es möglich ist, den Umfang und die Tiefe des Dialogs und der Konsensbildung in Großstädten drastisch zu erhöhen. Es ist jetzt durchaus möglich, überparteiische Community-Voice-Organisationen oder ETMs zu entwickeln, die Fernsehsendungen mit internetbasiertem Feedback von einer wissenschaftlich ausgewählten Stichprobe von Bürgern kombinieren. Mit diesen einfachen Instrumenten kann die Öffentlichkeit ihre kollektive Meinung mit einem hohen Maß an Genauigkeit kennenlernen. Mit regelmäßigen elektronischen Bürgerversammlungen können die Perspektiven und Prioritäten der Bürger rasch in die Öffentlichkeit getragen und der demokratische Prozess auf eine neue Ebene des Engagements und der Funktionalität gehoben werden.

Der Wert und Zweck von Community-Voice-Organisationen besteht nicht darin, die Regierung durch direkte Demokratie zu steuern, sondern darin, dass die Bürgerinnen und Bürger ihre weithin geteilten Anliegen und Prioritäten entdecken, an denen sich ihre Vertreter in der Regierung orientieren können. Aus meiner Sicht ist es nicht der Zweck von Community-Voice-Organisationen, sich direkt in komplexe politische Entscheidungen einzumischen; vielmehr sollen die Bürger in die Lage versetzt werden, ihre allgemeinen Ansichten, an denen sich die politische Entscheidungsfindung orientieren kann, zum Ausdruck zu bringen. Die Einbeziehung der Bürger in die Wahl unseres Weges in die Zukunft wird nicht garantieren, dass immer die „richtigen" Entscheidungen getroffen werden, aber sie garantiert, dass die Bürger in diese Entscheidungen einbezogen werden und sich dafür engagieren. Anstatt sich zynisch und machtlos zu fühlen, werden sich die Bürger engagiert und verantwortlich für unsere gemeinsame Zukunft fühlen.

Große Ballungsgebiete auf der ganzen Welt sind die natürlichen Maßstäbe für die Organisation dieser neuen Ebene des

Bürgerdialogs und der Konsensbildung. Die Führungsrolle in einer Gemeinde könnte andere Gemeinden dazu inspirieren, ihre eigenen Community-Voice-Organisationen zu gründen, und eine völlig neue Ebene eines nachhaltigen und sinnvollen Dialogs könnte sich schnell über Länder und die ganze Erde ausbreiten. Die Bürger könnten ihre Ansichten äußern, Lösungen vorschlagen, diskutieren und dazu beitragen, den Stillstand zu durchbrechen.

Bei der Gründung von Community-Voice-Organisationen wird niemand einen größeren Einfluss auf die Gestaltung, den Charakter und die Durchführung elektronischer Bürgerversammlungen haben als derjenige, der sie sponsert. Ziehen wir drei Hauptmöglichkeiten in Betracht:

- Erstens: Wenn ETMs (Electronic Town Meeting) von kommerziellen Fernsehsendern gesponsert werden, dienen sie dem Verkauf von Werbung und der Unterhaltung des Publikums – und nicht der Information der Bürger und der Beteiligung der Öffentlichkeit an der Gestaltung ihrer Zukunft.
- Zweitens: Wenn ETMs von lokalen, staatlichen oder nationalen Regierungen gesponsert werden, werden sie wahrscheinlich eher als Mittel der Öffentlichkeitsarbeit eingesetzt, denn als authentisches Forum für einen offenen Dialog in der Gemeinschaft.
- Drittens würden sich ETMs, die von themenorientierten Organisationen oder Institutionen gesponsert werden, die eine bestimmte ethnische, rassische oder geschlechtsspezifische Gruppe vertreten, wahrscheinlich auf die Anliegen dieser Gruppe konzentrieren.

Daraus ergibt sich eine wichtige Schlussfolgerung: Es wird *eine unabhängige, überparteiliche Community-Voice-Organisation benötigt, die im Namen aller Bürgerinnen und Bürger* als Träger von elektronischen Bürgerversammlungen auftritt. Sobald Community-Voice-Organisationen in größeren Ballungsräumen etabliert und tätig sind, wäre es durchaus praktikabel, sich zusammenzuschließen, um regionale ETMs zu schaffen; beispielsweise könnten sich Küstenstädte in einer gemeinsamen Anstrengung zusammenschließen, um auf den Anstieg des Meeresspiegels zu reagieren. Sobald regionale ETMs auf den Weg gebracht und durch vertrauensvolle Kommunikation sicher verankert sind, wäre der nächste Schritt die Schaffung nationaler Dialoge für die Zukunft, die wir uns wünschen. Über regionale und nationale ETMs hinaus verfügen wir bereits über die technologischen Kapazitäten, um globale ETMs mit einem *Earth-Voice-System zu schaffen, das den Aufschwung, das Reifen der Menschheit auf planetarischer Ebene massiv beschleunigen könnte*. Earth Voice ist praktisch und machbar:

- *Das Fernsehen*: Bereits jetzt sehen weltweit zwischen drei und vier Milliarden Menschen die Olympischen Spiele im Fernsehen.[192] Die Mehrheit der Erdenbürger hat Zugang zu Fernsehgeräten in Reichweite eines Fernsehsignals.[193]
- *Internet*: Im Jahr 2021 hatten etwa 65 Prozent der Weltbevölkerung Zugang zum Internet.[194] Es wird erwartet, dass der Internetzugang bis zum Ende dieses Jahrzehnts 75 Prozent der Weltbevölkerung erreichen wird.[195]

Obwohl wir die immense Kraft einer überparteilichen Earth-Voice-Bewegung nur langsam erkennen, verfügen wir bereits über Werkzeuge mit erstaunlicher Schlagkraft, die uns in die Lage versetzen, unseren Weg in eine tragfähige und zielgerichtete Zukunft zu kommunizieren.

Die nächste große Supermacht wird keine Nation sein oder gar eine Ansammlung von Nationen; vielmehr werden es die Milliarden von normalen Bürgern sein, die die Erde bevölkern und die mit einer gemeinsamen Stimme zu einer noch nie dagewesenen Zusammenarbeit und kreativen Aktion aufrufen, damit wir uns in Sorge um unsere gefährdete Erde und die Menschheit zu einer reifen planetarischen Zivilisation entwickeln können.

Eine neue Supermacht entsteht aus der kombinierten Stimme und dem Gewissen der Weltenbürger, die durch eine lokal-globale Kommunikationsrevolution mobilisiert werden. Wenn die

Menschen mehr als nur passive Empfänger von Informationen sind – als *Zeugen* von Klimakatastrophen, großer Armut und Artensterben – sondern auch in der Lage sind, eine kollektive *Stimme* für den Wandel zu erheben, dann wird eine neue und mächtige Kraft für kreative Veränderungen in der Welt freigesetzt. Und das gerade zur rechten Zeit! Noch *nie zuvor in der Geschichte waren so viele Menschen aufgerufen, in so kurzer Zeit so weitreichende Veränderungen herbeizuführen.*

Wenn die Bürgerinnen und Bürger wissen, was andere Bürgerinnen und Bürger in der ganzen Welt zu tun bereit sind, und wenn sie sich selbst darüber im Klaren sind, was angemessenes Handeln ist, dann können sie und ihre Vertreter in der Regierung schnell und mit Autorität handeln. Demokratie ist oft als die Kunst des Möglichen bezeichnet worden. Wenn wir nicht wissen, wie unsere Mitbürger über die kollektiven Bemühungen um eine nachhaltige und zielgerichtete Zukunft denken und fühlen, dann treiben wir machtlos in einem Meer der Unklarheit – unfähig, uns zu konstruktivem Handeln zu mobilisieren. Eine reife Demokratie und Gesellschaft erfordert die aktive Beteiligung und Zustimmung einer informierten Öffentlichkeit, nicht nur passive Duldung. Wenn die Menschheit erst einmal die einfache Fähigkeit zu nachhaltiger und authentischer sozialer Reflexion entwickelt hat, werden wir über die Mittel verfügen, ein gemeinsames Verständnis und einen funktionierenden Konsens über geeignete Maßnahmen für eine positive Zukunft zu erreichen. Erforderliche Schritte können dann schnell und freiwillig ergriffen werden. Wir können uns zielgerichtet mobilisieren, und jeder Mensch kann mit seinen einzigartigen Talenten zum Aufbau einer lebensbejahenden Zukunft beitragen. Ich stimme mit Lester Brown, dem Präsidenten des Worldwatch Institute, überein, der sagte: «Die Kommunikationsindustrie ist das einzige Instrument, das in der Lage ist, im erforderlichen Umfang und in der zur Verfügung stehenden Zeit aufzuklären."

Entscheidung für Reife

Wenn ich in den letzten 40 Jahren vor verschiedenen Zuhörern auf der ganzen Welt gesprochen habe, habe ich oft mit einer einfachen Frage begonnen: „Wenn Sie die menschliche Familie und unser Verhalten beobachten, wie sehen Sie dann das allgemeine Lebensstadium unserer Spezies? Verhalten wir uns wie Säuglinge, Jugendliche, Erwachsene oder Ältere?" Ich habe diese Frage verschiedenen Wirtschaftsführern in Brasilien, den USA und Europa gestellt; spirituellen Führern in Japan und den USA; Frauen, die in Indien ihren Abschluss als Lehrerin gemacht haben; gemeinnützigen Gruppen und Studentengruppen in den USA, Kanada und Europa; einer internationalen Gemeinschaft von weiblichen Führungskräften und vielen mehr. Wo immer ich diese Frage gestellt habe, war die Antwort unmittelbar und überwältigend: *Ungefähr drei Viertel sagen, dass sich die Menschheit als Ganzes gesehen in einem jugendlichen Stadium ihres Verhaltens als Spezies befindet!* Die am häufigsten genannten Gründe für diese Ansicht sind:

- Heranwachsende sind oft *rebellisch* und wollen ihre Unabhängigkeit beweisen. Die Menschheit rebelliert seit jeher gegen die Natur und versucht, ihre Unabhängigkeit und Überlegenheit zu demonstrieren.

- Jugendliche sind oft *rücksichtslos* und neigen dazu, ohne Rücksicht auf die Folgen ihres Verhaltens zu leben, da sie sich oft für unsterblich halten. Die menschliche Familie hat die natürlichen Ressourcen rücksichtslos verbraucht, als würden sie ewig halten, Luft, Wasser und Boden verschmutzt und einen großen Teil der Tier- und Pflanzenvielfalt auf der Erde ausgelöscht.

- Heranwachsende sind häufig mit dem äußeren *Erscheinungsbild* und der materiellen Anpassung beschäftigt. Vielen Menschen geht es darum, wie sie ihre Identität und ihren Status durch materiellen Besitz zum Ausdruck bringen.

- Heranwachsende neigen zu sofortiger *Befriedigung*. Als Spezies streben wir nach kurzfristigen Vergnügungen und ignorieren dabei weitgehend die langfristigen Bedürfnisse anderer Arten oder unserer eigenen zukünftigen Generationen.
- Jugendliche neigen dazu, sich in Gruppen oder Cliquen zusammenzuschließen, was sich oft in einem Denken und Verhalten ausdrückt, bei dem es um *„Wir gegen die anderen"* geht. Ein Großteil der Menschheit ist in politische, sozioökonomische, rassische, religiöse und andere Gruppen eingeteilt, die uns voneinander trennen und eine „Wir-gegen-sie"-Mentalität fördern.

Ich sehe in diesen Ergebnissen eine hoffnungsvolle Möglichkeit. Wenn wir von unserer kollektiven Adoleszenz ins frühe Erwachsenenalter übergehen können, kann sich Rebellion in Zusammenarbeit verwandeln; Rücksichtslosigkeit kann zu Unterscheidungsvermögen werden; die Absorption in Äußerlichkeiten kann der Aufmerksamkeit für innere Integrität weichen; die Konzentration auf persönliche Befriedigung kann sich in den Wunsch verwandeln, anderen zu helfen; und die Trennung in Cliquen und In-Gruppen kann sich in die Sorge um das Wohl einer größeren Gemeinschaft verwandeln.

Jugendliche verfügen über wichtige Eigenschaften, die wir brauchen, wenn wir in das frühe Erwachsenenalter hineinwachsen: Sie haben oft viel Energie und Enthusiasmus und sind mit ihrem Mut und ihrer Kühnheit bereit, sich ins Leben zu stürzen und etwas in der Welt zu verändern. Viele Jugendliche haben einen verborgenen Sinn für Größe und spüren, dass sie bemerkenswerte Dinge erreichen können, wenn man ihnen eine Chance gibt. Indem wir als Spezies in das frühe Erwachsenenalter eintreten, können wir uns von den Zwängen der Vergangenheit befreien, ungenutzte Energie, Kreativität und Mut wecken und daran arbeiten, Größe zu erreichen, die jetzt noch verborgen ist.

Erwachsenwerden ist etwas ganz Natürliches, aber es ist wichtig, sich bewusst zu machen, wie anspruchsvoll diese Reise ist: Maya Angelou schrieb diese kraftvollen Zeilen, die die Schwierigkeiten des Erwachsenwerdens beschreiben:

„Ich bin überzeugt, dass die meisten Menschen nicht erwachsen werden. Wir finden Parkplätze und brauchen unsere Kreditkarten. Wir heiraten und wagen es, Kinder zu bekommen, und nennen das Erwachsenwerden. Ich glaube, was wir tun, ist vor allem alt werden. Wir tragen eine Anhäufung von Jahren in unseren Körpern und auf unseren Gesichtern, aber im Allgemeinen ist unser wahres Selbst, das Kind in uns, immer noch unschuldig und schüchtern wie eine Magnolie."[196]

Toni Morrison sagte in einer Eröffnungsrede: „Wahres Erwachsensein ist eine schwierige Schönheit, ein hart erkämpfter Ruhm, den man sich nicht durch kommerzielle Kräfte und kulturelle Belanglosigkeit nehmen lassen sollte."[197]

Wenn ich Menschen frage, was sie motiviert hat, von ihrer Jugend zum Erwachsensein überzugehen, tauchen gemeinsame Themen auf, die für die Initiation und den Großen Übergang der Menschheit lehrreich sind. Die Menschen erwähnen oft:

- *Eine Begegnung mit dem Tod* – der Tod eines Freundes oder eines Familienmitglieds – hat das Verständnis für unsere Sterblichkeit geweckt und dafür, dass wir nur eine begrenzte Zeit auf der Erde haben, um zu lernen und zu wachsen. Die Bedrohung durch unser Aussterben ist eine starke Motivation für den Schritt ins frühe Erwachsenenalter.
- *Vorbilder* inspirieren Heranwachsende dazu, über ihr bisheriges Verhalten hinauszuwachsen und neue Möglichkeiten zu entdecken. Aktuelle Vorbilder sind in der Regel Filmstars, Sportler und beliebte Musiker. Diese Vorbilder fördern jedoch eher pubertäre Verhaltensweisen, als dass sie uns zu früher Reife führen.
- Wir werden dazu gedrängt, *Verantwortung für das Wohlergehen anderer* zu übernehmen – zum Beispiel, indem wir uns um ein Geschwisterkind, einen alternden Elternteil oder einen kranken Freund kümmern oder indem wir einen zusätzlichen Job annehmen müssen, um Geld für die Familie zu verdienen. Jetzt werden wir dazu gedrängt, über uns selbst hinaus Verantwortung für das Wohlergehen der Erde zu übernehmen.

- Wir werden dazu gedrängt, einen *„ernsten Blick in den Spiegel"* zu werfen und zu sehen, wie wir auf pubertäre Art und Weise leben, z. B. indem wir dem Konsum Vorrang vor Hilfeleistungen geben. Das Internet und das Fernsehen geben uns ein reflektierendes Feedback und einen durchdringenden Blick auf uns selbst. Wir können die Folgen unseres Verhaltens und die Notwendigkeit, eine höhere Reife zu erlangen, deutlicher erkennen.

Wenn sich die menschliche Gemeinschaft im Allgemeinen noch in der Pubertät befindet, erklärt dies einen Großteil unseres derzeitigen Verhaltens und legt nahe, wie wir uns anders verhalten könnten, wenn wir gemeinsam ins frühe Erwachsenenalter übergehen:

- **Reifende Erwachsene neigen dazu, anderen den Vorrang vor sich selbst zu geben.** Mit zunehmender Reife sind Erwachsene in der Lage, über egozentrische Wünsche und Sehnsüchte hinauszuschauen und stattdessen zu überlegen, wie sie dem Wohl anderer und der Erde dienen können. Anstatt auf sich selbst fixiert zu sein, können Erwachsene selbstlos sein und Opfer für andere bringen, ohne nachtragend zu sein. Ein reifer Mensch und eine reife Gesellschaft können Freude am Erfolg anderer finden und Befriedigung daraus ziehen, ihr Glück mit anderen zu teilen.

- **Reifende Erwachsene neigen dazu, langfristige Verpflichtungen einzuhalten und die Belohnung aufzuschieben.** Wenn wir uns für das Wohlergehen künftiger Generationen einsetzen und die Erde nicht übermäßig verbrauchen wollen, ist ein höheres Maß an Reife unerlässlich. Über eine symbolische Großzügigkeit hinaus müssen die globale Gesellschaft und Wirtschaft im Sinne der Gerechtigkeit und des Gemeinwohls umgestaltet werden. Dies ist wahrlich ein Unterfangen für reife Erwachsene.

- **Reifende Erwachsene neigen dazu, einen größeren Sinn für Demut zu haben.** Erwachsene sind unprätentiöser und haben weniger das Bedürfnis, sich anderen gegenüber zu beweisen; stattdessen tendieren sie dazu, bescheidener zu sein und zu leben. Mit zunehmender Reife wächst auch die Sorge um Fairness und die Gleichberechtigung anderer.

- **Reifende Erwachsene neigen dazu, sich selbst und andere mehr zu akzeptieren.** Ein reifer Mensch oder eine reife Gesellschaft ist durch Lebenserfahrung gereift und erkennt eher, dass wir nicht nur hier sind, um Vergnügen zu suchen, sondern um zu lernen, zu wachsen und zum Wohl anderer beizutragen. Wenn wir reif sind, akzeptieren wir unsere Menschlichkeit und haben mehr Mitgefühl für uns selbst und andere.

- **Reifende Erwachsene neigen dazu, weniger zu reden und mehr zuzuhören.** Ein reifer Mensch hört eher zu, um zu verstehen, als dass er nach Gelegenheiten sucht, sich einzumischen und für seinen Standpunkt zu argumentieren. In Zeiten wachsender Spannungen und Konflikte müssen wir vor allem jüngeren und ausgegrenzten Bevölkerungsgruppen aufmerksam zuhören. Zuhören und Lernen gehören zusammen und sind unschätzbare Fähigkeiten für eine Welt im Umbruch.

- **Reifende Erwachsene neigen dazu, hinter sich selbst aufzuräumen.** Erwachsene erwarten nicht, dass andere das Chaos aufräumen, das sie angerichtet haben. Anstatt darauf zu warten, dass andere die Dinge regeln, nehmen Erwachsene ihr Leben selbst in die Hand.

- **Reifende Erwachsene erkennen, dass Scheitern und Fehltritte zum Wachstum gehören.** Wir werden nicht immer nach unseren höchsten Idealen, Moralvorstellungen oder Qualitäten leben. Reife Menschen erkennen, wenn sie nicht mit ihren Werten und Verpflichtungen übereinstimmen, und integrieren dann das, was sie gelernt haben, um es besser zu machen.

- **Reifende Erwachsene sind sich bewusst, dass jeder von uns blinde Flecke hat.** Reifung bedeutet zu erkennen, dass unsere Sichtweisen uns selbst, andere und die Welt im Allgemeinen einschränken können. Reifung bedeutet, dass wir unsere eigenen Voreingenommenheiten und Grenzen erkennen und mit einem gewissen Maß an Demut Einfühlungsvermögen für die Perspektiven und Standpunkte anderer Menschen entwickeln.

Diese praktischen und bedeutenden Veränderungen könnten zusammengenommen einen enormen Aufschwung auf dem Weg der Menschheit bewirken. Sie machen deutlich, dass eine der wichtigsten notwendigen Veränderungen darin besteht, dass die Menschheit erkennt, wie tief wir in ein Netz von Beziehungen eingebettet sind. Das Überleben der Menschheit hängt jetzt davon ab, dass wir aufwachen und unseren Platz im Netz des Lebens einnehmen, dass wir verantwortungsvolle Mitschöpfer des Lebens werden und dass wir mit bewusster Achtung, Ehrfurcht und Fürsorge für das Wohlergehen allen Lebens leben.

Entscheidung für Versöhnung

Die vielen Spaltungen in unserer Welt absorbieren eine riesige Menge an Zeit und Energie. Wenn sie geheilt würden, könnte die freigesetzte Kraft und Aufmerksamkeit für die Schaffung einer funktionierenden und zielgerichteten Welt eingesetzt werden. Konflikte, Agitation, Ablehnung, Feindseligkeit usw. nehmen die persönliche und öffentliche Aufmerksamkeit in Anspruch und lenken uns davon ab, zusammenzukommen, um eine höhere gemeinsame Basis für die Bewältigung der existenziellen Krise unserer kollektiven Zukunft zu finden. In der Tat, wir stehen vor der Möglichkeit, als Spezies auszusterben; und ohne die Überwindung dieser Spaltungen werden unsere Bemühungen um eine nachhaltige und regenerative Zukunft zu kurz greifen.

Ungerechtigkeit und Ungleichheit gedeihen in der Dunkelheit der Unaufmerksamkeit. Wenn sie dem heilenden Licht des öffentlichen Bewusstseins ausgesetzt werden, entsteht bei allen Beteiligten ein neues Bewusstsein. Mit der Revolution in der Kommunikation wird die Welt für sich selbst transparent. Die Medien bringen Ungerechtigkeit, Unterdrückung und Gewalt zunehmend in den Blickpunkt der Öffentlichkeit. In unserer kommunikationsreichen und eng verflochtenen Welt wird es schwierig sein, alte Formen der Unterdrückung und Gewalt fortzusetzen, ohne dass sich die öffentliche Meinung der Welt gegen die Unterdrücker wendet.

In dem Maße, in dem unsere Fähigkeit zum kollektiven Bewusstsein erwacht, werden die tiefen psychischen Wunden, die im Laufe der Menschheitsgeschichte geschwärt haben, an die Oberfläche kommen. Wir werden die nicht wahrgenommenen Stimmen hören und den nicht ausgedrückten Schmerz. Professor Christopher Bache erklärt:

> „Der Boden des kollektiven Unbewussten scheint sich zu heben. Dabei bringt er den psychischen Schlamm der Geschichte mit sich. Der erste Schritt zur Verwirklichung ist immer die Läuterung. Die karmischen Rückstände der Entscheidungen unzähliger Generationen halb bewusster Menschen steigen in unser individuelles und kollektives Bewusstsein auf, während wir uns *en masse* mit dem Erbe unserer Vergangenheit auseinandersetzen."[198]

Es mag unklug erscheinen, die dunkle Seite der menschlichen Vergangenheit ans Tageslicht zu bringen, aber wenn wir das nicht tun, wird dieser ungelöste Schmerz für immer an der Unterseite unseres Bewusstseins zerren und unsere zukünftigen Möglichkeiten schmälern. Glücklicherweise bietet die mitfühlende Klarheit des reflektierenden Bewusstseins den psychologischen Raum, in dem Heilung geschehen kann.

Gehört zu werden ist der erste Schritt zur Heilung. Wenn wir uns durch das aktive Zuhören anderer angesprochen und gehört fühlen, öffnen wir uns stärker für unsere Sorgen und die der anderen. Indem wir die Geschichten derjenigen, die gelitten haben, anerkennen und ihnen zuhören, schaffen wir eine Grundlage des Mitgefühls, die den Heilungsprozess unterstützt. Das kollektive Anhören von Geschichten über die Verwundungen der Menschheit ist für die Heilung der Gesellschaft von entscheidender Bedeutung. Heilung bedeutet, dass wir legitime Missstände öffentlich anerkennen und betrauern und uns um gerechte und realistische Abhilfemaßnahmen bemühen.

Einfach ausgedrückt bedeutet kulturelle Heilung die Überwindung unserer tiefen Trennungen – voneinander, von der Erde und vom lebendigen Kosmos. Heilung findet statt, wenn wir erkennen, dass die Lebenskraft, die uns verbindet, tiefer ist als die Unterschiede, die uns voneinander trennen. Mit bewusster kultureller Heilung kann die Menschheitsfamilie über chronische ethnische Konflikte, Rassenunterdrückung, wirtschaftliche Ungerechtigkeit, Geschlechterdiskriminierung und andere Unmenschlichkeiten, die uns trennen, hinausgehen. Wenn wir Zeugnis ablegen können von dem Reservoir an ungelöstem Schmerz, das sich im Laufe der Geschichte angesammelt hat, werden wir einen enormen Vorrat an aufgestauter Kreativität und Energie freisetzen. Mit dem Freisetzen der kollektiven Energie der Menschheit im Dienste des Aufbaus einer positiven und nährenden Zukunft können wir einen enormen evolutionären Aufschwung realisieren. Was für ein bemerkenswertes Spezies-Projekt könnte das werden. Wenn die innere Erfahrungswelt der Menschheit bewusst in die äußere Welt des Handelns eingreift, können wir unser gemeinsames Werk beginnen, eine nachhaltige, befriedigende und seelenvolle Spezies-Zivilisation aufzubauen.

Alle Menschen teilen den gemeinsamen Ozean des Bewusstseins. Ungeachtet der Unterschiede in Bezug auf Geschlecht, Rasse, Wohlstand, Religion usw. haben wir alle Anteil an der grundlegenden Ökologie des Bewusstseins, und dies bietet eine gemeinsame Grundlage für Begegnung, gegenseitiges Verständnis und Versöhnung. Versöhnung bedeutet nicht, dass vergangene Ungerechtigkeiten und Missstände ausgelöscht werden; vielmehr stehen sie unserem kollektiven Fortschritt nicht mehr im Wege, wenn sie bewusst anerkannt und mit aufrichtigen Bemühungen um Wiederherstellung verbunden werden. Wenn Ungerechtigkeiten bewusst anerkannt werden und mit einer öffentlichen Entschuldigung und Wiedergutmachung einhergehen, werden beide Parteien von der Notwendigkeit befreit, den Prozess der Schuldzuweisung und des Grolls fortzusetzen und können sich stattdessen auf wiederherstellende und kooperative Maßnahmen zum Aufbau einer konstruktiven Zukunft konzentrieren. Die Gemeinschaft der Erde steht vor einer schweren Entscheidung für die Zukunft. Wollen wir:

- als menschliche Gemeinschaft **an einem Strang zu ziehen** und alle damit verbundenen *Opfer* in Kauf nehmen, oder
- als menschliche Untergruppen **auseinandergerissen sein** und all die *Gewalt* ertragen, die unweigerlich daraus resultieren wird?

Wenn wir uns versöhnen und an einem Strang ziehen, können wir Menschen wirklich Erstaunliches leisten. Ein echter Aufschwung kann entstehen, wenn wir die Wunden der Spaltung heilen und uns als Spezies zu gemeinsamen Anstrengungen zusammenfinden. Dies ist keine Fantasie, sondern die klare Realität unserer derzeitigen Weltlage. Wir sind in so vielerlei Hinsicht gespalten, dass eine gemeinsame Anstrengung fast unmöglich erscheint. Der feurige Durchgang durch unsere Zeit der Großen Einweihung kann jedoch die vielen Barrieren durchbrennen, die uns jetzt von der Ganzheit und der gemeinsamen Anstrengung als Spezies trennen.

Wenn sich die Erdengemeinschaft dazu entschließt, an einem Strang zu ziehen und zum Wohle aller zusammenzuarbeiten, kann aus der Klarheit unseres geeinten sozialen Willens schnell eine Kaskade von Maßnahmen und Innovationen folgen. Wenn jedoch der soziale Wille der Menschen nicht im Namen unseres *kollektiven* Wohlergehens geweckt wird, sondern tief gespalten bleibt, dann werden wir uns wahrscheinlich entweder der scheinbaren Sicherheit des Autoritarismus zuwenden oder in zahllose Untergruppen zersplittern. Gleichzeitig bestehen ungelöste Wunden und Spaltungen, die eine immer tiefere Trennung und zunehmende Gewalt erzeugen, fort.

Nur gemeinsam können wir einen großen Übergang zur planetarischen Gemeinschaft schaffen. Der Übergang ist eine Teamleistung – alle Mann an Deck! Eine gemeinsame Anstrengung ist unmöglich, wenn wir als menschliche Gemeinschaft tief gespalten sind. Die Welt ist überschwemmt von Rassen- und Geschlechterdiskriminierung, Völkermord, Religionskriegen, Unterdrückung ethnischer Minderheiten und Artensterben. Einige dieser Tragödien haben sich über Tausende von Jahren entwickelt und verfestigt, was es äußerst schwierig macht, an einem Strang zu ziehen und gemeinsame Anstrengungen zu unternehmen. Doch ohne eine tiefe und echte Versöhnung über diese und andere Barrieren hinweg wird die Menschheit getrennt und misstrauisch bleiben – und unsere gemeinsame Zukunft ist ernsthaft gefährdet.[199] So schwierig und unangenehm dieser Prozess auch sein mag: Eine bewusste Versöhnung, die Wahrheitsbekundung, öffentliche Entschuldigung und sinnvolle Wiedergutmachung einschließt, ist ein wesentlicher Teil unserer kollektiven Heilung – unerlässlich, wenn die Menschheit auf ihrem Weg gemeinsam vorankommen will.

Eine gegen sich selbst gespaltene Welt ist ein Rezept für den globalen Kollaps und die funktionale Auslöschung der Menschheit. Wir können die Weisheit von Dr. Martin Luther King Jr. anerkennen: „Wir müssen lernen, als Brüder zusammenzuleben oder als Narren unterzugehen."[200] Mit den Worten des südafrikanischen Anti-Apartheid-Aktivisten Alan Paton: „Es heißt nicht ‚vergeben und vergessen', als ob nie etwas Unrechtes geschehen wäre, sondern ‚vergeben und vorwärts gehen', aufbauend auf den Fehlern der Vergangenheit und der durch die Versöhnung erzeugten Energie, um eine neue Zukunft zu schaffen."[201]

Obwohl wir die groben Umrisse einer nachhaltigen Zukunft erkennen können, ist die Menschheitsfamilie noch lange nicht bereit, zusammenzuarbeiten. Um zusammenzukommen, muss sich die Erdenfamilie auf einen Prozess der echten Versöhnung in einer Reihe von Bereichen einlassen:

- **Geschlechterspezifische, rassenbezogene, sexuelle und ethnische Versöhnung** – Diskriminierung spaltet die Menschheit tiefgreifend gegen sich selbst. Um gemeinsam an unserer Zukunft zu arbeiten, müssen wir eine globale Kultur des gegenseitigen Respekts aufbauen, die es uns ermöglicht, als gleichwertige Wesen zusammenzuarbeiten. Das bedeutet nicht, dass wir geschlechtliche, rassische, sexuelle und ethnische Unterschiede ignorieren; vielmehr lernen wir, Unterschiede zu respektieren und einzubeziehen, und arbeiten dann daran, unterdrückerische Strukturen und Systeme zu verändern. Wir überwinden die einschränkenden Urteile über andere und weben eine neue Kultur des Respekts, der Inklusion und der Fairness.

- **Versöhnung zwischen den Generationen** – Nachhaltige Entwicklung wird als eine Entwicklung beschrieben, die die Bedürfnisse der Gegenwart befriedigt, ohne die Möglichkeiten künftiger Generationen, ihre Bedürfnisse zu befriedigen, zu gefährden.[202] Da viele Industrienationen kurzfristig lebenswichtige, nicht erneuerbare Ressourcen verbrauchen, werden die Möglichkeiten künftiger Generationen, ihren Bedarf zu decken stark eingeschränkt sein. Um an einem Strang zu ziehen, müssen wir uns generationenübergreifend versöhnen. Erwachsene können zum Beispiel die Jugend unterstützen, indem sie auf ihre Bedürfnisse eingehen, die Bewegungen und Anliegen der Jugend beleuchten und sich anhören, wie der Lebensstil der heutigen Generation zur Klimakrise beigetragen hat.

- **Wirtschaftliche Versöhnung** – Es bestehen enorme Ungleichheiten zwischen Arm und Reich. Versöhnung setzt voraus, dass diese Unterschiede dezimiert werden und ein globaler Mindeststandard für wirtschaftliches Wohlergehen, der die Menschen dabei unterstützt, ihr Potenzial auszuschöpfen, geschaffen wird. Der Yale-Professor Narasimha Rao erklärt: „Die Verringerung der Ungleichheit – sowohl innerhalb der Länder als auch zwischen ihnen – würde unsere Fähigkeit verbessern, einige der schlimmsten Auswirkungen des Klimawandels abzumildern und für eine stabilere Klimazukunft zu sorgen … Der Klimawandel ist im Grunde genommen eine Frage der Gerechtigkeit."[203] Untersuchungen der Vereinten Nationen zeigen, dass es bei der globalen Ungleichheit oft mehr um Chancen als um Einkommensunterschiede geht.[204] Die vielleicht tiefgreifendste Veränderung wird darin bestehen, die Verbindung zwischen persönlichem Wert und der eigenen Position in einer Hierarchie des Wohlstands oder der sozialen Klasse zu lösen.

- **Ökologische Versöhnung** – Ein Leben in heiliger Harmonie mit der Biosphäre der Erde ist unerlässlich, wenn wir als Spezies überleben und uns weiterentwickeln wollen. Die Wiederherstellung der Biosphäre ist von entscheidender Bedeutung, da unsere gemeinsame Zukunft von der Präsenz einer großen Vielfalt an Pflanzen und Tieren abhängig ist. Um von Gleichgültigkeit und Ausbeutung zu ehrfürchtiger Verwaltung (Stewardship) überzugehen, bedarf es der Versöhnung mit der größeren Gemeinschaft allen Lebens auf der Erde und der Ehrung derjenigen, die Kulturen der heiligen Gegenseitigkeit mit allem Leben bewahrt haben. Konsumkulturen stellen die materiellen Bedürfnisse einiger weniger über die Bedürfnisse der gesamten Erdgemeinschaft, und das hat zu ökologischen Katastrophen geführt. Wir Menschen sind ein untrennbarer Teil der Erde, und was mit der Erde geschieht, geschieht auch mit uns.

- **Religiöse Versöhnung** – Religiöse Intoleranz hat zu einigen der blutigsten Kriege der Geschichte geführt. Entscheidend für die Zukunft der Menschheit ist die Versöhnung zwischen den spirituellen Traditionen der Welt – zum Beispiel zwischen Katholiken und Protestanten in Nordirland, Arabern und Juden im Nahen Osten, Muslimen und Hindus in Indien. In dem Maße, in dem die religiösen und spirituellen Traditionen der Welt durch das Internet und die sozialen Medien zugänglicher werden, können wir die zentralen Einsichten jeder Tradition entdecken und jede als eine andere Facette des gemeinsamen Juwels der menschlichen spirituellen Weisheit sehen.

Viele dieser Spaltungen sind in unserer Welt unübersehbar und werden im Zuge des Klimawandels Frauen und die Armen der Welt überproportional stark treffen. Hier ist eine überzeugende Zusammenfassung aus einem aktuellen Oxfam-Briefing:

> Innerhalb der Länder sind oft die ärmsten Gemeinschaften – und insbesondere Frauen – am stärksten gefährdet. Arme Gemeinschaften leben in der Regel in schlecht gebauten Häusern auf marginalem Land, das durch extreme Wetterbedingungen wie Stürme oder Überschwemmungen stärker gefährdet ist. Sie leben oft in Gebieten mit schlechter Infrastruktur, was den Zugang zu grundlegenden Dienstleistungen

wie Gesundheitsversorgung oder Bildung nach einer Notsituation erschwert. Es ist unwahrscheinlich, dass sie über Versicherungen oder Ersparnisse verfügen, die ihnen helfen, ihr Leben nach einer Katastrophe wieder aufzubauen. Und viele sind von der Landwirtschaft oder dem Fischfang abhängig – Tätigkeiten, die bei extremeren und unbeständigeren Wetterbedingungen besonders anfällig sind. Mit der zunehmenden Häufigkeit und Intensität der klimabedingten Gefahren wird die Fähigkeit der in Armut lebenden Menschen, Schocks zu überstehen, zusehends beansprucht. Jede Katastrophe führt sie in eine Abwärtsspirale zu noch größerer Armut und Hunger und schließlich Vertreibung … Wenn sie gezwungen sind, ihr Zuhause zu verlassen, sind Frauen und Kinder besonders anfällig für Gewalt und Missbrauch … Vertriebenen Kindern wird häufig eine Ausbildung verweigert, wodurch sie in einen generationenübergreifenden Kreislauf der Armut geraten.[205]

Das Aufkommen eines Paradigmas des „lebendigen Universums" erweckt eine tiefe weibliche Perspektive wieder, die die Einheit des Lebens ehrt.[206] Von vor mindestens 50.000 Jahren bis vor etwa 6.000 Jahren leitete eine „Erdgöttin"-Perspektive die Beziehung der Menschen zur großen Welt.[207] Der weibliche Archetyp erkannte und ehrte die Lebendigkeit und Regenerationskraft der Natur und die Fruchtbarkeit des Lebens. Dann, vor etwa 6.000 Jahren, mit dem Aufkommen von Stadtstaaten, differenzierteren Klassen (Priester, Krieger, Händler) und komplexeren Kulturen, wurde eine männliche Denkweise und eine „Himmelsgott"-Spiritualität dominant und unterstützte die Entwicklung einer menschlichen Gesellschaft, die in größeren Strukturen und Institutionen organisiert war. Eine männliche, patriarchalische Denkweise ist über Jahrtausende gewachsen und hat die zunehmende Individuation, Differenzierung und Ermächtigung der Menschen gefördert. Sie unterstützte auch die zunehmende Trennung der Menschheit von der Natur und deren Ausbeutung, die zu unserer derzeitigen ökologischen Krise geführt hat. Die Perspektive der „kosmischen Göttin" hingegen betrachtet die generative und erhaltende Natur des Universums eher von einem weiblichen Standpunkt aus. Die Überwindung von Tausenden von Jahren der Trennung durch eine tiefe Versöhnung, die das heilige Weibliche und seine Bejahung der Einheit des Lebens ehrt, ist von entscheidender Bedeutung, wenn wir uns über die Spaltungen der Vergangenheit erheben wollen.

Es bedarf großer persönlicher und sozialer Reife, um Ungerechtigkeiten und Verletzungen zu erkennen und zu beseitigen, damit die Menschheitsfamilie für unser gemeinsames Wohlergehen zusammenarbeiten kann. Legitime Missstände ins öffentliche Bewusstsein zu rücken, die Fehler der Vergangenheit zu betrauern, Verantwortung für sie zu übernehmen und dann nach gerechten und realistischen Lösungen zu suchen – diese schwierigen Handlungen stehen im Mittelpunkt der Ära der Versöhnung.

Wir brauchen eine noch nie dagewesene Kommunikation, um aus einer Haltung der ungewöhnlichen Demut heraus unsere gemeinsame Menschlichkeit zu entdecken.

Durch Versöhnung und Wiederherstellung kann soziale Energie, die zuvor in Unterdrückung und Ungerechtigkeit gebunden war, freigesetzt werden und für produktive Arbeitsbeziehungen zur Verfügung stehen.

Der Prozess der Versöhnung ist komplex und umfasst drei wichtige Schritte: Die Geschädigten müssen öffentlich angehört werden, die Täter müssen sich öffentlich entschuldigen und die Verantwortung für die Folgen ihres Handelns übernehmen. Dann müssen sie Wiedergutmachung oder Reparationen leisten, die die Vergangenheit wiedergutmachen und eine Grundlage für eine größere Ganzheit schaffen, damit alle gemeinsam in die Zukunft gehen können.

Gehört zu werden ist der erste Schritt zur Heilung. Indem wir die Geschichten derjenigen, die gelitten haben, anhören und anerkennen, beginnen wir den Prozess der Heilung. Unser kollektives Anhören der Wunden in der Psyche und Seele der Menschheit ist für unsere kollektive Heilung von entscheidender Bedeutung. Zuhören heißt nicht vergessen, sondern bedeutet, die Wunden der Teilung ins kollektive Bewusstsein zu rücken und uns an sie zu erinnern, während wir nach Wegen in die Zukunft suchen.

Erzbischof Desmond Tutu wusste mehr über den Prozess der Versöhnung als die meisten anderen. Er war Vorsitzender der Wahrheits- und Versöhnungskommission (TRC), die eingerichtet wurde, um Verbrechen, die während der Apartheid in Südafrika von 1960 bis 1994 begangen wurden, zu untersuchen. Nach dem Ende der Apartheid hatte die schwarze Bevölkerungsmehrheit Südafrikas die Wahl zwischen drei verschiedenen Wegen, um Gerechtigkeit zu finden und mit der weißen Minderheit des Landes zusammenzuleben. Sie konnte sich für eine Gerechtigkeit entscheiden, die auf *Vergeltung* beruht – Auge um Auge – oder für eine Gerechtigkeit, die auf *Vergessen* beruht – nicht an die Vergangenheit denken, sondern einfach in die Zukunft gehen – oder für eine Gerechtigkeit, die auf *Wiederherstellung* beruht – Amnestie im Austausch für die Wahrheit. Erzbischof Tutu erläuterte ihre Wahl:

> „Wir glauben an die wiederherstellende Gerechtigkeit. In Südafrika versuchen wir, unseren Weg zur Heilung und zur Wiederherstellung der Harmonie in unseren Gemeinschaften zu finden. Wenn du nur nach vergeltender Gerechtigkeit auf der Grundlage des Gesetzes suchst, bist du Geschichte. Du wirst nie Stabilität erfahren. Ihr braucht etwas, das über Vergeltung hinausgeht. Ihr braucht Vergebung."[208]

Ein zweiter Schritt auf dem Weg zur Heilung ist eine aufrichtige öffentliche Entschuldigung des Übeltäters. Hier sind Beispiele für wichtige öffentliche Entschuldigungen:[209]

- Im Jahr 1988 entschuldigte sich der Kongress „im Namen des Volkes der Vereinigten Staaten" für die Internierung der japanischen Amerikaner während des Zweiten Weltkriegs.
- 1996 entschuldigten sich deutsche Beamte für den Einmarsch in die Tschechoslowakei im Jahr 1938 und richteten einen Fonds zur Entschädigung der tschechischen Opfer von Nazi-Misshandlungen ein.
- 1998 äußerte der japanische Premierminister „tiefe Reue" für

die Behandlung britischer Gefangener durch Japan während des Zweiten Weltkriegs.
- Im Jahr 2008 entschuldigte sich der US-Kongress offiziell für die „Erbsünde" des Landes – die Behandlung von Afroamerikanern während der Sklaverei und die nachfolgenden Gesetze, die Schwarze als Bürger zweiter Klasse in der amerikanischen Gesellschaft diskriminierten.

Ein weiteres eindrucksvolles Beispiel für eine öffentliche Entschuldigung und soziale Heilung ist der Versuch, die Beziehungen zwischen den Aborigines und den europäischen Siedlern in Australien zu heilen. 1998 wurde in Australien der erste „Sorry Day" begangen, um das Bedauern und die gemeinsame Trauer über eine tragische Episode in der australischen Geschichte zum Ausdruck zu bringen – die organisierte Entfernung von Aborigine-Kindern aus ihren Familien auf Grundlage ihrer Rasse.

Über den größten Zeitraum des 20. Jahrhunderts wurden die Kinder der Aborigines gewaltsam von ihren Familien getrennt, um sie an die westliche Kultur zu gewöhnen.[210] Der „Sorry Day" bietet den Australiern die Möglichkeit, sich mit ihrer Geschichte auseinanderzusetzen und sich gemeinsam zu erinnern, um eine Zukunft auf der Grundlage gegenseitigen Respekts aufzubauen. Das indigene Ratsmitglied Patricia Thompson erklärte: „Was wir wollen, ist Anerkennung, Verständnis, Respekt und Toleranz – voneinander, miteinander, füreinander." In Städten, Gemeinden und ländlichen Zentren, in Schulen und Kirchen halten die Menschen ihren Alltag an, um auf diese Ungerechtigkeit aufmerksam zu machen. Darüber hinaus haben Hunderttausende Australier „Sorry Books" unterzeichnet. Eine wesentliche Voraussetzung für Versöhnung ist die bewusste Bitte um Vergebung und das Erinnern.

Der dritte Schritt der Versöhnung ist die Wiedergutmachung oder die Zahlung von Reparationen. Erzbischof Desmond Tutu erläuterte die Rolle der Wiedergutmachung, als er sagte, dass zur Versöhnung mehr gehöre als das Anerkennen und Erinnern an das Unrecht: „Wenn du meinen Stift stiehlst und dich entschuldigst, ohne den Stift zurückzugeben, bedeutet deine Entschuldigung nichts."[211] Auch Wiedergutmachung ist nötig. Entschuldigungen schaffen eine wahrheitsgemäße Aufzeichnung. Wiedergutmachung schafft einen neuen Datensatz. Der Zweck der Wiedergutmachung besteht darin, die materiellen Bedingungen einer Gruppe zu verbessern und das Gleichgewicht oder die Gleichheit von Macht und materiellen Möglichkeiten wiederherzustellen.[212]

Bei echter Versöhnung – die Zuhören, Erinnern, Entschuldigen und Wiederherstellen beinhaltet – müssen die Spaltungen und das Leid der Vergangenheit der zukünftigen Harmonie nicht im Wege stehen. Dabei geht es nicht einfach darum, Geld oder Land zur Verfügung zu stellen oder politische Maßnahmen zu ergreifen, um Ungerechtigkeiten zu beseitigen. Die tiefe Verwundung der Unterdrückten manifestiert sich auch als generationenübergreifendes Trauma, das durch keine noch so große Geldsumme beseitigt werden kann. Echte Wiedergutmachung muss für Heilung und Ganzheitlichkeit sorgen.

So schwierig und unangenehm dieser Prozess auch sein wird, es handelt sich um eine entscheidende Phase unserer kollektiven Heilung, die der Menschheit einen enormen Auftrieb geben kann, um auf unserer gemeinsamen Reise voranzukommen. So wie eine steigende Flut alle Boote anhebt, so kann auch eine steigende Ebene der globalen Kommunikation alle Ungerechtigkeiten in das heilende Licht des öffentlichen Bewusstseins heben. Unsere Fähigkeit, mit uns selbst als planetarische Spezies über diese schmerzhaften Wunden zu kommunizieren, wird für die Verwirklichung des Aufschwungs der Versöhnung entscheidend sein.

Entscheidung für Gemeinschaft

Die Frage nach der „Entscheidung für die Erde" wirft eine weitere Frage auf: Fühlen wir uns auf der Erde zugehörig? Fühlen wir uns hier zu Hause – wobei „Zuhause" nicht nur ein physischer Ort ist, sondern auch ein Gefühl in unserem Körper, Herzen und unserer Seele? Verbindet uns unser physisches Zuhause mit einer lokalen Gemeinschaft, die uns wiederum mit der Erde verbindet? Das Haus und die Gemeinschaft, die wir bewohnen, tragen eine unsichtbare Sprache und ein Gefühl in sich, das sich in ihrer physischen Struktur ausdrückt. Der Architekt Christopher Alexander schreibt über die «Mustersprache», die von den Häusern, Gemeinschaften und Städten, die wir bewohnen, vermittelt wird.

> „Eine Mustersprache drückt die tiefere Weisheit dessen aus, was Lebendigkeit in das Leben unserer Gemeinschaft bringt. Lebendigkeit ist ein Begriff für „die Qualität, die keinen Namen hat": ein Gefühl der Ganzheit, des Geistes oder der Anmut, das zwar unterschiedliche Formen hat, aber in unserer direkten Erfahrung präzise und überprüfbar ist."[213]

Die Qualitäten der Lebendigkeit, die in den physischen Mustern unserer Häuser und Gemeinschaften zum Ausdruck kommen, vermitteln eine Botschaft, die für unsere Ohren leise, für unsere Intuition jedoch laut sein kann. Wie können wir uns „für die Erde entscheiden", wenn wir nicht das Gefühl haben, ein Teil ihrer Muster zu sein und hierherzugehören?

Menschen in materiell besser entwickelten Ländern versuchen oft, in völliger Isolation zu leben. In den ausufernden Vorstädten werden Einfamilienhäuser so gebaut, dass sie sich von anderen Häusern abgrenzen, oft mit einem Zaun, der sie von den Nachbarn trennt. In dieser Isolation können wir alles, was wir für unser tägliches Leben brauchen, in gut sortierten Geschäften kaufen oder im Internet bestellen und schnell liefern lassen. Es besteht keine Notwendigkeit, andere zu stören oder sich von ihnen stören zu lassen. Es können Jahre vergehen, ohne dass man seine unmittelbaren Nachbarn kennt.

Die physische Gestaltung unseres Zuhauses und unserer Gemeinschaft schafft eine Erfahrung von entweder aufbauender Zugehörigkeit oder existenzieller Isolation. Unser modernes Leben ist oft auf bewusste Trennung ausgelegt. Dies steht in tiefem Kontrast zu den alten Wurzeln des Stammeslebens, das auf engen Beziehungen zu anderen Menschen, der örtlichen Natur und den unsichtbaren Kräften in der Welt beruht. Das afrikanische Wort *ubuntu* drückt die Bedeutung von Gemeinschaft aus. *Ubuntu* bezieht sich auf die Idee, dass wir uns selbst durch unsere Beziehungen zu anderen entdecken. *Ubuntu* wird definiert als die Erkenntnis: *„Ich bin der, der ich bin, weil wir alle sind, wer wir sind"*. Wir entwickeln uns selbst durch unsere Interaktionen mit anderen. Die Qualität dieser Beziehungen wiederum ist der Kern unseres Lebens. Mit *Ubuntu* sind wir offen und verfügbar für andere und fühlen uns als Teil eines größeren Ganzen. *Ubuntu* ist Beziehung und Auftrieb. Isolation ist Entfremdung und Untergang.

Eine singuläre, isolierte Existenz kann gut funktionieren, wenn wir Zugang zu materiellem Überfluss und gut funktionierenden Versorgungsketten für den Kauf von Lebensmitteln und lebensnotwendigen Produkten haben. Wenn die Versorgungsketten jedoch zusammenbrechen und Geld keinen einfachen Zugang zu den Dingen ermöglicht, die wir brauchen, dann bestimmt wieder die Qualität unserer Beziehungen zu anderen unser Leben.

Innovationen bei der räumlichen Gestaltung von Gemeinschaften sind für die Restrukturierung unseres Lebens auf der Erde von entscheidender Bedeutung. Lebensmuster, die ausufernde Vorstädte und isolierte Haushalte bevorzugen, sind für Nachhaltigkeit nicht gut geeignet. Überindividualisierte Lebensmuster schaffen gewaltige Hindernisse für weitere Innovationen. Wachstum schafft Form, und Form begrenzt Wachstum. Städtisches Wachstum schafft ein bestimmtes Lebensmuster – beispielsweise eine ausufernde Vorstadt –, und sobald diese physischen Formen im Boden verankert sind, begrenzen sie die Möglichkeit, neue Lebensmuster zu schaffen.

Eine sich wandelnde Welt erfordert neue Lebensformen, die besser an eine sich rasch verändernde Ökologie, Gesellschaft und Wirtschaft angepasst sind. Im Gegenzug beginnt sich ein Spektrum von Innovationen von der lokalen bis zur globalen Ebene zu entwickeln:

- **Pocket Neighborhoods** bestehen in der Regel aus einigen wenigen miteinander verbundenen Häusern, um ein enges Gefühl der Gemeinschaft und Nachbarschaft mit einem erhöhten Maß an unterstützender Verbindung zu fördern.

Pocket Neighborhoods sind in der Regel Gruppen von benachbarten Häusern oder Wohnungen, die sich um einen gemeinsamen Freiraum gruppieren – einen Innenhof, eine Fussgängerzone, eine Reihe von zusammenhängenden Hinterhöfen oder eine zurückeroberte Gasse –, die alle ein klares Gefühl von Territorium und gemeinsamer Verantwortung haben. Sie können sich in städtischen, vorstädtischen oder ländlichen Gebieten befinden. Eine Pocket Neighborhood ist *kein* größerer Zusammenschluss mit mehreren hundert Haushalten und einem Straßennetz, sondern auf etwa ein Dutzend Nachbarn beschränkt, die täglich in einem gemeinsamen, lokalen Umfeld interagieren – eine Art abgeschiedene Siedlung innerhalb einer Siedlung.

- **Ökodörfer** werden entweder neu entworfen oder, was häufiger der Fall ist, umgerüstet, um eine integrierte Lebensweise für etwa hundert Menschen zu ermöglichen. Ökodörfer sind bewusste Gemeinschaften, die durch gemeinsame Werte verbunden sind und das Ziel verfolgen, sozial, kulturell, wirtschaftlich und ökologisch nachhaltiger zu werden. In der Regel sind sie in lokalem Besitz und werden durch partizipatorische Prozesse verwaltet. Ein fester Bestandteil vieler Ökodörfer oder Wohngemeinschaften ist ein gemeinsames Haus für Versammlungen, Feiern und regelmäßige, gemeinsame Mahlzeiten, ein biologischer Gemeinschaftsgarten, ein Recycling- und Kompostierungsbereich, ein kleines Stromnetz für erneuerbare Energien, einen offenen Raum für Gemeinschaftstreffen, vielleicht ein Spiel- und Gesprächsraum für Jugendliche und eine Werkstatt mit Werkzeugen für Kunst, Handwerk und Reparatur.

Ökodörfer können eine Mikroökonomie umfassen, in der die Mitglieder der Gemeinschaft ihre Arbeitsstunden tauschen, um eine lokale Wirtschaft zu schaffen, indem sie Dienstleistungen wie Gesundheitsfürsorge, Kinderbetreuung, Altenpflege, Gartenarbeit, Bildung, nachhaltiges Bauen, Konfliktlösung, Internet und elektronische Unterstützung, Essenszubereitung und andere Fähigkeiten anbieten, die eine erfüllende Verbindung und einen Beitrag zur Gemeinschaft darstellen. Die Größenordnung ist klein genug, damit alle einander kennen, und doch groß genug, um eine Mikroökonomie mit sinnvollen Arbeitsaufgaben für viele zu unterstützen. Ökodörfer haben die Kultur und den Zusammenhalt einer Kleinstadt und die Kultiviertheit einer Stadt, da fast jeder über das Internet und andere elektronische Kommunikationsmittel mit der Welt verbunden ist. Ökodörfer fördern einzigartige Ausdrucksformen der Nachhaltigkeit, da sie einen einfachen Lebensstil pflegen, gesunde Kinder aufziehen, das Leben in der Gemeinschaft mit anderen feiern und versuchen, die Erde und künftige Generationen zu ehren. Das Aufblühen verschiedener Ökodörfer kann unserem Leben einen starken Auftrieb geben.[214]

- **Transition Towns (Übergangsstädte)** schließen Nachbarschaften und Ökodörfer zu einer Stadt mit mehreren tausend Einwohnern zusammen. Sie unterstützen in der Regel Basisprojekte, die darauf abzielen, die lokale Selbstversorgung zu verbessern und die schädlichen Auswirkungen des Klimawandels und der wirtschaftlichen Instabilität zu verringern. Das 2006 gegründete „Transition Network" hat die Gründung von Transition-Town-Initiativen auf der ganzen Welt angeregt.[215]

- **Nachhaltige Städte** sind bestrebt, kleine Stadtviertel, Ökodörfer und Übergangsstädte zu einem größeren System für nachhaltiges und ökologisches Leben zusammenzufassen. Eine nachhaltige Stadt ist nach dem Vorbild der sich selbst erhaltenden, widerstandsfähigen Struktur natürlicher Ökosysteme aufgebaut. Eine Ökostadt versucht, ihren Bewohnern ein gesundes Leben zu ermöglichen, ohne mehr erneuerbare Ressourcen zu verbrauchen, als sie produziert, ohne mehr Abfall zu produzieren, als sie aufnehmen kann, und ohne für sich selbst oder benachbarte Ökosysteme toxisch zu sein.[216] Die Bewohner neigen dazu, ökologische Lebensweisen zu wählen, die die Prinzipien der Fairness, Gerechtigkeit und Gleichheit verkörpern.

- **Öko-Zivilisationen** nutzen die Lektionen, die in kleinerem Maßstab gelernt wurden, und weiten sie auf Nationen, Gruppen von Nationen und die gesamte Erdgemeinschaft aus. Öko-Zivilisationen reagieren auf globale Klimastörungen und soziale Ungerechtigkeiten mit alternativen Lebenskonzepten, die auf ökologischen Prinzipien beruhen. Eine ökologische Zivilisation bewegt sich auf eine regenerative Zukunft zu, mit einer Synthese aus wirtschaftlichen, pädagogischen, politischen, landwirtschaftlichen und sozialen Konzepten für ein nachhaltiges Leben.[217]

Ein breites Spektrum von Innovationen in den Bereichen Wohnen, Wirtschaft und ökologischer Lebensweise veranschaulicht, wie wir beginnen, unser lokales Leben umzugestalten, um uns an neue globale Realitäten anzupassen. Die Dringlichkeit des Übergangs zu einer kohlenstofffreien Wirtschaft drängt die Menschheit weg von einer „Ego-Wirtschaft", die die Erde zerstört, hin zu einer „Lebendigkeits-Wirtschaft", die unsere Beziehung zur Erde aufwertet.

In unserer sich rasch wandelnden Welt entstehen in einem breiten Spektrum – vom kleinsten Maßstab eines kleinen Wohnviertels bis zum größten Maßstab ganzer Öko-Zivilisationen – Entwürfe für die Umgestaltung unseres Lebens in ökologische Lebensformen. Im Laufe des Jahrhunderts werden Millionen von Experimenten mit innovativen Formen regenerativen Lebens entstehen. Alternative Gemeinschaften in jeder erdenklichen Form werden sich den örtlichen Gegebenheiten anpassen und Inseln der Nachhaltigkeit, Sicherheit und gegenseitigen Unterstützung bilden. Ich möchte jedoch darauf hinweisen, dass die Stärke lokaler Ökodörfer und Gemeinschaften zu einer Schwäche werden könnte, wenn sie in erster Linie als isolierte, sichere Zufluchtsorte, um die Stürme des Übergangs zu überstehen, betrachtet werden. *„Rettungsboote" werden uns nicht retten, wenn die ganze Erde untergeht und unwirtlich für das Leben wird.* Es ist von entscheidender Bedeutung, dass der Zusammenhalt, der sich in lokalen Kooperationen entwickelt, eine größere Reichweite hat und den sozialen Kitt darstellt, der größere Netzwerke zusammenhält. Synergien zwischen kleinen Gemeinschaften und lokalen Ökodörfern müssen sich auf die Ebene von Übergangsstädten und nachhaltigen Städten und schließlich auf die Ebene der Welt als Öko-Zivilisation ausweiten. Diese Synergien schaffen einen starken Auftrieb entlang des gesamten Spektrums der Innovation.

Entscheidung für Einfachheit

Ausmaß und Geschwindigkeit der gegenwärtigen Klimakatastrophe sind erschreckend und erfordern dramatische Veränderungen, wie wir auf der Erde leben. In den letzten paar hundert Jahren haben konsumorientierte Gesellschaften die globalen Ressourcen zum Nutzen eines Bruchteils der Menschheit ausgebeutet. Das Ziel dieses Ansatzes war es, Glück durch Konsum zu finden und unsere materiellen *Ansprüche* zu befriedigen, ohne bewusst auf die *Bedürfnisse* einer lebenswerten Erde zu achten. Dieser eigennützige Ansatz führt zum Ruin der Erde und der Zukunft der Menschheit. Statt zu fragen, was wir Menschen *wollen* (was wir uns wünschen, wonach wir uns sehnen oder wonach wir hungern), sind wir aufgerufen, auf eine viel wichtigere Frage zu antworten: Was *braucht* die gesamte Ökologie des Lebens (was ist wesentlich, grundlegend, notwendig), um eine regenerative Zukunft für die Erde aufzubauen? Um nachhaltig auf der Erde zu leben, müssen wir eine Lebensweise wählen, die unseren Verbrauch mit den Regenerationskapazitäten der Erde und den Bedürfnissen des übrigen Lebens, mit dem wir die Biosphäre teilen, in Einklang bringt. Statt dass eine wohlhabende Minderheit die Menschheit in den Abgrund reißt, kann eine großzügige Mehrheit mit Maß und Güte leben und das Leben auf der Erde enorm verbessern.

Eine Studie darüber, was für ein „Leben jenseits des Wachstums" erforderlich ist, ergab, dass „ein Land wie Japan seinen Ressourcenverbrauch und seine Umweltbelastung (ganz grob gesagt) um mehr als 50 Prozent reduzieren müsste, während die Vereinigten Staaten ihren Verbrauch um 75 Prozent verringern müssten."[218] Wenn wir also fragen: „Was können wir tun, um die Ökologie des Lebens zu unterstützen?", dann ist die erste wirksame Maßnahme, die wir ergreifen können, unser persönliches

Leben mit den regenerativen Bedürfnissen der Erde in Einklang zu bringen. Darüber hinaus muss die wohlhabende Minderheit erkennen, dass die verarmte Mehrheit am Rande der materiellen Existenz lebt und dass ein einfacher Lebensstil für sie unfreiwillig ist – sie haben nur wenige Möglichkeiten und kaum eine Wahl in ihrem täglichen Überlebenskampf.

Obwohl Einfachheit für den Aufbau einer funktionierenden Welt von großer Bedeutung ist, ist dieser Lebensansatz keine neue Idee. Die Einfachheit hat tiefe Wurzeln in der Geschichte und findet ihren Ausdruck in allen Weisheitstraditionen der Welt. Vor mehr als 2.000 Jahren in derselben historischen Periode, in der die Christen sagten: „Gib mir weder Armut noch Reichtum" (Sprüche 30,8), erklärte Lao Tzu, der Begründer des Taoismus: „Ich habe nur drei Dinge zu lehren: Einfachheit, Geduld, Mitgefühl. Diese drei sind eure größten Schätze"; Platon und Aristoteles verkündeten die Bedeutung der „goldenen Mitte" – ein Weg durch das Leben, auf dem es weder Überfluss noch Defizit gibt; und die Buddhisten ermutigten zu einem „Mittelweg" zwischen Armut und sinnloser Anhäufung. Es ist klar, dass die Weisheit der Einfachheit keine neue Offenbarung ist.[219] Neu ist die Tatsache, dass die Menschheit an die Grenzen des materiellen Wachstums stößt und erkennt, wie wichtig es ist, eine neue Beziehung zu den materiellen Aspekten des Lebens aufzubauen.

Die Einfachheit wendet sich nicht gegen den Verbrauch von Ressourcen, sondern stellt den materiellen Verbrauch in einen größeren Zusammenhang. Die Einfachheit ermutigt nicht dazu, sich vom materiellen Fortschritt abzuwenden; im Gegenteil, eine fortschreitende Beziehung zur materiellen Seite des Lebens ist der Kern einer reifenden Zivilisation. Arnold Toynbee – ein renommierter Historiker, der sich ein Leben lang mit dem Aufstieg und Fall von Zivilisationen auf der ganzen Welt beschäftigt hat – fasste das Wesen des Wachstums einer Zivilisation in dem von ihm so genannten *Gesetz der fortschreitenden Vereinfachung* zusammen.[220] Er schrieb, dass der Fortschritt einer Zivilisation nicht an der Eroberung von Land und Menschen gemessen werden sollte; stattdessen ist das wahre Maß des Wachstums die Fähigkeit einer Zivilisation, immer mehr Energie und Aufmerksamkeit von der materiellen Seite des Lebens auf die nicht-materielle Seite zu verlagern – Bereiche wie persönliches Wachstum, familiäre Beziehungen, Zeit mit der Natur, psychologische Reife, spirituelle Erforschung, kultureller und künstlerischer Ausdruck und Stärkung von Demokratie und Staatsbürgerschaft.

Erinnern Sie sich daran, dass die moderne Physik anerkennt, dass 96 Prozent des bekannten Universums unsichtbar und nicht-materiell sind. Der materielle Aspekt (einschließlich Galaxien, Sterne und Planeten sowie biologisches Leben) macht nur etwa 4 Prozent des bekannten Universums aus. Wenn wir diese Proportionen auf unser Leben anwenden, dann ist es angebracht, den unsichtbaren Aspekten, die oft ignoriert werden und die genau die Aspekte darstellen, die Toynbee als Ausdruck unseres Fortschritts als Zivilisation beschreibt, mehr Aufmerksamkeit zu schenken.

Toynbee prägte auch das Wort „Ätherisierung", um den Prozess zu beschreiben, bei dem die Menschen lernen, mit weniger Zeit, materiellen Ressourcen und Energie die gleichen oder sogar bessere Ergebnisse zu erzielen. Buckminster Fuller nannte diesen Prozess „Ephemeralisierung", wobei sein Schwerpunkt auf dem Erzielen einer größeren materiellen Leistung bei geringerem Zeit-, Gewichts- und Energieaufwand lag. Ausgehend von den Erkenntnissen von Toynbee und Fuller können wir den Fortschritt als einen zweifachen Prozess neu definieren, der die gleichzeitige Verfeinerung der materiellen und nicht-materiellen Seiten des Lebens beinhaltet.

Mit fortschreitender Vereinfachung wird die materielle Seite des Lebens leichter, weniger beschwerlich, entspannter, eleganter und müheloser und gleichzeitig wird die nicht-materielle Seite des Lebens vitaler, ausdrucksstärker und künstlerischer.

Die Einfachheit beinhaltet die gemeinsame Entwicklung der inneren und äußeren Aspekte des Lebens. Die Einfachheit negiert die materielle Seite des Lebens nicht, sondern ruft zu einer neuen Partnerschaft auf, in der sich die materiellen und die nicht-materiellen Aspekte des Lebens in Übereinstimmung miteinander entwickeln. Zu den äußeren Aspekten gehören die Grundlagen wie Wohnen, Transport, Nahrungsmittelproduktion und Energieerzeugung. Zu den inneren Aspekten gehört das Erlernen der Fähigkeit, die Welt immer leichter und liebevoller zu berühren – uns selbst, unsere Beziehungen, unsere Arbeit und unseren Weg durchs Leben. Indem wir sowohl die äußeren als auch die inneren Aspekte des Lebens verfeinern (äußere Einfachheit kombiniert mit innerem Reichtum), können wir echten Fortschritt fördern und eine nachhaltige *und* sinnvolle Welt für Milliarden von Menschen aufbauen, ohne die Ökologie der Erde zu zerstören.

Eine Ethik der Mäßigung und des „Genug" wird in dem Maße an Bedeutung gewinnen, wie die globale Kommunikation enorme Ungleichheiten beim materiellen Wohlstand offenbart. Wirtschaftliche Gerechtigkeit erfordert nicht, die Lebensweise des Industriezeitalters weltweit zu reproduzieren, sondern bedeutet, dass jeder Mensch ein Recht hat auf einen fairen Anteil am Reichtum der Welt, der ausreicht, um einen „angemessenen" Lebensstandard zu gewährleisten – genug Nahrung, Unterkunft, Bildung und Gesundheitsfürsorge, die für einen sinnvollen Standard des menschlichen Anstands ausreichen.[221] Angesichts intelligenter Entwürfe für ein leichtes und einfaches Leben kann ein angemessener Lebensstandard und eine angemessene Lebensweise je nach örtlichen Gewohnheiten, Ökologie, Ressourcen und Klima erheblich variieren.

Um einen großen Wandel innerhalb weniger Jahrzehnte zu vollziehen, müssen wir neue Lebenskonzepte entwickeln, die alle Lebensbereiche verändern – die Arbeit, die wir verrichten, die Gemeinschaften und Häuser, in denen wir leben, die Lebensmittel, die wir essen, die Verkehrsmittel, die wir benutzen, die Kleidung, die wir tragen, die Statussymbole, die unser Konsumverhalten bestimmen, und so weiter. Wir können diese Art zu leben „freiwillige Einfachheit" oder „bewusste Einfachheit" oder „ökologisches Leben" nennen.[222] Wie auch immer beschrieben, wir brauchen mehr als eine Änderung unseres Lebensstils.

Ein *Stilwechsel* bedeutet eine oberflächliche oder äußere Veränderung – eine neue Modeerscheinung, eine Verrücktheit oder ein Trend. Wir brauchen eine viel tiefgreifendere Veränderung unserer Lebensweise, eine, die anerkennt, dass die Erde unser Zuhause ist und für die langfristige Zukunft erhalten werden muss. Ein ökologisches Leben beginnt mit dem Verständnis, dass wir alle in gegenseitiger Abhängigkeit stehen und dass wir auch Sicherheit, Komfort und Mitgefühl gemeinsam erschaffen in unserem Leben.

Eine ökologisch bewusste Wirtschaft wird ihren Schwerpunkt von der reinen physischen Expansion auf ein qualitatives Wachstum mit größerem Reichtum, größerer Tiefe und größerer Verbundenheit verlagern. Die Produkte werden mit zunehmender Effizienz entwickelt (immer mehr mit immer weniger), während gleichzeitig ihre Schönheit, Stärke und ökologische Integrität zunimmt.

Freiwillige Einfachheit ermutigt nicht zu einem Leben in Armut, Mangel und Entbehrung, wenn das Leben durch intelligentes Design in elegante Einfachheit verwandelt werden kann.[223] Das Niveau der Zufriedenheit und der Schönheit im Leben kann erhöht werden, während die Menge der verbrauchten Ressourcen und die Menge der produzierten Umweltverschmutzung gesenkt wird.

Wie können wir in einer Welt, die so sehr auf materiellen Konsum ausgerichtet ist, eine neue Wertschätzung für ein einfaches Leben wecken? Für eine Hinwendung zu Einfachheit und Nachhaltigkeit ist es hilfreich, sich an das Paradigma der Lebendigkeit zu erinnern und daran, dass sich unsere Vorfahren über Zehntausende von Jahren bewusst waren, in einer subtilen Ökologie der Lebendigkeit zu leben. Dieses Bewusstsein wurde vorübergehend durch die Ansicht ersetzt, dass unser Universum hauptsächlich aus toter Materie und leerem Raum besteht, ohne Zweck und Bedeutung. Erinnere dich an die Logik der beiden zuvor betrachteten Paradigmen:

- Wenn das Universum in seinen Grundfesten als tot angesehen wird, dann ist es nur natürlich, die Erde auszubeuten und zu verbrauchen.
- Wenn das Universum in seinen Grundfesten als lebendig an-

gesehen wird, ist es nur natürlich, die Erde zu hegen und zu pflegen.

Wie können wir zu einer regenerativen Lebensweise übergehen, wenn ein so großer Teil der Welt derzeit ein ausbeuterisches Leben lebt? Ein aufschlussreiches Zitat von Antoine de Saint-Exupery zeigt einen Weg auf: „Wenn du ein Schiff bauen willst, dann trommle nicht Leute zusammen, um Holz zu sammeln und weise ihnen keine Aufgaben und Arbeit zu, sondern lehre sie die Sehnsucht nach der endlosen Weite des Meeres." Diese Weisheit legt nahe, dass wir, wenn wir eine regenerative Welt aufbauen wollen, die Menschen nicht zum Sammeln von Materialien zusammentrommeln und ihnen Aufgaben zuweisen, sondern sie lehren, sich nach der *unendlichen Weite unseres lebendigen Universums zu sehnen und auf ihre einzigartige Weise daran teilzuhaben.* Wenn du die Sehnsucht nach einem Leben in der grenzenlosen Größe und dem Reichtum unseres lebendigen Universums weckst, wirst du auf natürliche Weise die Energie und Kreativität der Menschen für den Aufbau einer regenerativen und schönen Welt freisetzen.

Wenn wir Lebendigkeit als unseren größten Reichtum betrachten, dann ist es nur natürlich, eine Lebensweise zu wählen, die uns mehr Zeit und Gelegenheit gibt, die Bereiche unseres Lebens, in denen wir uns am lebendigsten fühlen, zu entwickeln – in nährenden Beziehungen, fürsorglichen Gemeinschaften, Zeit in der Natur, im kreativen Ausdruck und im Dienst an anderen. Indem wir das Universum als lebendig betrachten, verschieben wir ganz natürlich unsere Prioritäten von einer Ego-Ökonomie, die auf den Konsum toter Dinge ausgerichtet ist, hin zu einer Ökonomie, die auf wachsende Erfahrungen von Lebendigkeit ausgerichtet ist.

Eine Wirtschaft der Lebendigkeit zielt darauf ab, das Leben leichter zu machen und gleichzeitig eine Fülle von Sinn und Zufriedenheit zu erzeugen. Der Theologe Matthew Fox hat geschrieben: „Luxusleben ist nicht das, worum es im Leben geht. *Leben* ist das, worum es im Leben geht! Aber Leben erfordert Disziplin, Loslassen und Auskommen mit weniger in einer Kultur, die überentwickelt ist. Es erfordert ein Engagement für Herausforderungen und Abenteuer, für Opfer und Leidenschaft."[224]

In wohlhabenderen Gesellschaften wird der Konsum zunehmend als weniger lohnendes Lebensziel angesehen und stattdessen werden neue Quellen des Wohlbefindens immer mehr geschätzt.[225] Eine große Studie von Pew Research in den USA veranschaulicht die wachsende Bedeutung direkter Erfahrungen gegenüber dem materiellen Konsum. Auf die Frage, was ihrem Leben den meisten Sinn verleiht, antworteten die Menschen: „Zeit mit der Familie verbringen" (69%), „in der Natur sein" (47%), „Zeit mit Freunden verbringen" (47%), „sich um Haustiere kümmern" (45%) und „religiöser Glaube" (36%). Diese sind nicht teuer – qualitativ hochwertige Zeit mit Familie, Freunden, Haustieren und der Natur ist eine Quelle des Reichtums, die fast allen zur Verfügung steht.

Ein weiterer Beleg dafür, dass wohlhabendere Nationen bereit sind, ein geringeres Maß an materiellem Konsum gegen ein höheres Maß an Erfahrungsreichtum einzutauschen, findet sich in einer Studie, über die das *Wall Street Journal* berichtete:

> Die Menschen glauben, dass Erlebnisse nur vorübergehend glücklich machen, aber tatsächlich bieten sie sowohl mehr Glück als auch einen dauerhafteren Wert [als materieller Konsum]. Erlebnisse befriedigen in der Regel mehr unsere grundlegenden psychologischen Bedürfnisse. Sie werden oft mit anderen Menschen geteilt, was uns ein stärkeres Gefühl der Verbundenheit vermittelt, und sie sind ein wichtiger Teil unseres Identitätsgefühls.[226]

Eine Verschiebung hin zu „postmaterialistischen" Werten findet sich auch in der viel beachteten *World Values Survey*, die zu dem Schluss kommt, dass sich über einen Zeitraum von etwa drei Jahrzehnten (1981 – 2007) in einer Gruppe von etwa einem Dutzend Ländern – vor allem in den Vereinigten Staaten, Kanada und Nordeuropa – ein „postmoderner Wertewandel" vollzogen hat. In diesen Gesellschaften verlagert sich der Schwerpunkt von wirtschaftlicher Leistung zu postmaterialistischen Werten, die den individuellen Selbstausdruck, das subjektive Wohlbefinden und die Lebensqualität betonen.[227]

Obwohl Einfachheit auf eine lange Geschichte zurückblicken kann, treten wir jetzt in radikal veränderte Zeiten ein – in ökologischer, sozialer, wirtschaftlicher und psycho-spiritueller Hinsicht, und wir sollten erwarten, dass sich die weltlichen Ausdrucksformen der Einfachheit als Reaktion darauf weiterentwickeln und wachsen. Einfachheit ist nicht einfach. Es gibt eine große Vielfalt an Ausdrucksformen für das einfache Leben, und am besten lässt sich dieser Lebensansatz mit der Metapher eines Gartens beschreiben.

Um den Reichtum der Einfachheit zu verdeutlichen, stelle ich hier zehn verschiedene Ausdrucksformen vor, die ich im „Garten der Einfachheit" wachsen sehe. Obwohl sie sich bis zu einem gewissen Grad überschneiden, scheint jeder Ausdruck von Einfachheit deutlich genug, um eine eigene Kategorie zu rechtfertigen. (Die Reihenfolge der Auflistung ist zufällig).

1. Künstlerische Einfachheit: Einfachheit bedeutet, dass die Art und Weise, wie wir unser Leben leben, ein Kunstwerk ist, das sich entfaltet. Leonardo da Vinci sagte: „Einfachheit ist die höchste Raffinesse." Gandhi sagte: „Mein Leben ist meine Botschaft." Frederic Chopin sagte: „Die Einfachheit ist die letzte Errungenschaft ... die krönende Belohnung der Kunst." In diesem Sinne bezieht sich die künstlerische Einfachheit auf eine schlichte, organische Ästhetik, die im Gegensatz zum Übermaß des konsumorientierten Lebensstils steht. Die Einflüsse, die von Zen bis zu den Quäkern reichen, machen Einfachheit zu einem Weg der Schönheit, der natürliche Materialien und klare, funktionale Ausdrucksformen zelebriert.

2. Wählende Einfachheit: Einfachheit bedeutet, die Verantwortung für ein Leben zu übernehmen, das zu beschäftigt, zu gestresst und zu fragmentiert ist. Einfachheit bedeutet, dass wir unseren einzigartigen Weg durch das Leben bewusst, absichtlich und aus eigenem Antrieb wählen. Es bedeutet, als Ganzes zu leben und nicht gegen uns selbst gespalten zu sein. Dieser Weg betont die Herausforderungen der Freiheit gegenüber der Bequemlichkeit des Konsumverhaltens. Bewusste Einfachheit bedeutet, konzentriert zu bleiben, tief einzutauchen und sich nicht von der Konsumkultur ablenken zu lassen. Es bedeutet, unser Leben bewusst so zu gestalten, dass wir der Welt unsere „wahren Gaben" geben – das Wesentliche von uns selbst. Wie Ralph Waldo Emerson sagte: „Das einzig wahre Geschenk ist ein Teil von dir selbst."[228]

3. Mitfühlende Einfachheit: Einfachheit bedeutet, ein so starkes Gefühl der Verwandtschaft mit anderen zu empfinden, dass wir, wie Gandhi sagte, „uns zu entscheiden, einfach zu leben, damit andere einfach leben können." Mitfühlende Einfachheit bedeutet, dass wir uns mit der Gemeinschaft des Lebens verbunden, und uns zu einem Weg der Versöhnung hingezogen fühlen – insbesondere mit anderen Arten und zukünftigen Generationen. Mitfühlende Einfachheit folgt einem Weg der Zusammenarbeit und Fairness und strebt eine Zukunft an, in der die Entwicklung für alle Beteiligten gesichert ist.

4. Ökologische Einfachheit: Einfachheit bedeutet, eine Lebensweise zu wählen, welche die Erde leichter berührt und unsere ökologischen Auswirkungen reduziert. Dieser Lebensweg erinnert uns an unsere tiefen Wurzeln in der natürlichen Welt. Wir werden ermutigt, uns mit der Natur, den Jahreszeiten und dem Kosmos zu verbinden. Natürliche Einfachheit entspricht einer tiefen Ehrfurcht vor der Gemeinschaft des Lebens und akzeptiert, dass auch die nicht-menschlichen Reiche der Pflanzen und anderen Tiere ihre Würde und Rechte haben. Albert Schweitzer schrieb: „Von der naiven Einfachheit gelangen wir zu einer tiefgründigeren Einfachheit."

5. Wirtschaftliche Einfachheit: Einfachheit bedeutet eine Entscheidung für bewussten Konsum und eine Wirtschaft des Teilens. Wirtschaftliche Einfachheit erkennt an, dass wir unsere Beziehung zu unserem Zuhause – der Erde – durch Entwicklung passender Formen des „richtigen Lebensunterhalts" gestalten. Sie erkennt auch den tiefgreifenden Wandel in der Wirtschaftstätigkeit an, der für ein nachhaltiges Leben erforderlich ist, indem Produkte und Dienstleistungen aller Art neu gestaltet werden – von Wohn- und Energiesystemen bis hin zu Nahrungsmittel- und Transportsystemen.

6. Einfachheit in der Familie: Einfachheit bedeutet, dass wir dem Leben unserer Kinder und unserer Familie Priorität einräumen und uns nicht von der Konsumgesellschaft ablenken lassen. Immer mehr Eltern entscheiden sich gegen einen konsumorientierten Lebensstil und suchen nach Wegen, ihren Kindern und ihrer Familie lebensfördernde Werte und Erfahrungen zu vermitteln.

7. Genügsame Einfachheit: Genügsamkeit bedeutet, dass wir Ausgaben, die uns nicht wirklich nützen, einschränken und unsere persönlichen Finanzen geschickt verwalten – all dies kann uns helfen, eine größere finanzielle Unabhängigkeit zu erreichen. Genügsamkeit und sorgfältiges Finanzmanagement bringen mehr finanzielle Freiheit und die Möglichkeit, unseren Lebensweg bewusster zu wählen. Mit weniger zu leben, verringert auch die Auswirkungen unseres Konsums auf die Erde und setzt Ressourcen für andere frei.

8. Politische Einfachheit: Einfachheit bedeutet, dass wir unser kollektives Leben so organisieren, dass wir leichter und nachhaltiger auf der Erde leben können, was wiederum Veränderungen in fast allen Bereichen des öffentlichen Lebens erfordert – Raumplanung, Bildung, Verkehr und Energiesysteme. All diese Bereiche erfordern politische Entscheidungen. Die Politik der Einfachheit hat auch mit Medienpolitik zu tun, denn die Massenmedien sind die Hauptträger des Massenkonsums.

9. Seelenvolle Einfachheit: Einfachheit bedeutet, das Leben als Meditation zu betrachten und eine innige Verbindung mit allem, was existiert, zu pflegen. Eine spirituelle Präsenz durchdringt die Welt, und indem wir einfach leben, können wir direkter zu dem lebendigen Universum erwachen, das uns umgibt und uns von Augenblick zu Augenblick erhält. Bei der seelenvollen Einfachheit geht es mehr darum, das Leben in seinem ungeschminkten Reichtum bewusst zu genießen, als einen bestimmten Standard oder eine bestimmte Art des materiellen Lebens anzustreben. Wenn wir eine seelenvolle Verbindung mit dem Leben kultivieren, neigen wir dazu, über den äußeren Schein hinauszuschauen und unsere innere Lebendigkeit in Beziehungen aller Art einzubringen.

10. Schlichte Einfachheit: Dies bedeutet, triviale Ablenkungen, sowohl materielle als auch immaterielle, zu reduzieren und sich auf das Wesentliche zu konzentrieren – was auch immer das für jedes unserer einzigartigen Leben sein mag. Wie Thoreau sagte: „Unser Leben wird durch Details vergeudet ... Vereinfachen, vereinfachen." Oder wie Platon schrieb: „Um die eigene Richtung zu finden, muss man die Mechanik des gewöhnlichen, alltäglichen Lebens vereinfachen."

Wie diese Ansätze zeigen, enthält die wachsende Kultur der Einfachheit einen blühenden Garten von Ausdrucksformen, deren große Vielfalt und verflochtene Einheit eine belastbare und widerstandsfähige Ökologie des Lernens darüber schaffen, wie wir ein nachhaltigeres und zielgerichteteres Leben führen können. Wie bei anderen Ökosystemen fördert die Vielfalt der Ausdrucksformen die Flexibilität, Anpassungsfähigkeit und Widerstandsfähigkeit. Da so viele verschiedene Wege in den Garten der Einfachheit führen können, hat diese Lebensweise ein enormes Wachstumspotenzial – vor allem, wenn sie in den Massenmedien als legitimer, kreativer und vielversprechender Weg in eine Zukunft jenseits von Materialismus und Konsumismus gepflegt und kultiviert wird.

Entscheidung für Zukunft

„Beginne damit, das Notwendige zu tun, und tue dann, was möglich ist; und plötzlich tust du das Unmögliche."
Francis von Assisi

Der Übergang in unser frühes Erwachsenenalter ist der wichtigste, folgenreichste und weitreichendste, den wir Menschen je zu bewältigen haben. Wir schließen eine Tür zur Vergangenheit und erwachen zu einem neuen Anfang. Auf dem Weg zu unserer Reife als Spezies können wir auf Kräfte ungeheuren Auftriebs zurückgreifen. Wir können auf den erhebenden und inspirierenden

Potenzialen einer erwachenden Menschheit reiten und in eine neue Welt und ein neues Leben aufsteigen. Unser scheinbarer Untergang ist das Vorspiel zu unserem Aufstieg. Mit Mut können wir den Aufwind der Möglichkeiten nutzen und uns als menschliche Gemeinschaft erheben. Wenn wir uns die immens mächtigen und noch weitgehend ungenutzten Potenziale für den Aufstieg in eine transformierende Zukunft ansehen, wird überdeutlich, dass wir es schaffen könnten. Uns drohen schreckliche Konsequenzen, wenn wir die Chance, einen neuen Weg einzuschlagen, nicht ergreifen, – entweder die funktionale Auslöschung unserer Spezies zusammen mit einem Großteil des Lebens auf der Erde oder ein erschreckender Abstieg in den Autoritarismus, bei dem viele unserer wertvollsten Potenziale für immer aufgegeben werden. Wir haben keine Zeit mehr für Leugnung oder Verzögerung. Wähle oder verliere. Die Zeit der Abrechnung steht uns bevor. Auch wenn die Stunde erschreckend spät schlägt, ist das Potenzial, sich auf einen Weg der Veränderung zu begeben, noch immer vorhanden. Uplift ist keine Fantasie und keine Wunschvorstellung. Die Kräfte des Aufschwungs rufen uns dazu auf, als Spezies gemeinsam durch einen schwierigen Übergang zu gehen, der unser Verständnis davon, wer wir sind, und die Reise, auf der wir uns befinden, tiefgreifend verändern wird. Aufschwung ruft eine neue Menschheit hervor; der Ruf und die Potenziale sind real, tatsächlich, echt. Fassen wir sie zusammen, um ihr authentisches Versprechen zu unterstreichen. Aufschwung beinhaltet:

1. Die Entscheidung, aus unserer unmittelbaren Erfahrung der *Lebendigkeit* zu leben, bietet einen vertrauenswürdigen Leitfaden, um zu lernen, in einem lebendigen Universum zu leben.

2. Die Entscheidung für ein *reflektierendes Bewusstsein* bringt eine reife Sichtweise auf das Leben und die Entscheidungen, die wir auf unserer Reise treffen müssen.

3. Wenn wir uns dafür entscheiden, unser Potenzial für *Kommunikation* von lokal zu global zu mobilisieren, bringen wir unsere kollektiven Stimmen in ein gemeinsames Gespräch über die Zukunft ein.

4. Die Entscheidung, in das frühe Erwachsenenalter hineinzu-

wachsen, führt zu größerer *Reife* und zu einem bewussten Umgang mit dem Wohl des Lebens.

5. Wenn wir uns für *Versöhnung* entscheiden und uns bewusst darum bemühen, die Wunden der Geschichte zu heilen, können wir mit gemeinsamen Anstrengungen vorankommen.

6. Die Entscheidung, an einem Strang zu ziehen und ein Gefühl für die lokale bis globale *Gemeinschaft* zu entwickeln, gibt uns ein gutes Gefühl für die bevorstehende Reise.

7. Die Entscheidung für *Einfachheit* als eine Lebensweise, die äußerlich einfacher und innerlich reicher ist, bringt Realismus und Ausgewogenheit in unser Leben.

Wenn diese sieben Faktoren in einem sich gegenseitig unterstützenden Lebensansatz zusammenkommen, bringen sie das Potenzial für einen gewaltigen Aufschwung auf der menschlichen Reise mit sich. Wenn wir uns gemeinsam für *Lebendigkeit, Bewusstsein, Kommunikation, Reife, Versöhnung, Gemeinschaft* und *Einfachheit* entscheiden, können wir eine nahezu unaufhaltsame Kraft erwecken, die uns durch unsere kollektive Initiation als Spezies und in eine einladende Zukunft führt. Wenn wir uns vorstellen können, wie wir uns durch diesen Übergangsritus bewegen werden, dann ist es unsere Verantwortung, es zu versuchen. Was möglich ist, wird wesentlich. Was machbar ist, wird lebenswichtig. Was praktisch ist, wird entscheidend.

Eine veränderte Menschheit – und eine veränderte Erde – kann durch die Entfaltung dieser aufbauenden Fähigkeiten entstehen. Die Macht dieser Potenziale ist viel größer, als wir uns vorstellen können. Wenn wir Vertrauen haben, können wir sie bewusst leben und dabei uns selbst tiefer entdecken. Roger Walsh, Psychiater und lebenslanger Meditierender und Lehrer, schreibt: „Wir gehen tiefer in uns hinein, um effektiver in die Welt hinauszugehen, und wir gehen in die Welt hinaus, um uns selbst zu vertiefen."[229] Wir sind zu einer erhebenden Reise aufgerufen, in die wir unser einzigartiges und kostbares Leben von ganzem Herzen investieren können.

Danksagung

Dieses Buch war eine Teamleistung, und ich möchte all jenen, die dazu beigetragen haben, es ins Leben zu rufen, meinen großen Dank aussprechen. Forschung, Schreiben und Öffentlichkeitsarbeit für *Wähle die Erde* wurden durch die mutige und großzügige Finanzierung der Roger and Brenda Gibson Family Foundation unterstützt. Roger und Brenda waren wichtige Verbündete und seelenvolle Freunde bei dieser äußerst anspruchsvollen Arbeit. Ohne ihre Unterstützung, ihre Freundschaft und ihr Vertrauen in mich wäre ich nicht in der Lage gewesen, dieses Buch zu vollenden – den Höhepunkt eines ganzen Lebens voller Forschung, Schreiben und Lernen. Sie haben nicht nur dieses Buch unterstützt, sondern auch das größere Projekt und die dazugehörigen Lernressourcen. Ich bin ihnen zutiefst dankbar, dass sie mir geholfen haben, dieses Werk auf die Welt zu bringen.

Meine große Wertschätzung gilt auch Fred und Elaine LeDrew für ihre jährlichen Beiträge zu dieser Pionierarbeit. Ihre Spenden sind eine große Botschaft der Unterstützung und Liebe. Ich bin auch anderen Mitwirkenden, die wichtige Beiträge zu diesem Projekt geleistet haben, sehr dankbar: Lynnaea Lumbard, Bill Melton und Mei Xu, Vivienne Verdon-Roe, The Betsy Gordon Foundation, Scott Elrod, Ben Elgin, Justyn LeDrew, Barbara und Dan Easterlin, Carol Normandi, Lyra Mayfield und Charlie Stein, Lorraine Brignall, Frank Phoenix, Erik Schten, Scott Wirth, Sandra LeDrew, Charles Gibbs, Marianne Rowe, Kathy Kelly, und Darlene Goetzman. Roger Walsh hat in vielfältiger Weise zu diesem Projekt beigetragen, und ich bin ihm sehr dankbar für seine Unterstützung und Freundschaft.

Meine Partnerin und Ehefrau, Coleen LeDrew Elgin, war eine wichtige Mitarbeiterin in allen Bereichen dieses kreativen Unternehmens. Sie entwickelte den aufschlussreichen, integrativen und hoch angesehenen Dokumentarfilm, der das Projekt begleitet: *Facing Adversity: Choosing Earth, Choosing Life*. Coleen unterrichtete auch gemeinsam mit mir, leitete die Lehrplanentwicklung für die Kurse, die dieses Buch begleiten und hat als

Co-Direktorin des Projekts wichtige Führungsarbeit geleistet. Insgesamt hätte diese Initiative ohne Coleens unermüdlichen und geschickten Einsatz, für den ich ihr sehr dankbar bin, keine Wurzeln schlagen können.

Ich schätze das geschickte Lektorat von Christian de Quincey sehr, der mit seinem scharfen Auge den Schreibfluss in dieser umfassend überarbeiteten Ausgabe korrigiert und geglättet hat. Ich bin auch sehr dankbar für das aufmerksame Feedback und die anspruchsvollen Vorschläge, die die folgenden Personen zu diesem Buch gemacht haben: Coleen LeDrew Elgin, Laura Loescher, Sandy Wiggins, Roger Gibson, Brenda Gibson, David Christel, Ben Elgin, Scott Elrod, Marga Laube, Bill Melton, Eden Trenor, und Liz Moyer.

Ich bin denjenigen dankbar, die in den Kursen, die dieses Buch begleitet haben, mitgewirkt haben: Carol Normandi, Barbara Easterlin, Sandy Wiggins, Marianne Rowe, Jim Normandi, Kathy Kelly, Diana Badger und James Wiegel.

Birgit Wick hat ihre künstlerischen Fähigkeiten und ihr Können in die Gestaltung und das Layout der englischen Ausgabe, sowie in andere Materialien dieses Projekts eingebracht. Mein Dank geht an Karen Preuss, die die Hände für das Cover fotografiert hat. Ich danke Isabel Elgin für die Leihgabe einer Hand für das Titelbild.

Ich möchte auch dem Team für die deutsche Ausgabe danken. Arthur Benz war von der englischen Ausgabe tief bewegt und wollte sie den deutschsprachigen Lesern zugänglich machen. Er bot großzügig an, das Buch ins Deutsche zu übersetzen. Es war ein Vergnügen und ein Geschenk, mit Arthur zu arbeiten. Er brachte stets Gleichmut, seelenvolle Integrität und guten Humor in die schwierige Aufgabe ein, die Sprache zu finden, um die Reise der Menschheit durch den großen Wandel zu vermitteln. Ich danke dir, Arthur. Ich möchte auch Narajani Köllman, Prem Rajmani und Jasmin Kraft für das Korrekturlesen sowie Shivananda Ackermann für die Gestaltung des Layouts der deutschen Ausgabe danken. Ich bin dem Team, das die deutsche Ausgabe möglich gemacht hat, zutiefst dankbar.

Eine persönliche Reise

Geboren 1943, wuchs ich auf einer Familienfarm ein paar Meilen außerhalb einer Kleinstadt im Süden Idahos auf. Wir lebten naturverbunden, in engem Kontakt mit dem Wechsel der Jahreszeiten, den Tieren und miteinander. Einen Fernseher habe ich erst mit elf Jahren gesehen. Ohne eine regelmäßige Zeitung und mit nur drei lokalen Radiosendern (die hauptsächlich Country-Musik und Werbung spielten), waren meine ständigen Begleiter unsere Bauernhoftiere (Hunde, Katzen, Hühner, Schweine, ein Pferd und eine Kuh), das umliegende Land und die Nachbarn der umliegenden Farmen. Als junger Mensch war ich neugierig und habe gerne gelesen. Außerdem baute ich gerne zusammen mit meinem Vater in seiner gut ausgestatteten Holzwerkstatt, in der er in den langen Wintermonaten, wenn die Landwirtschaft zum Stillstand kam, Boote, Möbel und vieles mehr baute. Da ich auf einem Bauernhof aufgewachsen bin, habe ich aus erster Hand erfahren, wie anfällig Nutzpflanzen für Wetterumschwünge, Insektenbefall und Pflanzenkrankheiten sind.

Meine Mutter, die Krankenschwester war, inspirierte mich dazu, an der Universität Medizin zu studieren, mit der Absicht, entweder Arzt oder Tierarzt zu werden. Nach zwei Jahren am College wurde ich unruhig und wollte die Welt sehen. Also brach ich die Schule für ein Jahr ab und verdiente auf verschiedenen Farmen so viel, dass ich mir ein Hin- und Rückflugticket von Idaho nach Frankreich kaufen konnte. Im Jahr 1963 reiste ich nach Paris, um dort ein Semester lang als Student zu leben. Nach meiner Ankunft erfuhr ich, dass sich mein Zimmer im selben Studentengebäude befand wie das des Kaplans, ein Jesuitenpater namens Daniel Berrigan. Pater Berrigan war ein bekannter Anti-Kriegs- und Friedensaktivist, und während wir in Paris lebten, sprachen wir unzählige Male miteinander, wobei drei Themen immer wieder zur Sprache kamen: der Krieg in Vietnam, der Rassismus in Amerika und in der Welt und die Wichtigkeit, sich dem Leben voll und ganz und friedlich zu stellen. Pater Berrigan hat einen bleibenden Eindruck bei mir hinterlassen – sein tiefes Engagement für Frieden und soziale Gerechtigkeit, sein aktiver Widerstand gegen den Krieg in Vietnam und die einfache Art, wie er lebte.

Nachdem ich während der sozialen Unruhen unter den Studenten ein halbes Jahr in Europa gelebt hatte, wurde mir klar, dass ich weniger motiviert war, ein traditioneller Arzt zu werden. Statt zur körperlichen Heilung fühlte ich mich zu einem Leben der sozialen Heilung hingezogen – hatte aber keine klare Vorstellung davon, welche Formen das annehmen könnte. Nach Abschluss meines Studiums begann ich ein vierjähriges Aufbaustudium an der University of Pennsylvania, wo ich einen MBA an der Wharton School und einen MA in Wirtschaftsgeschichte erwarb.

Nach Abschluss dieses Studiums trat ich 1972 meine erste Stelle im Angestelltenverhältnis an und arbeitete als leitender Forscher im Stab der „Presidential Commission on Population Growth and the American Future" in Washington, D.C. Für diesen Bauernjungen war es eine augenöffnende Erfahrung, in einer präsidialen Kommission zu arbeiten. Unser Auftrag lautete, 30 Jahre in die Zukunft zu blicken, von 1970 bis 2000, und Bevölkerungswachstum und Urbanisierung zu untersuchen. Obwohl die Kommission nur über ein geringes Budget und eine Zeitspanne von zwei Jahren verfügte, war dies eine unschätzbare Einführung in die Forschung über die langfristige Zukunft. Es war auch eine großartige Gelegenheit, die Politik auf der Ebene des Weißen Hauses zu beobachten und zu sehen, wie die Regierung arbeitet. Ich war überrascht zu sehen, wie sehr die Politik von kurzfristigen Überlegungen und der Macht von Sonderinteressen beherrscht wird.

Desillusioniert verließ ich Washington und ging nach Kalifornien, um als leitender Sozialwissenschaftler in der „Zukunftsgruppe" des Stanford Research Institute (SRI International) zu arbeiten. In den folgenden sechs Jahren war ich Mitautor zahlreicher Studien über die langfristige Zukunft: zum Beispiel *Anticipating Future National and Global Problems* (für die National Science Foundation), *Alternative Futures for Environmental Policy: 1975-2000* (für die Environmental Protection Agency) und *Limits to the Management of Large, Complex Systems* (für den Wissenschaftsberater des Präsidenten). Ich war auch Mitautor einer bahnbrechenden Studie mit Joseph Campbell und einem kleinen Team von Wissenschaftlern mit dem Titel *Changing Images of Man*. Diese Forschungsarbeit untersuchte Archetypen, die die Menschheit in eine sich wandelnde Zukunft führen, und vertiefte mein Verständnis der evolutionären Reise der Menschheit zutiefst. Zusammengenommen machten diese Jahre der Forschung deutlich, dass wir Menschen uns auf einem nicht-nachhaltigen Weg befanden und innerhalb weniger Jahrzehnte die Ressourcen der Erde so übermäßig verbrauchen würden, dass wir in einen Zustand des planetarischen Zusammenbruchs und Kollapses eintreten würden. Ich erkannte, dass die Menschheit tiefgreifende Veränderungen vornehmen müsste, wenn wir die Zerstörung der Biosphäre vermeiden wollten. Gleichzeitig wurde mein inneres Wachstum auf überraschende Weise beschleunigt.

Als ich am SRI arbeitete, bot sich mir eine bemerkenswerte Gelegenheit: Ich konnte an der gerade anlaufenden Forschung übersinnlicher Fähigkeiten teilnehmen. Die US-Regierung begann, die ersten Forschungsarbeiten zur Erforschung der intuitiven Fähigkeiten und des übersinnlichen Potenzials der Menschheit zu finanzieren. Die ersten Forschungen begannen in den frühen 1970er Jahren am SRI, wurden von der NASA finanziert und der Öffentlichkeit zugänglich gemacht. Ich hatte das Glück, eine von vier Versuchspersonen zu werden und an einer Vielzahl von Experimenten teilzunehmen, in denen sowohl die „empfangenden" als auch die „sendenden" Aspekte des Bewusstseins erforscht wurden. Der Empfangsaspekt umfasste das „Remote Viewing" oder das Sehen von Orten und Menschen aus der Ferne mit direkter Intuition. Der Sendeaspekt umfasste die „Psychokinese" und beinhaltete das intuitive Eingreifen in physische Systeme. Im Laufe der drei Jahre lernte ich immer wieder eine zentrale Lektion: Die Welt ist lebendig und durchdrungen von Bewusstsein und feinstofflicher Energie. Unser physischer Körper bietet eine stabile Grundlage, um etwas über die Natur des Bewusstseins zu lernen, das nicht auf unseren Körper beschränkt ist, sondern sich als allgegenwärtiges intelligentes Wissen und Lebendigkeit ins Universum ausdehnt. Im Gegenzug sind wir weitaus größer als unser physischer Körper und mit weitaus subtileren Fähigkeiten ausgestattet, als ich es mir bisher vorstellen konnte. Wir fangen gerade erst an, hochsensible Technologien einzusetzen, um Feedback zu geben und eine „Bewusstseinskompetenz" zu entwickeln. Die Lektionen, die ich bei dieser Laborarbeit gelernt habe, prägen mein Verständnis auch noch ein halbes Jahrhundert später.

1977 verließ ich das SRI und begann, meine Bemühungen darauf zu konzentrieren, ein „Medienaktivist" zu werden. Jahrzehntelang hatte ich beobachtet, wie die Massenmedien das Massenbewusstsein ganzer Zivilisationen beherrschen und ausrichteten. Unser kollektives Bewusstsein wurde sowohl durch die riesige Menge an Werbung, die eine materialistische Denkweise verkaufte, als auch dadurch, dass die Medien wichtige Herausforderungen wie Klimawandel, Armut und Rassismus ignorierten, tiefgreifend beeinflusst. Ich begann, in der San Francisco Bay Area überparteiliches Community Organizing zu betreiben, mit dem Ziel, Massenmedien zu fördern, die viel stärker auf die Bedürfnisse der Bürger eingehen. Zu diesem Zweck gründeten wir eine gemeinnützige Organisation – Bay Voice –, die die Lizenzen der großen Fernsehsender in der San Francisco Bay Area mit der Begründung anfocht, dass sie nicht dem gesetzlichen Recht der Bürger auf Information entsprechen würden. 1987 arbeitete Bay Voice mit dem Fernsehsender ABC zusammen, um ein historisches, einstündiges „Electronic Town Meeting" zur Hauptsendezeit zu produzieren, das von mehr als 300.000 Menschen gesehen wurde und sechs Abstimmungen einer wissenschaftlichen Stichprobe von Bürgern während des Live-Fernsehprogramms umfasste. Die Öffentlichkeit gab dem Fernsehsender ein sehr starkes, wertvolles Feedback zu seinem Programm. Ein aktueller Ausdruck dieser Arbeit ist die in diesem Buch beschriebene Earth-Voice-Initiative, welche die Internettechnologie, die nun einer Mehrheit der Bürger auf der Erde zugänglich ist, nutzt, um der Erde eine Stimme im Weltmaßstab zu geben.

Schreiben und Forschen sind wichtige Teile meiner Arbeit. Schreiben ist für mich viel mehr als eine geistige Übung; es ist eine Ganzkörpererfahrung des Fühlens und Verdauens der Bedeutung von etwas. Worte verkörpern dann die gefühlte Erfahrung dieser Bedeutung. Als ich sah und spürte, wie sehr wir die Erde verbrauchen, begann ich Mitte der 1970er Jahre über ein einfaches Leben zu schreiben. Mein Buch, **Voluntary Simplicity:** *Toward a Way of Life that is Outwardly Simple, Inwardly Rich,* wurde erstmals 1981 veröffentlicht und 2009 neu aufgelegt. Meine Erfahrungen aus der Arbeit am Projekt „Menschenbilder im Wandel" fühlten sich unvollständig an, und ich investierte fast 15 Jahre in das Schreiben meiner eigenen Version dieses Berichts – **Awakening** *Earth: Exploring the Evolution of Human Culture and Consciousness* wurde 1993 veröffentlicht. Als ich sah, wie langsam wir uns in Richtung einer konstruktiveren und nachhaltigeren Zukunft bewegten, schrieb ich **Promise Ahead:** *A Vision of Hope and Action for Humanity's Future,* das im Jahr 2000 veröffentlicht wurde. Als ich in den frühen 1970er Jahren an parapsychologischen Experimenten teilnahm, begann ich, über die Natur des Universums als ein lebendiges, von Bewusstsein durchdrungenes System zu schreiben, was mehr als 30 Jahre später in meinem Buch **The Living Universe:** *Where Are We? Who Are We? Where Are We Going?* im Jahr 2009 veröffentlicht wurde. Zusätzlich zu diesen Büchern habe ich Kapitel zu mehr als zwei Dutzend Büchern beigesteuert und mehr als hundert wichtige Artikel veröffentlicht. Diese jahrzehntelange Forschungs- und Schreibtätigkeit ist in das Buch **Wähle die Erde** eingeflossen.

Im Laufe dieser Jahrzehnte hatte ich das Glück, in verschiedene Teile der Welt zu reisen und vor unterschiedlichen Zuhörern Vorträge zu verschiedenen Themen zu halten. Ich habe mehr als 350 Grundsatzreden vor verschiedenen Zuhörern gehalten, von Wirtschaftsführern und gemeinnützigen Organisationen bis hin zu Universitäten, Film- und Mediengruppen, religiösen Organisationen und anderen. Ich hatte auch das Glück, an Treffen und Versammlungen mit Menschen aus allen Bereichen des Lebens teilzunehmen, darunter Führungskräfte, Lehrer, Studenten und Arbeiter.

2006 wurde mir die Ehre zuteil, in Tokio den japanischen „Goi Peace Award" in Anerkennung meiner Beiträge zu einer globalen „Vision, Bewusstheit und Lebensweise" zu erhalten, die eine „nachhaltigere und spirituelle Kultur" fördert. Im Jahr 2001 erhielt ich den Ehrendoktor der Philosophie des California Institute of Integral Studies in Anerkennung meiner Arbeit für „ökologische und spirituelle Transformation".

Wenn ich ein halbes Jahrhundert zurückblicke, kann ich sehen, wie meine berufliche Laufbahn mich dazu gebracht hat, dieses letzte Buch zu schreiben, **Choosing Earth.** Meine Absicht ist es nun, dieses Buch und den dazugehörigen Dokumentarfilm und die Kurse durch Zusammenarbeit, Organisation, Beratung, Reden und Unterricht in die Welt zu bringen. Bitte besuche diese Websites, um mehr zu erfahren: meine persönliche Website: www.DuaneElgin.com und meine berufliche Website: www.ChoosingEarth.Org oder die deutschsprachige Website: www.waehledieerde.org.

Endnoten

1 James Hillman, Re-Visioning Psychology (New York: Harper and Row, 1975), 16.
2 Robin Wall Kimmerer, *Braiding Sweetgrass* (Minneapolis, MN: Milkweed Editions, 2013), 359.
3 Alexis Pauline Gumbs, *Undrowned* (Chico, CA: AK Press, 2020), 15.
4 Mia Birdsong, *How We Show Up* (New York: Hachette Books, 2020), 38.
5 "The Beginning of the End", Redaktion der Zeitschrift *New Scientist*, 13. Oktober 2018. https://www.newscientist.com/article/mg24031992-900-weve-missed-many-chances-to-curb-global-warming-this-may-be-our-last/
6 „Der Bericht der Kommission über das Bevölkerungswachstum und die amerikanische Zukunft", https://www.population-security.org/rockefeller/001_population_growth_and_the_american_future.htm
7 Willis Harman und Peter Schwartz, *Assessment of Future National and International Problem Areas*, erstellt für die National Science Foundation, Vertrag NSF/STP76-02573, SRI-Projekt 4676, Februar 1977. Zusätzlich zu meinem Beitrag zum Gesamtbericht verfasste ich auch einen individuellen, 77-seitigen Bericht: *Limits to the Management of Large, Complex Systems*, veröffentlicht als Begleitband, Februar 1977.
8 Duane Elgin, ebd., eine Zusammenfassung dieses 77-seitigen Berichts über die *Grenzen des Managements großer, komplexer Systeme*. wurde als Artikel veröffentlicht: „Limits to Complexity: Are Bureaucracies Becoming Unmanageable," in *The Futurist*, Dezember 1977. https://duaneelgin.com/wp-content/uploads/2014/11/Limits-to-Large-Complex-Systems.pdf
9 Eine zusammenfassende Beschreibung dieses halben Jahres der Meditation im Jahr 1978 wurde als Anhang in mein Buch *Awakening Earth* aufgenommen. Dieses Buch ist als kostenloser Download auf meiner persönlichen Website erhältlich: https://duaneelgin.com/wp-content/uploads/2016/03/AWAKENING-EARTH-e-book-2.0.pdf. Die Erkenntnisse aus dieser Meditationserfahrung bildeten die Grundlage für die Erforschung der Welt jenseits des derzeitigen materialistischen Paradigmas und werden als Theorie der „dimensionalen Evolution" beschrieben. *Awakening Earth* stellt die Mitte der 2020er Jahre als ungefähren Zeitrahmen für den Übergang in den nächsten, geräumigeren, dimensionalen Kontext eines Paradigmas des lebendigen Universums und dessen Sicht der Realität, der menschlichen Identität und der evolutionären Reise dar.
10 Mit Dank an den buddhistischen Mönch Thich Nat Hanh für die Bereitstellung dieser Beschreibung.
11 Caroline Hickman, et. al., „Die Stimmen junger Menschen zu Klimaangst, Regierungsverrat und moralischer Verletzung: ein globales Phänomen". University of Bath, UK, 14. September 2021. https://papers.ssrn.com/sol3/papers.cfm?abstract_id=3918955
12 „Peoples' Climate Vote", UN-Entwicklungsprogramm (UNDP) und Universität Oxford, Januar 2021, https://www.undp.org/publications/peoples-climate-vote#modal-publication-download
13 "World Scientists' Warning to Humanity", *Union of Concerned Scientists*, 1992 ff. https://www.ucsusa.org/resources/1992-world-scientists-warning-humanity

14 Ebd.
15 Owen Gaffney, "Quit Carbon, and Quick", *New Scientist*, 5. Januar 2019. https://www.sciencedirect.com/science/article/abs/pii/S0262407919300181
16 Eugene Linden, "How Scientists Got Climate Change So Wrong", *The New York Times*, 8. November 2019. https://www.nytimes.com/2019/11/08/opinion/sunday/science-climate-change.html Auch:
„Beschleunigter Klimawandel", *Atmospheric Sciences & Global Change Research Highlights*, März 2015. Neue Forschungsergebnisse zeigen, dass sich der Temperaturanstieg in den nächsten Jahrzehnten beschleunigen wird. Die Temperaturveränderungen auf der Erde vollziehen sich schneller als in der Vergangenheit und beginnen sich zu beschleunigen. https://www.pnnl.gov/science/highlights/highlight.asp?id=3931
„Wie schnell verändert sich das Klima? Es ist innerhalb eines einzigen Lebens passiert." David Wallace-Wells, Klimajournalist und Autor von The Uninhabitable Earth, erklärt: https://www.youtube.com/watch?v=RA4mIbQ052k
17 Obwohl die Zeitskala der als „abrupt" bezeichneten Ereignisse stark variieren kann, gibt es sehr beunruhigende Hinweise darauf, dass sie auf der Zeitskala von Jahren liegen können! Zum Beispiel: „Die durch Eiskerne gemessenen Veränderungen des Klimas in Grönland am Ende der Jüngeren Dryas [vor etwa 11 800 Jahren] deuten auf eine plötzliche Erwärmung um +10° C (+18° F) innerhalb weniger Jahre hin." Grachev, A.M.; Severinghaus, J.P., Quaternary Science Reviews, März, 2005. *„A revised +10±4° C magnitude of the abrupt change in Greenland temperature at the Younger Dryas termination using published GISP2 gas isotope data and air thermal diffusion constants."* https://ui.adsabs.harvard.edu/abs/2005QSRv...24..513G/abstract
18 Eine Ausnahme ist Schweden: Christian Ketels und K. Persson, "Sweden's ministry for the future: how governments should think strategically and act horizontal", *Centre for Public Impact*, 29. November 2018. https://www.centreforpublicimpact.org/swedens-ministry-for-the-future-how-governments-should-think-strategically-and-act-horizontally/
19 Gus Speth, zitiert in der *Canadian Association of the Club of Rome*, 27. März 2016. https://canadiancor.com/scientists-dont-know/
20 John Vidal, "The Lost Decade: How We Awoke To Climate Change Only To Squander Every Chance To Act," *HuffPost*, 30. Dezember 2019. https://www.huffpost.com/entry/lost-decade-climate-change-action-2020_n_5df7af92e4b0ae01a1e459d2
21 "Workers Flee and Thieves Loot Venezuela's Reeling Oil Giant", The New York Times, 14. Juni 2018. https://www.nytimes.com/2018/06/14/world/americas/venezuela-oil-economy.html
22 Gangs Rule Much of Haiti. For Many, It Means No Fuel, No Power, No Food", https://www.nytimes.com/2021/10/27/world/americas/haiti-gangs-fuel-shortage.html "Haiti descends into chaos, yet the world continues to look away", Editorial Board, Washington Post, 21. November 2021. https://www.washingtonpost.com/opinions/2021/10/31/haiti-descends-into-chaos-yet-world-continues-look-away/ Siehe z.B.: Future of Life Institute, https://futureoflife.org/background/existential-risk/
23 Siehe z.B.: Future of Life Institute, https://futureoflife.org/background/existential-risk
24 Zur Veranschaulichung: In der Populärkultur ist eine „transhumanistische" Bewegung im Gange, die als „eine soziale und philosophische Bewegung, die sich der Förde-

rung der Forschung und Entwicklung robuster Technologien zur Verbesserung des Menschen widmet" beschrieben wird. Solche Technologien würden die menschliche Sinneswahrnehmung, emotionale Fähigkeiten oder kognitive Kapazitäten verbessern oder steigern sowie die menschliche Gesundheit radikal verbessern und die menschliche Lebensspanne verlängern." https://en.wikipedia.org/wiki/Transhumanism

25 Auch wenn die Rolle der Genmanipulation für die Zukunft höchst umstritten ist, ist es wichtig, sie anzuerkennen. Das Umschreiben des Codes des Lebens entwickelt sich rasch zu einer Technologie, die die evolutionäre Zukunft der Menschheit neu schreiben könnte – insbesondere innerhalb des hier betrachteten Zeitrahmens von einem halben Jahrhundert. CRISPR ist ein Werkzeug zur Genbearbeitung, das wie die Funktion zum Suchen und Ersetzen in einem Textverarbeitungsprogramm funktioniert. Anstatt ein großes wissenschaftliches Labor zu benötigen, ist diese Technologie inzwischen sehr einfach zu handhaben und hat zahlreiche Genunternehmer in Garagengröße hervorgebracht, die versuchen, neue Genlinien zu entwickeln und an die Menschheit zu verkaufen. Die Weltgesundheitsorganisation hat festgestellt, dass *Gene Editing-Tools weder außergewöhnliche biochemische Kenntnisse oder Fähigkeiten noch große finanzielle Mittel oder einen hohen Zeitaufwand erfordern*. Es ist daher verständlich, dass diese Werkzeuge aus den hochentwickelten Großlabors der Universitäten in die Garagen und Wohnzimmer von „Bio-Hackern" gewandert sind, die praktisch ohne Regulierung daran arbeiten, neue Lebensstränge zu schaffen, die im Grunde nicht mehr rückgängig zu machen sind. Genetic Editing ist eine Technologie mit doppelter Wirkung, das heißt, sie kann der Welt sowohl großen Nutzen als auch großen Schaden bringen.

Der potenzielle Nutzen dieser Technologie ist enorm. Genetisches Editing kann dazu beitragen, die Welt mit krankheitsresistenten und trockenheitstoleranten Pflanzen zu versorgen. Mit diesen Werkzeugen können auch Designer-Menschen geschaffen werden, die hitze- und stresstolerant sowie resistent gegen viele Krankheiten sind. So können beispielsweise rund 7.000 menschliche Krankheiten, die durch genetische Mutationen verursacht werden, auf diese Weise weitestgehend geheilt werden. Sie könnte die Menschen widerstandsfähiger gegen das AIDS-Virus und andere Krankheiten wie Sichelzellenanämie, Mukoviszidose, Herzkrankheiten, Leukämie, Malariaresistenz und vielleicht Alzheimer machen. Ein weiteres Beispiel für einen großen Nutzen ist die Reaktion auf die menschliche Spermienzahl, die dramatisch zurückgegangen ist. Wenn sie auf nahezu Null sinkt, ist das funktionale Aussterben der menschlichen Spezies wahrscheinlich, da wir nicht mehr in der Lage sind, uns fortzupflanzen. Im Gegenzug würde es wahrscheinlich konzertierte Bemühungen geben, durch genetisches Editing robustere und widerstandsfähigere Spermien zu produzieren, die den evolutionären Druck unserer Welt im Umbruch überleben können.

Auch der Schaden, der von dieser Technologie ausgehen könnte, ist enorm. Abgesehen vom Klimawandel gibt es nur zwei Technologien, die schnell Milliarden von Menschen töten könnten: Atomwaffen und biologische Waffen. Zur Veranschaulichung: Pocken sind eine der ansteckendsten, entstellendsten und tödlichsten Krankheiten der Welt, die die Menschen seit Tausenden von Jahren befallen und etwa 30 Prozent der Infizierten töten. Obwohl die Pocken auf der Erde ausgerottet wurden, haben Wissenschaftler herausgefunden, dass sie in einem Bio-Hacker-Labor wieder zusammengebaut werden können, indem man weltweit verfügbare Komponenten zusammensetzt. Genetisches Editing könnte auch eingesetzt werden, um arzneimittelresistente Milzbrandviren oder hochgradig übertragbare Grippeviren zu entwickeln, und vieles mehr.

Die Genbearbeitung ist ein evolutionärer Joker, der die Richtung der Evolution in unbekannte Bahnen lenken könnte. Der Historiker und Futurist Yuval Noah Harari schreibt in seinem umstrittenen Buch *Homo Deus*, dass die Menschheit, wenn wir diese Technologie nutzen, die Gesetze der natürlichen Selektion, die das Leben in den letzten vier Milliarden Jahren geprägt haben, aufheben und durch „Gesetze des wahren intelligenten Designs" ersetzen wird. Innerhalb weniger Jahrzehnte könnte die Erde von genetisch verbesserten Menschen bevölkert sein, deren große Vorteile sie sowohl unentbehrlich als auch nahezu unaufhaltsam machen könnten, wodurch eine bio-genetisch geschichtete Gesellschaft entstehen würde. Jede Generation von „verbesserten" Menschen könnte eine neue Basislinie für die Verbesserung der nächsten Generation festlegen und so radikal unterschiedliche Menschentypen hervorbringen – aber entlang welcher Linien? Wenn die erweiterten Fähigkeiten auf dem oberflächlichen Paradigma des Materialismus beruhen, werden sie wahrscheinlich eine düstere Zukunft für die Menschheit schaffen. Zur Veranschaulichung schreibt Harari, dass genetisch augmentierte Menschen für ihren Beitrag, zu den Datenströmen, die verschiedene computergestützte Algorithmen zur Wertschöpfung und Produktion nutzen, geehrt werden."

Das Paradigma des Materialismus bildet die Grundlage für diese verarmte und oberflächliche Sicht auf die evolutionären Möglichkeiten der Menschheit. Harari schreibt, dass „wir in der Zukunft erleben könnten, dass sich zwischen einer aufgewerteten Oberschicht und dem Rest der Gesellschaft echte Lücken in den physischen und kognitiven Fähigkeiten auftun, und dass wir „aufgewertete Übermenschen haben könnten, die die Welt beherrschen", wodurch „eine neue übermenschliche Kaste geschaffen wird, die ihre liberalen Wurzeln aufgibt und normale Menschen nicht besser behandelt, als die Europäer des neunzehnten Jahrhunderts die Afrikaner". Im Gegenzug stellt er fest, dass die rücksichtsloseste evolutionäre Strategie darin bestehen könnte, die Armen und Ungelernten der Welt loszulassen und nur mit der vergrößerten Klasse vorwärtszupreschen. Ohne einen übergreifenden ethischen Kontext zur Steuerung dieser sich abzeichnenden bio-genetischen Revolution besteht die enorme Gefahr, ein neues Kastensystem zu schaffen – und eine zutiefst beeinträchtigte und verzerrte Zukunft für die Menschheit. (Siehe Yuval Harari, *Homo Deus*, New York: Harper Collins, 2017, S. 352-355. Außerdem: Interview von Ezra Klein: „Yuval Harari, Autor von Sapiens", https://www.vox.com/2017/2/28/14745596/yuval-harari-sapiens-interview-meditation-ezra-klein.)

26 "We've missed many chances to curb global warming. This may be our last," editors of the journal, New Sci entist, October 13, 2018. https://www.newscientist.com/article/mg24031992-900-weve-missed-many-chances-to-curb-global-warming-this-may-be-our-last/

27 Jared Diamond, *Collapse: How Societies Choose to Fail or Succeed,* New York: Penguin Group, 2005. Also: Diamond, "Easter's End," in *Discover Magazine,* December 31, 1995, https://www.discovermagazine.com/planet-earth/easters-end28

28 Op. cit., *Kollaps*, S. 109.

29 Ebd., S. 119.

30 Garry Kasparov und Thor Halvorssen, "Why the rise of authoritarianism is a global catastrophe", *Washington Post*, 13. Februar 2017. https://www.washingtonpost.com/news/democracy-post/wp/2017/02/13/why-the-rise-of-authoritarianism-is-a-global-catastrophe/

31 Maria Repnikova, "China's 'responsive' authoritarianism", *Washington Post*, 27. November 2019. https://www.washingtonpost.com/news/theworldpost/wp/2018/11/27/china-authoritarian/ Außerdem: Paul Mozur und Aaron Krolik, "A Surveillance Net Blankets China's Cities, Giving Police Vast Powers," *The New York Times, December 17, 2019.* https://www.nytimes.com/2019/12/17/technology/china-surveillance.html?action=click&module=Top%20Stories&pgtype=Homepage

32 Nicholas Wright, "How Artificial Intelligence Will Reshape the Global Order", *Foreign Affairs*, 10. Juli 2018. https://www.foreignaffairs.com/articles/world/2018-07-10/how-artificial-intelligence-will-reshape-global-order?fa_anthology=1123571

33 Mathew Macwilliams, "Trump is an authoritarian. So are millions of Americans." *Politico*, 23. September 2020. https://www.politico.com/news/magazine/2020/09/23/trump-america-authoritarianism-420681; Zack Beauchamp, "Call it authoritarianism," *Vox*, Jun 15, 2021, https://www.vox.com/policy-and-politics/2021/6/15/22522504/republicans-authoritarianism-trump-competitive

34 Duane Elgin, The Living Universe, op. cit., 2009, S. 141-142.

35 "World Income Inequality Report," *World Inequality Lab*, Dezember 2021. https://wid.world/news-article/world-inequality-report-2022/

36 Ein weiterer Hinweis auf die bevorstehende Gefahr wird im IPCC-Bericht über Klimawandel und Land beschrieben. Siehe: „Die Welt hat etwas mehr als ein Jahrzehnt, um den Klimawandel unter Kontrolle zu bringen, sagen UN-Wissenschaftler." *Washington Post, https://www.washingtonpost.com/people/chris-mooney/* und Brady Dennis, 7. Oktober 2018. Es gibt keinen dokumentierten historischen Präzedenzfall für das Ausmaß der erforderlichen Veränderungen, so das Gremium. Hier ist eine wichtige Antwort auf den neuen IPCC-Bericht über „Klimawandel und Land". 1,5° ist das neue 2°", so Jennifer Morgan, Geschäftsführerin von Greenpeace International. Das Dokument stellt insbesondere fest, dass Instabilitäten in der Antarktis und in Grönland, die zu einem Anstieg des Meeresspiegels führen könnten, der in Fuß statt in Zentimetern gemessen wird, „bei einer globalen Erwärmung von 1,5 bis 2 °C ausgelöst werden könnten". Darüber hinaus steht der Totalverlust der tropischen Korallenriffe auf dem Spiel, da 70 bis 90 Prozent der Korallenriffe bei einer Erwärmung von 1,5° Celsius verschwinden dürften, so der Bericht. Bei 2°C steigt diese Zahl auf mehr als 99 Prozent. Der Bericht belegt eindeutig, dass eine Erwärmung um 1,5°C sehr schädlich wäre und dass 2°C – die früher als vernünftiges Ziel galten – in Teilen der Welt zu untragbaren Folgen führen könnten. https://www.ipcc.ch/report/srccl/ Auch: Aktualisierter IPCC-Bericht: "New U.N. climate report: Massive change already here for world's oceans and frozen regions," Chris Mooney and Brady Dennis, *Washington Post*, September 25, 2019. https://www.washingtonpost.com/climate-environment/2019/09/25/new-un-climate-report-massive-change-already-here-worlds-oceans-frozen-regions/ *Special Report on the Ocean and Cryosphere in a Changing Climate, Intergovernmental Panel on Climate Change,* https://www.ipcc.ch/srocc/. *Zum Herunterladen:* https://www.ipcc.ch/srocc/download-report

37 Ein Beispiel für die durch den Anstieg des Meeresspiegels verursachten Schäden ist die starke Erosion der Strände der Welt: Die Hälfte der Strände weltweit könnte bis zum Ende des Jahrhunderts verschwinden, und bis 2050 könnten einige Küstenlinien nicht mehr erkennbar sein verglichen mit heute. Michalis I. Vousdoukas, et. al., „Sandige Küsten sind von Erosion bedroht", *Nature: Climate Change*, März 2, 2020. https://www.nature.com/articles/s41558-020-0697-0

38 *IPCC Special Report on the Ocean and Cryosphere in a Changing Climate, IPCC*, 25. September 2019. https://report.ipcc.ch/srocc/pdf/SROCC_SPM_Approved.pdf *Zum Herunterladen:* https://www.ipcc.ch/srocc/download-report/%20https:/climatenexus.org/climate-change-news/ipcc-oceans-ice-systems-climate-impacts/

39 „Der Meeresspiegel wird noch jahrhundertelang steigen, selbst wenn die Emissionsziele erreicht werden", *The Guardian*, 6. November 2019. Die Verzögerung zwischen dem globalen Temperaturanstieg und den Auswirkungen der Küstenüberflutung bedeutet, dass die Welt bis ins Jahr 2300 mit ständig steigenden Meeresspiegeln konfrontiert sein wird, unabhängig von sofortigen Maßnahmen zur Bewältigung der Klimakrise, so die neue Studie. https://www.theguardian.com/environment/2019/nov/06/sea-level-rise-centuries-climate-crisis. Siehe die Studie "Attributing long-term sea-level rise to Paris Agreement emission pledges": https://www.pnas.org/content/early/2019/10/31/1907461116 Auch: Zeke Hausfather, "Common Climate Misconceptions: Atmospheric Carbon Dioxide," *Yale Climate Connections*, 16. Dezember 2010. Diese Studie ergab, dass zwar ein Großteil der Treibhausgasemissionen innerhalb weniger Jahrzehnte aus der Atmosphäre entfernt werden könnten, aber selbst wenn die Emissionen sofort eingestellt würden, würden etwa 10 Prozent die Erde noch über Tausende von Jahren erwärmen. Diese 10 Prozent sind bedeutsam, denn selbst ein geringer Anstieg der Treibhausgase in der Atmosphäre kann große Auswirkungen auf die Eisschilde und den Meeresspiegel haben, wenn er über Jahrtausende hinweg anhält. Noch wichtiger ist, dass die größte Gefahr nicht die globale Erwärmung ist, sondern die extremen Wetterlagen, die durch das Überschreiten von Kipp-Punkten hervorgerufen werden und die wiederum zu katastrophalen Hungersnöten und immensen Unruhen in der Bevölkerung führen. https://www.yaleclimateconnections.org/2010/12/common-climate-misconceptions-atmospheric-carbon-dioxide/

40 "BP Statistical Review of World Energy", *British Petroleum*, (68. Ausgabe), 2019. https://www.bp.com/content/dam/bp/business-sites/en/global/corporate/pdfs/energy-economics/statistical-review/bp-stats-review-2019-full-report.pdf

41 "Hothouse Earth Fears", *New Scientist*, 11. August 2018. https://www.sciencedirect.com/journal/new-scientist/vol/239/issue/3190 „Die meiste Zeit der letzten halben Milliarde Jahre war die Erde viel heißer als heute, ohne dauerhaftes Eis an den Polen: der Treibhauszustand der Erde. Dann, vor etwa drei Millionen Jahren, als der CO_2-Gehalt sank, begannen die Temperaturen zwischen zwei kühleren Zuständen zu schwanken: Eiszeiten mit großen Eisschilden, die große Teile der nördlichen Hemisphäre bedeckten, und Zwischeneiszeiten wie die heutige. Mit dem Anstieg von CO_2 könnten wir kurz davorstehen, den Planeten aus dem gegenwärtigen interglazialen Zustand in den Zustand eines Treibhauses zu versetzen. Die Folgen sind mehr als katastrophal.» Außerdem:

McGrath, „Climate change: ‚Hothouse Earth' risks even if CO_2 emissions slashed," *BBC*, August 5, 2018. https://www.bbc.com/news/science-environment-45084144

"New Climate Risk Classification Created to Account for Potential 'Existential' Threats", *Scripps Institute of Oceanography*, 14. September 2017. „Ein Temperaturanstieg von mehr als 3 °C könnte zu Auswirkungen führen, die die Forscher als „katastrophal" bezeichnen, und ein Anstieg von mehr als 5 °C könnte zu „unbekannten" Folgen führen, die sie als jenseits von katastrophal beschreiben, einschließlich potenziell existenzieller Bedrohungen. Das Schreckgespenst der existenziellen Bedrohung wird aufgeworfen, um die schwerwiegenden Risiken für die menschliche Gesundheit und das Aussterben von Arten bei einer Erwärmung von mehr als 5°C zu verdeutlichen, die es zumindest in den letzten 20 Millionen Jahren nicht gegeben hat https://scripps.ucsd.edu/news/new-climate-risk-classification-created-account-potential-existential-threats

Will Steffen, et. al., "Trajectories of the Earth System in the Anthropocene", *PNAS: Proceedings of the National Academy of Sciences*, August 14, 2018. „Wir untersuchen das Risiko, dass sich selbst verstärkende Rückkopplungen das Erdsystem in Richtung einer planetarischen Schwelle treiben könnten, die, wenn sie überschritten wird, eine Stabilisierung des Klimas bei mittleren Temperaturanstiegen verhindern und eine fortgesetzte Erwärmung auf einem ‚Treibhaus-Erdpfad' verursachen könnte, selbst wenn die menschlichen Emissionen reduziert werden. Das Überschreiten dieser Schwelle würde zu einer viel höheren globalen Durchschnittstemperatur führen als in jeder Zwischeneiszeit der letzten 1,2 Millionen Jahre und zu einem Meeresspiegel, der deutlich höher ist als zu jedem anderen Zeitpunkt im Holozän." https://doi.org/10.1073/pnas.1810141115

42 "Klimawandel: How Do We Know?" *NASA: Global Climate Change, Vital Signs of the Planet, 2019*. Sehen Sie sich die Beweise hier an: https://climate.nasa.gov/evidence/ Sehen Sie sich den wissenschaftlichen Konsens zur Klimaerwärmung hier an: https://climate.nasa.gov/scientific-consensus/ „Climate change: Disruption, risk and opportunity", *Science Direct* (ursprünglich veröffentlicht in *Global Transitions*, Band 1, 2019, S. 44-49). Die Studie kommt zu dem Schluss: Der Klimawandel ist störend, weil sich die Menschen an eine enge Bandbreite von Umweltbedingungen angepasst haben. Besonders risikoreich ist der Wandel bei geringer Vorhersagbarkeit, großem Ausmaß, schnellem Einsetzen und fehlender Umkehrbarkeit. https://doi.org/10.1016/j.glt.2019.02.001

„Die Wissenschaft der globalen Erwärmung: Die Wissenschaft ist eindeutig. *"Union of Concerned Scientists*, 2019. https://www.ucsusa.org/our-work/global- Die globale Erwärmung findet statt." Union of Concerned Scientists, 2019. https://www.ucsusa.org/our-work/global-warming/science-and-impacts/global-warming-science. Op. cit., IPCC *Special Report on Oceans and the Cryosphere*, 25. September 2019.

Bob Berwyn, "Ocean Warming Is Speeding Up, with Devastating Consequences, Study Shows", *Inside Climate News*. 14. Januar 2020. In 25 Jahren haben die Ozeane Wärme absorbiert, die der Energie von 3,6 Milliarden Atombombenexplosionen in der Größe von Hiroshima entspricht, so der Hauptautor der Studie. https://insideclimatenews.org/news/14012020/ocean-heat-2019-warmest-year-argo-hurricanes-corals-marine-animals-heatwaves

Sabrina Shankman, "Dead Birds Washing Up by the Thousands Send a Warning About Climate Change", *Inside Climate News*, Januar 15, 2020. Eine neue Studie enträtselt das Geheimnis, warum so viele dieser normalerweise widerstandsfähigen Seevögel während einer Hitzewelle im Meer, die zum Teil durch die globale Erwärmung angeheizt wurde, verhungerten. https://insideclimatenews.org/news/15012020/seabird-death-ocean-heat-wave-blob-pacific-alaska-common-murre

43 „Dringende gesundheitliche Herausforderungen für das nächste Jahrzehnt", *WHO (Weltgesundheitsorganisation)*, 13. Januar 2020. https://www.who.int/news-room/photo-story/photo-story-detail/urgent-health-challenges-for-the-next-decade

44 "Powerful actor, high impact bio-threats-initial report", *Wilton Park/UK*, 9. November 2018. https://www.wiltonpark.org.uk/wp-content/uploads/WP1625-Summary-report.pdf Auch:

Nafeez Ahmed, „Coronavirus, Synchronversagen und die globale Phasenverschiebung", *Insurge Intelligence*, 2. März 2020. https://medium.com/insurge-intelligence/coronavirus-synchronous-failure-and-the-global-phase-shift-3f00d4552940

Jennifer Zhang, "Coronavirus Response Shows the World May Not Be Ready for Climate-Induced Pandemics", *Columbia University*, 24. Februar 2020. https://blogs.ei.columbia.edu/2020/02/24/coronavirus-climate-induced-pandemics/

Brian Deese und Ronald Klain, „Eine weitere tödliche Folge des Klimawandels: Die Ausbreitung von gefährlichen Krankheiten", *Washington Post*, 30. Mai 2017. https://www.washingtonpost.com/opinions/another-deadly-consequence-of-climate-change-the-spread-of-dangerous-diseases/2017/05/30/fd3b8504-34b1-11e7-b4ee-434b6d506b37_story.html

Ich schätze die Einsichten von Sandy Wiggins, die zwischen den Herausforderungen der Reaktion auf Pandemien und denen des Klimawandels unterscheidet.

45 Eine andere Studie kommt zum Schluss, dass bereits: „Zwei Drittel der Weltbevölkerung (4,0 Milliarden Menschen) mindestens einen Monat im Jahr unter Bedingungen schwerer Wasserknappheit leben." https://www.seametrics.com/blog/future-water/ Auch:

Mesfin M. Mekonnen und Arjen Y. Hoekstra, "Four billion people facing severe water scarcity," *Science Advances*, Februar 12, 2016. https://advances.sciencemag.org/content/2/2/e1500323.full

In einer anderen Studie wurde festgestellt, dass sich die von „schwerem Wasserstress" betroffenen Gebiete zwischen 1995 und 2025 ausweiten stärker belastet werden, und dass die Zahl der in diesen Gebieten lebenden Menschen von 2,1 auf 4,0 Milliarden Menschen steigt. Sie erklären: „Der anhaltende Stress auf die Wasserressourcen erhöht das Risiko, dass es weltweit zu gleichzeitigen Wasserknappheiten kommt und sogar eine Art globale Wasserkrise ausgelöst wird." „World Water in 2025: Globale Modellierung und Szenarioanalyse für die Weltwasserkommission für das kommende Jahrhundert", Joseph Alcamo, Thomas Henrichs, Thomas Rösch, *Zentrum für Umweltsystemforschung* Universität Kassel, Februar 2000. http://www.env-edu.gr/Documents/World%20Water%20in%202025.pdf

46 „Die Wasserkrise", Water.org, 2019. https://water.org/our-impact/water-crisis/

47 "World Water Development Report", 2019. https://www.unwater.org/publications/un-world-water-development-report-2019

48 Die Zahl der unterernährten Menschen in der Welt ist seit 2015 gestiegen und hat das Niveau der Jahre 2010-2011 wieder erreicht. http://www.fao.org/state-of-food-security-nutrition/en/

49 Nafeez Ahmed, "West's 'Dust Bowl' Future now 'Locked In, as World Risks Imminent Food Crisis", *Insurge Intelligence*, 6. Januar 2020. https://www.resilience.org/stories/2020-01-06/wests-dust-bowl-future-now-locked-in-as-world-risks-imminent-food-crisis/

50 Anup Shah, "Poverty Facts and Stats", *Global Issues*, aktualisiert am 7. Januar 2013. http://www.globalissues.org/article/26/poverty-facts-and-stats#src1

Also: Anup Shah, "Poverty Around The World", *Globale Fragen*, 12. November 2011. https://www.globalissues.org/print/article/4#WorldBanksPovertyEstimatesRevised

51 Julian Cribb, „Die kommende Hungersnot: Risiken und Lösungen für die globale

Ernährungssicherheit", 18. April 2010. https://www.sciencealert.com/the-coming-famine-risks-and-solutions-for-global-food-security ca5162de.pdf

52 "Our Food Systems Are in Crisis", *Scientific American*, 15. Oktober 2019. https://blogs.scientificamerican.com/observations/our-food-systems-are-in-crisis/

53 Izabella Koziell, „Migration, Landwirtschaft und Klimawandel", *Ernährungs- und Landwirtschaftsorganisation der Vereinten Nationen*, 2017. http://www.fao.org/3/I8297EN/i8297en.pdf

54 Siehe Bericht "Nature's Dangerous Decline 'Unprecedented'; Species Extinction Rates 'Accelerating'" *Intergovernmental Science-Policy Platform on Biodiversity and Ecosystem Services (IPBES)*, 22. Mai 2019. https://www.ipbes.net/news/Media-Release-Global-Assessment Auch: https://www.washingtonpost.com/climate-environment/2019/05/06/one-million-species-face-extinction-un-panel-says-humans-will-suffer-result/

55 "Plummeting insect numbers 'threaten collapse of nature,'" in *The Guardian*, 10. Februar 2019. https://www.theguardian.com/environment/2019/feb/10/plummeting-insect-numbers-threaten-collapse-of-nature Immer mehr Studien schlagen Alarm, dass sich Insekten weltweit in einer Krise befinden. So stellte eine Studie in Deutschland fest, dass die Zahl der Fluginsekten allein in den letzten Jahrzehnten um 76 Prozent zurückgegangen ist. Eine andere Studie über Regenwälder in Puerto Rico ergab, dass der Insektenbestand um das 60-fache zurückgegangen ist. Außerdem:

Damian Carrington, "Car 'splatometer' tests reveal huge decline in number of insects", *The Guardian*, Februar 12, 2020. Untersuchungen zeigen, dass die Insektenpopulationen an Standorten in Europa in zwei Jahrzehnten um bis zu 80 Prozent zurückgegangen sind. https://www.theguardian.com/environment/2020/feb/12/car-splatometer-tests-reveal-huge-decline-number-insects

Damian Carrington, "Insect apocalypse' poses risk to all life on Earth, conservationists warn," *The Guardian*, November 13, 2019. Ein Bericht behauptet, dass 400.000 Insektenarten vom Aussterben bedroht sind, weil viele Pestizide eingesetzt werden. https://www.theguardian.com/environment/2019/nov/13/insect-apocalypse-poses-risk-to-all-life-on-earth-conservationists-warn

Dave Goulson, "Insect declines and why they matter", im Auftrag des *South West Wildlife Trusts*, 2019. „Jüngste Erkenntnisse deuten darauf hin, dass der Bestand an Insekten seit 1970 um 50 Prozent oder mehr zurückgegangen ist. Das ist besorgniserregend, denn Insekten sind lebenswichtig, unter anderem als Nahrung, Bestäuber und Recycler." https://www.somersetwildlife.org/sites/default/files/2019-11/FULL%20AFI%20REPORT%20WEB1_1.pdf

https://www.sciencedirect.com/science/article/abs/pii/S0006320718313636?via%-3Dihub

56 "Pollinators Help One Third Of The World's Food Crop Production", *Science Daily*, 26. Oktober 2009. https://www.sciencedaily.com/releases/2006/10/061025165904.htm.

Bienen sind die Hauptakteure bei der Fortpflanzung von Pflanzen, da sie den Pollen von den männlichen Staubblättern auf die weiblichen Stempel übertragen. Außerdem:

57 "Birds Are Vanishing from North America", *The New York Times*, 19. September 2019. https://www.nytimes.com/2019/09/19/science/bird-populations-america-canada.html

58 Kenneth Rosenberg, et. al., "Decline of the North American avifauna", *Science*, 4. Oktober 2019. https://science.sciencemag.org/content/366/6461/120

59 J. Emmett Duffy, et. al., "Science study predicts collapse of all seafood fisheries by 2050", *Stanford Report*, 2. November 2006. https://news.stanford.edu/news/2006/november8/ocean-110806.html „Alle Arten wild lebender Meeresfrüchte werden innerhalb von 50 Jahren kollabieren, so eine neue Studie eines internationalen Teams von Ökologen und Ökonomen. … Auf der Grundlage aktueller globaler Trends sagten die Autoren voraus, dass jede Art von wild gefangenen Meeresfrüchten – von Thunfisch bis Sardinen – bis zum Jahr 2050 aussterben wird. Der Begriff ‚Kollaps' wurde definiert als eine 90-prozentige Dezimierung der Grundbestände der jeweiligen Art. Außerdem:

Jeff Colarossi, "Climate Change And Overfishing Are Driving The World's Oceans To The 'Brink Of Collapse'", *Think Progress*, 2015. https://thinkprogress.org/climate-change-and-overfishing-are-driving-the-worlds-oceans-to-the-brink-of-collapse-2d095e127640/ „Innerhalb einer einzigen Generation haben menschliche Aktivitäten fast jeden Aspekt unserer globalen Ozeane schwer beschädigt. Das ist das Ergebnis einer neuen Studie *des World Wildlife Fund*, die zeigt, dass die Meerespopulationen zwischen 1970 und 2012 um 49 Prozent zurückgegangen sind. … Das Bild ist jetzt klarer denn je: Die Menschheit betreibt kollektiv Misswirtschaft mit den Ozeanen bis an den Rand des Kollapses."

"Living Blue Planet Report: Species, habitats and human well-being", *World Wildlife Fund*, 2015. http://assets.wwf.org.uk/downloads/living_blue_planet_report_2015.pdf?_ga=1.259860873.2024073479.1442408269

Ivan Nagelkerken und Sean D. Connell, "Global alteration of ocean ecosystem functioning due to increasing human CO_2 emissions," *PNAS: Proceedings of the National Academy of Sciences*, October 27, 2015. https://doi.org/10.1073/pnas.1510856112

60 Adam Vaughan, "Humanity driving 'unprecedented' marine extinction", The Guardian, September 14, 2016. https://www.theguardian.com/environment/2016/sep/14/humanity-driving-unprecedented-marine-extinction Die Studie ist hier zu finden: "Ecological selectivity of the emerging mass extinction in the oceans", Science, September 16, 2016. https://science.sciencemag.org/content/353/6305/1284

61 "Saving Life on Earth: a plan to stop the global extinction crisis", *Center for Biological Diversity*, Januar 2020. https://www.biologicaldiversity.org/programs/biodiversity/elements_of_biodiversity/extinction_crisis/pdfs/Saving-Life-On-Earth.pdf

62 Aktuelle U.N.-Schätzungen der Weltbevölkerung. https://www.worldometers.info/world-population/

63 Rob Smith, "These will be the world's most populated countries by 2100", *Weltwirtschaftsforum*, 29. Februar 2018. https://www.weforum.org/agenda/2018/02/these-will-be-the-worlds-most-populated-countries-by-2100/Also: Jeff Desjardins, "The world's biggest countries, as you've never seen them before", *Weltwirtschaftsforum*, 4. Oktober 2017. https://www.weforum.org/agenda/2017/10/the-worlds-biggest-countries-as-youve-never-seen-them-before

64 Wachstum der Weltbevölkerung. Quellen: Population *Division of the Department of Economic and Social Affairs of the United Nations Secretariat*, 2013 und World Population Prospects The 2012 Revision, New York, United Nations. Weniger entwickelte Regionen: Afrika, Asien (ohne Japan), Lateinamerika und die Karibik sowie Ozeanien (ohne Australien und Neuseeland). Stärker entwickelte Regionen: Europa, Nordame-

rika (Kanada und die Vereinigten Staaten), Japan, Australien und Neuseeland. https://kids.britannica.com/students/assembly/view/171828

65   Bradshaw und Barry Brook, "A killer plague wouldn't save the planet from us", *New Scientist*, 1. November 2014. In dem Artikel wird eine ungefähre Tragfähigkeit der Erde angegeben. Die Autoren schätzen, dass eine nachhaltige menschliche Bevölkerung bei den derzeitigen westlichen Konsummustern und Technologien zwischen 1 und 2 Milliarden Menschen betragen würde. Außerdem:

Eine andere Perspektive auf die Tragfähigkeit der Erde bietet Christopher Tucker, *A Planet of 3 Billion*, Atlas Observatory Press, August 2019. http://planet3billion.com/index.html

Der visionäre Wissenschaftler James Lovelock glaubt, dass die Erdbevölkerung bis zum Jahr 2100 auf bis zu 500 Millionen Menschen schrumpfen wird, wobei die meisten Überlebenden in den hohen nördlichen Breitengraden leben werden – in Kanada, Island, Skandinavien und im Arktischen Becken. Siehe das Interview: Jeff Goodell, "Hothouse Earth Is Merely the Beginning of the End", *Rolling Stone* Magazin, 9. August 2018. https://www.rollingstone.com/politics/politics-features/hothouse-earth-climate-change-709470/

4 Degrees Hotter, A Climate Action Centre Primer, Februar 2011. Melbourne, Australien. https://www.climatecodered.org/2011/02/4-degrees-hotter-adaptation-trap.html Die Studie zitiert Professor Kevin Anderson, Direktor des *Tyndall Centre for Climate Change*, der „glaubt, dass nur etwa 10 Prozent der Weltbevölkerung – etwa eine halbe Milliarde Menschen – überleben werden, wenn die globalen Temperaturen um 4°C steigen. Er sagte, die Folgen seien «erschreckend». «Für die Menschheit geht es um Leben oder Tod». «Wir werden nicht alle Menschen aussterben lassen, denn einige wenige Menschen mit den richtigen Ressourcen könnten sich in den richtigen Teilen der Welt ansiedeln und überleben. Aber ich halte es für extrem unwahrscheinlich, dass es bei 4°C nicht zu einem Massensterben kommen wird». Im Jahr 2009 erklärte Professor Hans Joachim Schellbhuber, Direktor des *Potsdam-Instituts* und einer der renommiertesten europäischen Klimawissenschaftler, dass die Bevölkerung bei 4°C „. . Schätzungen der Tragfähigkeit unter 1 Milliarde Menschen liegen".

„Tragfähigkeit," *Wikipedia*, 2019. „Es wurden mehrere Schätzungen der Tragfähigkeit mit einer großen Bandbreite von Bevölkerungszahlen vorgenommen. In einem UN-Bericht aus dem Jahr 2001 heißt es, dass zwei Drittel der Schätzungen in den Bereich von 4 bis 16 Milliarden Menschen fallen, mit nicht spezifizierten Standardfehlern und einem Median von etwa 10 Milliarden. Neuere Schätzungen liegen weit darunter, insbesondere wenn die Erschöpfung nicht erneuerbarer Ressourcen und der erhöhte Verbrauch berücksichtigt werden". https://en.wikipedia.org/wiki/Carrying_capacity

„Wie viele Menschen kann die Erde tatsächlich ernähren?" *Australian Academy of Science*, 2019. https://www.science.org.au/curious/earth-environment/how-many-people-can-earth-actually-support „Wenn alle Menschen auf der Erde wie ein amerikanischer Mittelständler leben würden, könnte der Planet eine Tragfähigkeit von etwa 2 Milliarden haben." Wenn die Menschen jedoch nur das verbrauchen würden, was sie tatsächlich brauchen, könnte die Erde potenziell eine viel höhere Zahl verkraften.

Marian Starkey, „Was ist die Tragfähigkeit der Erde?" *Population Connection*, 13. April 2017. https://www.POPULATIONCONNECTION.ORG/CARRYING-CAPACITY-EARTH/ „Schon jetzt verbrauchen wir die erneuerbaren Ressourcen der Erde eineinhalb Mal so schnell wie nachhaltig wäre. Und das, obwohl Milliarden von

Menschen in Armut leben und so gut wie nichts verbrauchen. Stellen Sie sich vor, was passieren würde, wenn verzweifelt arme Menschen das Glück hätten, einen Lebensstil der Mittelklasse zu führen. Und dann stellen Sie sich vor, was passieren würde, wenn arme Menschen sich der Mittelschicht anschließen *und* die menschliche Bevölkerung von heute 7,5 Milliarden auf 9, 10 oder 11 Milliarden anwächst."

Andrew D. Hwang, "The human population is 7.5 billion and counting – a mathematician counts how many humans the Earth can actually support," *Business Insider*, 10. Juli 2018. https://www.businessinsider.com/how-many-people-earth-can-hold-before-runs-out-resources-2018-7 Laut dem *Worldwatch Institute*, einem Think-Tank für Umweltfragen, verfügt die Erde über 1,9 Hektar Land pro Person für den Anbau von Nahrungsmitteln und Textilien für Kleidung, die Bereitstellung von Holz und die Aufnahme von Abfall. Der durchschnittliche Amerikaner verbraucht etwa 9,7 Hektar. Allein diese Daten deuten darauf hin, dass die Erde höchstens ein Fünftel der derzeitigen Bevölkerung, 1,5 Milliarden Menschen, bei einem Lebensstandard wie in den USA ernähren kann. Die Erde kann den Lebensstandard der Industriestaaten nur deshalb halten, weil wir das „Sparkonto" der nicht erneuerbaren Ressourcen, einschließlich des fruchtbaren Mutterbodens, des trinkbaren Wassers, der Wälder, der Fischerei und des Erdöls, aufbrauchen.

Natalie Wolchover, "How Many People Can Earth Support?", *Live Science*, 11. Oktober 2011. https://www.livescience.com/16493-people-planet-earth-support.html „10 Milliarden Menschen ist die oberste Bevölkerungsgrenze, wenn es um Nahrungsmittel geht. Da es äußerst unwahrscheinlich ist, dass sich alle Menschen darauf einigen, kein Fleisch mehr zu essen, ist E.O. Wilson der Meinung, dass die maximale Tragfähigkeit der Erde auf der Grundlage der Nahrungsressourcen höchstwahrscheinlich unter 10 Milliarden liegen wird."

Vivien Cumming, "How many people can our planet really support?", *BBC*, 14. März 2016. http://www.bbc.com/earth/story/20160311-how-many-people-can-our-planet-really-support „Nicht die Zahl der Menschen auf dem Planeten ist das Problem, sondern die Zahl der Verbraucher und das Ausmaß und die Art ihres Konsums", sagt David Satterthwaite, ein Senior Fellow am International Institute for Environment and Development in London. Er zitiert Gandhi: „Die Welt hat genug für jedermanns Bedürfnisse, aber nicht genug für jedermanns Gier". . . . Wirklich bedenklich wäre es, wenn die Menschen, die in diesen Gebieten leben, beschließen würden, den Lebensstil und die Verbrauchsraten zu fordern, die derzeit in den Ländern mit hohem Einkommen als normal angesehen werden; etwas, das nach Ansicht vieler nur fair ist. . . Nur wenn wohlhabendere Bevölkerungsgruppen bereit sind, einen kohlenstoffarmen Lebensstil anzunehmen und ihren Regierungen zu erlauben, einen solchen scheinbar unpopulären Schritt zu unterstützen, werden wir den Druck auf die globalen Klima-, Ressourcen- und Abfallprobleme verringern. . . . Die Erde ist auf absehbare Zeit unser einziges Zuhause, und wir müssen einen Weg finden, nachhaltig auf ihr zu leben. Es scheint klar zu sein, dass dies eine Einschränkung unseres Konsums erfordert, insbesondere einen Übergang zu einem kohlenstoffarmen Lebensstil, und eine Verbesserung der Stellung der Frauen weltweit. Erst wenn wir diese Dinge getan haben, werden wir wirklich abschätzen können, wie viele Menschen unser Planet auf Dauer aufnehmen kann."

„Ein Planet, wie viele Menschen? A Review of Earth's Carrying Capacity", *UNEP*, Juni 2102. https://na.unep.net/geas/archive/pdfs/geas_jun_12_carrying_capacity.pdf

Die Schätzungen der Tragfähigkeit der Erde weisen eine große Bandbreite auf, wobei die größte Konzentration der Schätzungen zwischen 8 und 16 Milliarden Menschen liegt (3). Die Weltbevölkerung nähert sich rasch dem unteren Ende dieser Spanne und wird voraussichtlich bis zum Ende des Jahrhunderts mit etwa 10 Milliarden Menschen deutlich darüber liegen.

66 Ökologischer Fußabdruck, https://www.footprintnetwork.org/our-work/ecological-footprint/

67 "Consumer Spending Trends and Current Statistics", Kimberly Amadeo, *The Balance*, 27. Juni 2019. https://www.thebalance.com/consumer-spending-trends-and-current-statistics-3305916 Außerdem:

„Konsum und die Wirtschaft", Hale Stewart, *The New York Times*, 9. September 2010. „Die US-Wirtschaft wird vor allem durch Konsum angetrieben, der für etwa 70 Prozent des gesamten Wirtschaftswachstums verantwortlich ist. Wenn die Verbraucher jedoch weiterhin die Wirtschaft antreiben sollen, müssen sie in einer soliden finanziellen Lage sein; wenn sie mit Schulden überlastet sind, können sie ihre Position als wichtigster Motor des Wirtschaftswachstums nicht aufrechterhalten." https://fivethirtyeight.blogs.nytimes.com/2010/09/19/consumer-spending-and-the-economy/

68 "Klimawandel: Big lifestyle changes 'needed to cut emissions'," Roger Harrabin, *BBC*, August 2019. https://www.bbc.com/news/science-environment-49499521

69 Der Bericht wurde von der Weltorganisation für Meteorologie unter der Schirmherrschaft der wissenschaftlichen Beratergruppe des UN-Klimaaktionsgipfels 2019 erstellt. https://wedocs.unep.org/bitstream/handle/20.500.11822/30023/climsci.pdf?sequence=1&isAllowed=y

70 Katherine Rooney, "Climate change will shrink these economies fastest", *Weltwirtschaftsforum*, 30. September 2019. https://www.weforum.org/agenda/2019/09/climate-change-shrink-these-economies-fastest/

71 Nicholas Stern, „Der Klimawandel wird uns zwingen, das Wirtschaftswachstum neu zu definieren", *Weltwirtschaftsforum*, 11. Juli 2018. https://www.weforum.org/agenda/2018/07/here-are-the-economic-reasons-to-act-on-climate-change-immediately

72 Paul Buchheit, "These 6 Men Have as Much Wealth as Half the World's Population," Common Dreams, February 20, 2017. https://www.ecowatch.com/richest-men-in-the-world-2274065153.html

73 „Oxfam sagt, dass der Reichtum der reichsten 1% dem der anderen 99% entspricht". *BBC*, 16. Januar 2016. https://www.bbc.com/news/business-35339475

74 David Leonhardt, "The Rich Really Do Pay Lower Taxes Than You", *The New York Times*, 6. Oktober 2019. https://www.nytimes.com/interactive/2019/10/06/opinion/income-tax-rate-wealthy.html?action=click&module=Opinion&pgtype=Homepage

75 Jason Kickel, "Global inequality may be much worse than we think", *The Guardian*, 8. April 2016. „Die globale Ungleichheit ist schlimmer als jemals zuvor seit dem 19th Jahrhundert. . . . Es spielt keine Rolle, wie man es dreht und wendet; die globale Ungleichheit wird schlimmer. Viel schlimmer. Die Konvergenztheorie hat sich als völlig falsch erwiesen. Die Ungleichheit verschwindet nicht automatisch; alles hängt von den politischen Machtverhältnissen in der Weltwirtschaft ab. Solange einige wenige reiche Länder die Macht haben, die Regeln zu ihrem eigenen Vorteil zu bestimmen, wird sich die Ungleichheit weiter verschärfen." https://www.theguardian.com/global-develop-

ment-professionals-network/2016/apr/08/global-inequality-may-be-much-worse-than-we-think

76 Isabel Ortiz, "Global Inequality: Beyond the Bottom Billion", *UNICEF*, Arbeitspapier, April 2011. https://childimpact.unicef-irc.org/documents/view/id/120/lang/120_Global_Inequality_REVISED_-_5_July.pdf Siehe Abbildung 5 für die „Champagnerglas"-Darstellung der Ungleichheiten, die dem 1992 veröffentlichten *Bericht der Vereinten Nationen über die menschliche Entwicklung* entnommen ist und in Oxford University Press, 1992, veröffentlicht wurde. Eine andere Version der weit verbreiteten „Champagnerglas"-Darstellung der Ungleichheiten ist als Abbildung 1 in dem Bericht „Extreme Carbon Inequality: Why the Paris climate deal must put the poorest, lowest emitting and most vulnerable people first", *Oxfam Media Briefing, Oxfam.org*, 2. Dezember 2015, dargestellt. https://oi-files-d8-prod.s3.eu-west-2.amazonaws.com/s3fs-public/file_attachments/mb-extreme-carbon-inequality-021215-en.pdf?te=1&nl=climate-fwd:&emc=edit_clim_20191113?campaign_id=54&instance_id=13827&segment_id=18753&user_id=d0fffc2fcb270a87206ab8a9cc08a01f&regi_id=63360062

77 „Extreme Kohlenstoff-Ungleichheit", ebd.

78 „Klimagerechtigkeit", *Wikipedia*, https://en.wikipedia.org/wiki/Climate_justice

79 Andrew Hoerner und Nia Robinson, *"Ein Klima des Wandels: African Americans, Global Warming, and a Just Climate Policy for the US,"* Environmental Justice & Climate Change Initiative, 2008. https://www.reimaginerpe.org/cj/hoerner-robinson

80 Moira Fagan, et. al., "A look at how people around the world view climate change", *PEW Research*, 18. April 2019. https://www.pewresearch.org/fact-tank/2019/04/18/a-look-at-how-people-around-the-world-view-climate-change/

81 Ebd., 2019.

82 Ich erkenne, dass diese Terminologie problematisch sein kann, weil sie davon ausgeht, dass die Richtung, die die „entwickelten" Nationen derzeit eingeschlagen haben (in Richtung Überkonsum und Hyperindividualisierung), das vereinbarte Ziel ist, und dass die „Entwicklungsländer" bei der Erreichung dieses Ziels einfach zurückliegen.

83 "Wissenschaftlicher Konsens: Earth's Climate is Warming," *NASA: Global Climate Change, Vital Signs of the Planet*, 2019. Sehen Sie sich die Beweise hier an: https://climate.nasa.gov/evidence/ Sehen Sie sich den wissenschaftlichen Konsens zur Klimaerwärmung hier an: https://climate.nasa.gov/scientific-consensus/ Auch:

„Climate change: Disruption, risk and opportunity", *Science Direct* (ursprünglich veröffentlicht in *Global Transitions*, Band 1, 2019). Die Studie kommt zum Schluss: Der Klimawandel ist verheerend, weil sich die Menschen an eine enge Bandbreite von Umweltbedingungen angepasst haben. Der Wandel ist besonders riskant, wenn er wenig vorhersehbar ist, in großem Maßstab und schnell eintritt und nicht umkehrbar ist. https://doi.org/10.1016/j.glt.2019.02.001

„Die Wissenschaft der globalen Erwärmung: Die Wissenschaft ist eindeutig. Global warming is happening." *Union of Concerned Scientists*, 2019. https://www.ucsusa.org/our-work/global-warming/science-and-impacts/global-warming-science

84 Timothy M. Lenton, et. al., "Climate tipping point-too risky to bet against", *Nature*, 27. November 2019. https://www.nature.com/articles/d41586-019-03595-0 Außerdem: Arthur Neslen, "By 2030, We Will Pass the Point Where We Can Stop Runaway Cli-

mate Change," HuffPost, September 5, 2018, https://www.huffingtonpost.com/entry/runaway-climate-change-2030-report_us_5b8ecba3e4b0162f4727a09f

Die 2030er Jahre könnten eine Periode hoher Instabilität der Klimatrends sein – vielleicht mit einem klimatologischen „Peitschenhieb". Eine Studie aus dem Jahr 2015 sagte für dieses Jahrzehnt eher eine Abkühlung als eine Erwärmung voraus: „Solar activity predicted to fall 60 percent in 2030s, to mini-ice age levels: Sun driven by double dynamo," Juli 9, 2015, *Royal Astronomical Society*, berichtet in *Science Daily*. https://www.sciencedaily.com/releases/2015/07/150709092955.htm

Alexander Robinson, et al., "Multistability and critical thresholds of the Greenland ice sheet", Nature Climate Change 1. März 2012. „… der grönländische Eisschild reagiert empfindlicher auf langfristige Klimaänderungen als bisher angenommen. Wir schätzen, dass die Erwärmungsschwelle, die zu einem im Wesentlichen eisfreien Zustand führt, im Bereich von 0,8-3,2°C liegt, mit einer besten Schätzung von 1,6°C." https://www.nature.com/articles/nclimate1449#citeas

Michael Marshall, „Große Methanfreisetzung ist fast unvermeidlich", *New Scientist*, 21. Februar 2013. „Wir stehen an der Schwelle zu einem Kipppunkt im Klima. Wenn sich das globale Klima noch ein paar Zehntel Grad erwärmt, wird ein großer Teil des sibirischen Permafrosts unkontrolliert zu schmelzen beginnen." https://www.newscientist.com/article/dn23205-major-methane-release-is-almost-inevitable/#ixzz5zQ199XTi

"Jessica Corbett, "'Boiling with methane': Scientists reveal 'truly terrifying' sign of climate change under the Arctic Ocean," *Common Dreams*, October 9, 2019. https://www.alternet.org/2019/10/boiling-with-methane-scientists-reveal-truly-terrifying-sign-of-climate-change-under-the-arctic-ocean/

85 „Der Temperaturanstieg in der Arktis ist für die kommenden Jahrzehnte unumkehrbar (locked in)", *UNEP*, 12. März 2019. „Selbst wenn die bestehenden Verpflichtungen des Pariser Abkommens eingehalten werden, werden die Wintertemperaturen über dem Arktischen Ozean bis Mitte des Jahrhunderts um 3-5°C im Vergleich zu den Werten von 1986-2005 steigen. Das Auftauen des Permafrosts könnte den ‚schlafenden Riesen' weiterer Treibhausgase wecken und so die globalen Klimaziele gefährden." https://www.unep.org/news-and-stories/press-release/temperature-rise-locked-coming-decades-arctic. Auch:

Steffen, et. al., "Trajectories of the Earth System in the Anthropocene", *PNAS*, 6. Juli 2018. Diese Studie erforscht: Die Treibhaus-Erde und wie eine galoppierende globale Erwärmung die Bewohnbarkeit des Planeten für den Menschen bedroht. https://www.pnas.org/content/115/33/8252

86 „Ein unerwarteter Anstieg des weltweiten Methangehalts in der Atmosphäre droht die erwarteten Erfolge des Pariser Klimaabkommens zunichte zu machen. Die zuvor stabilen globalen Methanwerte sind in den letzten Jahren unerwartet stark angestiegen. Siehe: Benjamin Hmiel, et.al., „Preindustrial[14] CH_4 indicates greater anthropogenic fossil CH_4 emissions," *Nature*, February 19, 2020. https://www.nature.com/articles/s41586-020-1991-8 Diese Studie zeigt, dass Wissenschaftler und Regierungen die Emissionen des starken Treibhausgases Methan aus der Öl- und Gasförderung stark unterschätzt haben. Außerdem:

Nisbet et al. "Very Strong Atmospheric Methane Growth in the 4 Years 2014-2017: Implications for the Paris Agreement", *Global Biogeochemical Cycles*. March 2019. https://doi.org/10.1029/2018GB006009 Siehe den zusammenfassenden Artikel in

Climate Nexus hier: https://climatenexus.org/climate-change-news/methane-surge/

87 Hubau Wannes, et al., "Asynchronous carbon sink saturation in African and Amazonian tropical forests", *Nature*, 5. März 2020. https://www.nature.com/articles/s41586-020-2035-0. Außerdem:

Fiona Harvey, "Tropical forests losing their ability to absorb carbon, study finds", *The Guardian*, März 4, 2020. https://www.theguardian.com/environment/2020/mar/04/tropical-forests-losing-their-ability-to-absorb-carbon-study-finds

88 Stewart Patrick, "The Coming Global Water Crisis", *The Atlantic*, 9. Mai 2012. https://www.theatlantic.com/international/archive/2012/05/the-coming-global-water-crisis/256896/ Auch:

William Wheeler, "Global water crisis: too little, too much, or lack of a plan?", *Christian Science Monitor*, Dezember 2, 2012. https://www.csmonitor.com/World/Global-Issues/2012/1202/Global-water-crisis-too-little-too-much-or-lack-of-a-plan

89 Gilbert Houngbo, "The United Nations world water development report 2018: nature-based solutions for water", *UNESCO*, 2018. https://unesdoc.unesco.org/ark:/48223/pf0000261424

90 Stephen Leahy, "From Not Enough to Too Much, the World's Water Crisis Explained", *National Geographic*, 22. März 2018. https://www.nationalgeographic.com/news/2018/03/world-water-day-water-crisis-explained/

91 Paul Salopek, „Historische Wasserkrise bedroht 600 Millionen Menschen in Indien", *National Geographic*, 19. Oktober 2018. https://www.nationalgeographic.com/culture/water-crisis-india-out-of-eden/?cmpid=org=ngp::mc=crm-email::src=ngp::cmp=editorial::add=Science_20200129&rid=51139F7FFEE4083137CDD6D1FF-5C57FF

92 Dan Charles, "5 Major Crops In The Crosshairs Of Climate Change", *NPR*, 25. Oktober 2018. https://www.npr.org/sections/thesalt/2018/10/25/658588158/5-major-crops-in-the-crosshairs-of-climate-change Auch:

Sean Illing, "The climate crisis and the end of the golden era of food choice", *Vox*, 24. Juni 2019. https://www.vox.com/the-highlight/2019/6/17/18634198/food-diet-climate-change-amanda-little

Rachel Nuwer, „So wird sich der Klimawandel auf Ihr Essen auswirken", *BBC*, 28. Dezember 2015. https://www.bbc.com/future/article/20151228-heres-how-climate-change-will-affect-what-you-eat

Nicholas Thompson, "The Most Delicious Foods Will Fall Victim to Climate Change", *Wired*, 13. Juni 2019. https://www.wired.com/story/the-most-delicious-foods-will-fall-victim-to-climate-change/

Ian Burke, "29 of Your Favorite Foods That Are Threatened by Climate Change", *Saveur*, 7. Juni 2017. https://www.saveur.com/climate-change-ingredients/

Daisy Simmons, "A brief guide to the impacts of climate change on food production", *Yale Climate Connections*, 18. September 2019. https://www.yaleclimateconnections.org/2019/09/a-brief-guide-to-the-impacts-of-climate-change-on-food-production/

Ilima Loomis "Get ready to eat differently in a warmer world", *Science News for Students*, Mai 23, 2019. https://www.sciencenewsforstudents.org/article/climate-change-global-warming-food-eating

Peter Schwartzstein, "Indigenous farming practices failing as climate change disruptions seasons", *National Geographic*, 14. Oktober 2019. https://www.national-geographic.com/science/2019/10/climate-change-killing-thousands-of-years-indigenous-wisdom/

Kay Vandette, "Climate change could make leafy greens, veggies less available", *Earth*, June 11, 2018. https://www.earth.com/news/climate-change-could-make-leafy-greens-veggies-less-available/

93 Aktuelle Weltbevölkerung: https://www.worldometers.info/world-population/

94 "Nature's Dangerous Decline 'Unprecedented'; Species Extinction Rates 'Accelerating'" *Intergovernmental Science-Policy Platform on Biodiversity and Ecosystem Services (IPBES)*, 22. Mai 2019. https://www.ipbes.net/news/Media-Release-Global-Assessment

95 "Ocean Deoxygenation", *International Union for Conservation of Nature*, 8. Dezember 2019. Meeresleben und Fischerei sind zunehmend bedroht, da die Ozeane an Sauerstoff verlieren. Selbst der geringste Rückgang des Sauerstoffgehalts kann, wenn er in der Nähe bereits bestehender Schwellenwerte liegt, erhebliche Probleme mit weitreichenden und komplexen biologischen und biogeochemischen Auswirkungen verursachen. https://www.iucn.org/theme/marine-and-polar/our-work/climate-change-and-oceans/ocean-deoxygenation

96 Nach John Fullerton, "Regenerative Capitalism How Universal Principles And Patterns Will Shape Our New Economy", *Capital Institute*, April 2015. https://capitalinstitute.org/wp-content/uploads/2015/04/2015-Regenerative-Capitalism-4-20-15-final.pdf?mc_cid=236080d2f0&mc_eid=2f41fb9d8d

97 "Richest 1% on target to own two-thirds of all wealth by 2030", *The Guardian*, 7. April 2018. https://www.theguardian.com/business/2018/apr/07/global-inequality-tipping-point-2030

98 Duane Elgin, "Limits to Complexity: Are Bureaucracies Becoming Unmanageable," The Futurist, Dezember 1977. https://duaneelgin.com/wp-content/uploads/2014/11/Limits-to-Large-Complex-Systems.pdf

99 „Transitions and Tipping Points in Complex Environmental Systems" (Übergänge und Wendepunkte in komplexen Umweltsystemen), ein Bericht des *Beratungsausschusses für Umweltforschung und -bildung der National Science Foundation*, 2009. https://www.nsf.gov/ere/ereweb/ac-ere/nsf6895_ere_report_090809.pdf Dies ist keine spezifische Warnung, sondern eine allgemeine aus dem Jahr 2009: „Die Welt steht an einem Scheideweg. Der globale Fußabdruck des Menschen ist so groß, dass wir die natürlichen und sozialen Systeme über ihre Kapazitäten hinaus belasten. Wir müssen uns diesen komplexen Umweltherausforderungen stellen und die globalen Umweltveränderungen eindämmen, oder wir müssen uns mit den wahrscheinlichen, allgegenwärtigen Störungen abfinden. . . . Das Tempo der Umweltveränderungen übersteigt die Fähigkeit von Institutionen und Regierungen, wirksam zu reagieren."

100 T. Schuur, „Arctic Report Card: Permafrost und der globale Kohlenstoffkreislauf", *NOAA*, 2019. https://arctic.noaa.gov/Report-Card/Report-Card-2019/ArtMID/7916/ArticleID/844/Permafrost-and-the-Global-Carbon-Cycle

101 „Bekämpfung von Waldbränden auf der ganzen Welt", *Frontline, Wildfire Defense Systems*, 2019. https://www.frontlinewildfire.com/fighting-wildfires-around-world/

102 Schätzungen der Tragfähigkeit, op. cit.

103 Iliana Paul, „Klimawandel und soziale Gerechtigkeit", *WEDO*, 2014. https://www.wedo.org/wp-content/uploads/wedo-climate-change-social-justice.pdf?utm_source=newsletter&utm_medium=email&utm_content=http%3A//d31hzlhk6di2h5.cloudfront.net/20161107/ce/11/85/a8/5d76d1fbe015e871ef155f93_386x486.png&utm_campaign=Emma%20Newsletter

104 Dmitry Orlov, *Reinventing Collapse: The Soviet Example and American Prospects*, New Society Publishers, 2008. Siehe auch: Tainter, *The Collapse of Complex Societies*, op. cit.

105 Schätzungen der Tragfähigkeit, op. cit.

106 Op. cit., "Nature's Dangerous Decline 'Unprecedented'; Species Extinction Rates 'Accelerating'" *Intergovernmental Science-Policy Platform on Biodiversity and Ecosystem Services (IPBES),* Mai 22, 2019. https://www.ipbes.net/news/Media-Release-Global-Assessment

107 Auch Pflanzen erleben wahrscheinlich den Stress und das Trauma des großen Sterbens. Siehe Nicoletta Lanese, "Plants 'Scream' in the Face of Stress", *Live Science*, 6. Dezember 2019. https://www.livescience.com/plants-squeal-when-stressed.html

108 Meine Einschätzung, dass im letzten Teil des Zeitrahmens dieses Szenarios (in dem die Welt nicht durch fossile Brennstoffe angetrieben wird) mehrere Milliarden Menschen umkommen könnten, wurde als hyper-optimistisch bezeichnet. Jason Brent (http://www.jgbrent.com/about-the-author.html) hält es für wahrscheinlich, dass viel mehr Menschen sterben werden. Siehe seine Antwort auf meinen Artikel "Existential threats, Earth Voice and the Great Transition", *Millennium Alliance for Humanity and the Biosphere,* MAHB, 21. Januar 2020. https://mahb.stanford.edu/blog/mahb-dialogue-author-humanist-duane-elgin/ Brent schreibt: „Der Zusammenbruch der Zivilisation wird eintreten, weil die Menschheit im Overshoot ist und die Ressourcen von 1,7 Erden verbraucht und jede Sekunde tiefer in den Overshoot gerät, weil die Bevölkerung wächst (es wird erwartet, dass sie um 3,2 Milliarden wächst und bis zum Jahr 2100 10,9 Milliarden erreicht – ein Wachstum von 41,5 % in 80 Jahren) und der weltweite Pro-Kopf-Verbrauch an Ressourcen steigt. Einfache Berechnungen zeigen, dass die menschliche Bevölkerung auf 4,47 Milliarden Menschen reduziert werden müsste, um die Überschreitung zu vermeiden. Wenn die Bevölkerung 10,9 Milliarden erreichen würde, wäre eine Verringerung der Bevölkerung um 6,43 Milliarden (10,9-4,47= 6,43) erforderlich (ohne Berücksichtigung einer Verringerung aufgrund des Anstiegs des Pro-Kopf-Verbrauchs an Ressourcen), um den Overshoot zu überwinden. Eine einfache Aussage: Es gibt keine Chance, dass eine freiwillige Bevölkerungskontrolle diese Reduktion (von 6,3 Milliarden) vor dem Zusammenbruch der Zivilisation und dem Tod von Milliarden Menschen erreichen wird.

109 Das Große Brennen begann 2019. Siehe: Laura Paddison, „2019 war das Jahr, in dem die Welt brannte", *HuffPost*, 27. Dezember 2019. https://www.huffpost.com/entry/wildfires-california-amazon-indonesia-climate-change_n_5dcd3f4ee4b0d43931d01baf Außerdem:

Schätzungen zufolge werden bis 2020 mindestens eine Milliarde Tiere durch die Buschbrände in Australien umgekommen sein. Lisa Cox, "A billion animals: some of the species most at risk from Australia's bushfire crisis", *The Guardian*, 13. Januar 2020. Der Ökologe Chris Dickman schätzt, dass landesweit mehr als eine Milliarde Tiere gestorben sind – Fische, Frösche, Fledermäuse und Insekten nicht mitgerechnet. „Dies ist nur die Spitze des Eisbergs", sagt James Trezise, ein politischer Analyst bei der Australian Conservation Foundation. „Die Zahl der Arten und Ökosysteme, die in ihrem gesamten Verbreitungsgebiet schwer geschädigt wurden, ist mit Sicherheit viel höher, vor allem, wenn man weniger bekannte Reptilien-, Amphibien- und Wirbellosenarten mit einbezieht." https://www.theguardian.com/australia-news/2020/jan/14/a-billion-animals-the-australian-species-most-at-risk-from-the-bushfire-crisis

Das folgende Video zeigt eine Frau, die einen schwer verbrannten und jammernden Koalabären aus einem australischen Buschfeuer rettet, fasst das kommende große Feuer eindrucksvoll zusammen. Das Beuteltier war beim Überqueren einer Straße inmitten der Flammen entdeckt worden. Eine einheimische Frau eilte dem Koala zu Hilfe, wickelte das Tier in ihr Hemd und eine Decke und übergoss es mit Wasser. Sie brachte das verletzte Tier in ein nahe gelegenes Koala-Krankenhaus. Es ist wirklich herzzerreißend zu sehen, wie Unschuldige aus Gründen leiden, die sie nicht selbst zu verantworten haben – und zu erkennen, dass dies unsere Zukunft ist, wenn wir nicht schnell reagieren. https://www.youtube.com/watch?v=3x8JXQ6RTIU

110 „Es wird prognostiziert, dass sich die Waldbrände im Amazonasgebiet verschlimmern und sich die betroffene Fläche in einem wichtigen Teil des Waldes bis 2050 verdoppeln wird. Das Ergebnis könnte sein, dass der Amazonas von einer Kohlenstoffsenke zu einer Nettoquelle von Kohlendioxidemissionen wird", siehe Artikel: „Burning of Amazon may get a lot worse", *New Scientist*, 18. Januar 2020. Siehe auch:

Herton Escobar, "Brazil's deforestation is exploding and 2020 will be worse", *Science Magazine*, 22. November 2019. https://www.sciencemag.org/news/2019/11/brazil-s-deforestation-exploding-and-2020-will-be-worse?utm_campaign=news_daily_2019-11-22&et_rid=510705016&et_cid=3086753

111 Stephen Pune, "California wildfires signal the arrival of a planetary fire age", *The Conversation*, 1. November 2019. https://theconversation.com/california-wildfires-signal-the-arrival-of-a-planetary-fire-age-125972

112 John Pickrell, "Massive Australian blazes will 'reframe our understanding of bushfire'," *Science Magazine*, November 20, 2019. https://www.science.org/content/article/massive-australian-blazes-will-reframe-our-understanding-bushfire?utm_campaign=news_daily_2019-11-20&et_rid=510705016&et_cid=3083308:%20Damien%20Cave,%20%22Australia%20Burns%20Again,%20and%20Now%20Its%20Biggest%20City%20Is%20Choking%22,%20The%20New%20York%20Times,%206.%20Dezember%202019.%20https://www.nytimes.com/2019/12/06/world/australia/sydney-fires.html

113 Stephen Pyne, „Der Planet brennt", *Aeon*, November 2019. Außerdem:

Stephen Pyne, Fire: A Brief History (2019). https://aeon.co/essays/the-planet-is-burning-around-us-is-it-time-to-declare-the-pyrocene

David Wallace-Wells, "In California, Climate Change Has Turned Rainy Season Into Fire Season", *New York Magazine*, 12. November 2018. https://nymag.com/intelligencer/2018/11/the-california-fires-and-the-threat-of-climate-change.html

Edward Helmore, "'Unprecedented': more than 100 Arctic wildfires burn in worst-ever season", *The Guardian*, 26. Juli 2019. Der Artikel beschreibt: „Riesige Brände in Grönland, Sibirien und Alaska erzeugen Rauchschwaden, die vom Weltraum aus zu sehen sind." https://www.theguardian.com/world/2019/jul/26/unprecedented-more-than-100-wildfires-burning-in-the-arctic-in-worst-ever-season

114 Hans Seyle war ein hoch angesehener Endokrinologe, bekannt für seine Studien über

die Auswirkungen von Stress auf den menschlichen Körper. https://www.azquotes.com/author/13308-Hans_Selye

115 Francis Weller, *The Wild Edge of Sorrow*, North Atlantic Books, 2015.

116 Weller, ebd.

117 Naomi Shihab Nye, *Wörter unter den Wörtern: Ausgewählte Gedichte*, 1995. https://poets.org/poem/kindness

118 "Global Cities at Risk from Sea-Level Rise: Google Earth Video," *Climate Central*, 2019. https://sealevel.climatecentral.org/maps/google-earth-video-global-cities-at-risk-from-sea-level-rise Auch:

Scott Kulp, et al., "New elevation data triple estimates of global vulnerability to sea-level rise and coastal flooding", *Nature Communications*, 29. Oktober 2019. Einige der früheren Projektionen der Bevölkerungsverschiebung aufgrund des Meeresspiegelanstiegs sind wahrscheinlich viel zu niedrig. Anstelle von 50 Millionen Menschen, die in den nächsten 30 Jahren gezwungen sein werden, aufgrund der wahrscheinlich höher als vorhergesagt ansteigenden Ozeane in höher gelegene Gebiete umzusiedeln, was zu einer mindestens dreimal so großen Diaspora an den Küsten führen wird; bis zum Jahr 2100 könnte die Zahl der Klimaflüchtlinge 300 Millionen übersteigen. https://www.nature.com/articles/s41467-019-12808-z Andere Schätzungen gehen davon aus, dass die Zahl der Klimaflüchtlinge bis zum Jahr 2100 auf bis zu 2 Milliarden ansteigen wird.

Charles Geisler & Ben Currens, "Impediments to inland resettlement under conditions of accelerated sea-level rise", *Land Use Policy*, 29. März 2017. Die Autoren gehen von 2060 aus und kommen zu dem Schluss, dass im Jahr 2100 2 Milliarden Menschen – etwa ein Fünftel einer Weltbevölkerung von 11 Milliarden – aufgrund des steigenden Meeresspiegels zu Klimaflüchtlingen werden könnten. https://doi.org/10.1016/j.landusepol.2017.03.029

Blaine Friedlander, "Rising seas could result in 2 billion refugees by 2100", *Cornell Chronicle*, 19. Juni 2017. http://news.cornell.edu/stories/2017/06/rising-seas-could-result-2-billion-refugees-2100

119 Jennifer Welwood, „Die Dakini spricht", http://jenniferwelwood.com/poetry/the-dakini-speaks/

120 Todd May, "Would Human Extinction Be a Tragedy?" *The New York Times*, 17. Dezember 2018. https://www.nytimes.com/2018/12/17/opinion/human-extinction-climate-change.html

121 Wallace Stevens, *Goodreads*, https://www.goodreads.com/quotes/565035-after-the-final-no-there-comes-a-yes-and

122 Joanna Macy und Chris Johnstone, *Active Hope: How to Face the Mess We're in Without Going Crazy*, New World Library, 2012.

123 Wie schwierig es ist, die Netto-Null-CO_2-Emissionsziele bis 2050 zu erreichen, zeigt der *World Energy Outlook 2019*, der zu dem Schluss kommt, dass die weltweiten CO_2-Emissionen trotz der „tiefgreifenden Veränderungen", die im globalen Energiesystem bereits im Gange sind, noch jahrzehntelang weiter ansteigen werden, wenn keine ehrgeizigeren Maßnahmen gegen den Klimawandel ergriffen werden. Dies ist eine der Kernaussagen des World Energy Outlook 2019 der Internationalen Energieagentur (IEA). https://webstore.iea.org/world-energy-outlook-2019

124 Besonders besorgniserregend ist der Zeitpunkt, zu dem die kumulierten globalen

CO$_2$ Emissionen den Schwellenwert von 1 Billion Tonnen Kohlenstoff überschreiten, der laut IPCC die Oberflächentemperatur der Erde um 2°C über das vorindustrielle Minimum ansteigen lässt und eine „gefährliche Störung" des Klimasystems der Erde auslöst. Wann wird die 1-Billion-Tonnen-Schwelle überschritten? Schätzungen zufolge irgendwann zwischen 2050 und 2055, unabhängig davon, welches Bevölkerungswachstumsszenario zugrunde gelegt wird. "Global CO$_2$ emissions forecast to 2100", Roger Andrews, *Euanmearns*, 7. März 2018. http://euanmearns.com/global- CO$_2$ -emissions-forecast-to-2100/

125 "Impacts of a 4-degree Celsius Global Warming," *Green Facts*, http://www.greenfacts.org/en/impacts-global-warming/1-2/1.htm Auch:

Es besteht ein breiter Konsens darüber, dass 4°C bis zum Ende des Jahrhunderts oder früher erreicht werden, wenn keine größeren Maßnahmen ergriffen werden. „Wissenschaftler warnen: „Der Klimawandel könnte so schnell eskalieren, dass das ‚Spiel vorbei' sein könnte. Berechnungen, die in der Fachzeitschrift *Science Advances* veröffentlicht wurden, ergaben eine Klimaspanne von 4,8 bis 7,4 Grad Celsius bis zum Jahr 2100. https://advances.sciencemag.org/content/2/11/e1501923

Ian Johnston, "Climate change may be escalating so fast it could be 'game over', scientists warn." *Independent*, November 9, 2016. https://www.independent.co.uk/news/science/climate-change-game-over-global-warming-climate-sensitivity-seven-degrees-a7407881.html

David Wallace-Wells, "U.N. says climate genocide is coming", *New York Magazine,* 10. Oktober 2019. Er stellt fest, dass sich der Planet auf einer Flugbahn befindet, die „uns bis zum Ende des Jahrhunderts auf über vier Grad bringt". http://nymag.com/intelligencer/2018/10/un-says-climate-genocide-coming-but-its-worse-than-that.html

Roger Andrews, "Global CO$_2$ emissions forecast to 2100", Blog von *Euan Mearns*, März 7, 2018. http://euanmearns.com/global-CO$_2$ -emissions-forecast-to-2100/

"4 Degrees Hotter, A Climate Action Centre Primer", *Climate Code Red*, Februar 2011. Melbourne, Australien. https://www.climatecodered.org/2011/02/4-degrees-hotter-adaptation-trap.html Die Studie zitiert Professor Kevin Anderson, Direktor des Tyndall Centre for Climate Change, der „glaubt, dass nur etwa 10 Prozent der Weltbevölkerung – etwa eine halbe Milliarde Menschen – überleben werden, wenn die globalen Temperaturen um 4°C steigen. Er sagte, die Folgen seien «erschreckend». «Für die Menschheit geht es um Leben oder Tod», sagte er. «Wir werden nicht alle Menschen aussterben lassen, denn einige wenige Menschen mit den richtigen Ressourcen könnten sich in den richtigen Teilen der Welt ansiedeln und überleben. Aber ich halte es für extrem unwahrscheinlich, dass es bei 4°C nicht zu einem Massensterben kommen wird». Im Jahr 2009 erklärte Professor Hans Joachim Schellbhuber, Direktor des Potsdam-Instituts und einer der renommiertesten europäischen Klimawissenschaftler, vor seinem Publikum, dass bei einer Temperatur von 4°C «die geschätzte Tragfähigkeit der Bevölkerung unter 1 Milliarde Menschen liegt». S. 9.

Eine weitere Schätzung der Tragfähigkeit der Erde findet sich in *New Scientist,* November1, 2014, S. 9. Corey Bradshaw und Barry Brook (a.a.O.) gehen davon aus, dass eine nachhaltige menschliche Bevölkerung bei den derzeitigen westlichen Konsummustern und Technologien zwischen 1 und 2 Milliarden Menschen betragen würde.

126 Die Forscher nutzten das MIT Integrated Global System Model Water Resource System

(IGSM-WRS), um Wasserressourcen und -bedarf weltweit zu bewerten. Siehe: "Water Stress to Affect 52% of World's Population by 2050", *Water Footprint Network*, https://waterfootprint.org/en/about-us/news/news/water-stress-affect-52-worlds-population-2050/

127 Op. cit. Der Weltwasserentwicklungsbericht 2018 der Vereinten Nationen: Naturbasierte Lösungen für Wasser. Auch:

Claire Bernish, "Water Scarcity Will Make Life Miserable for Nearly 6 Billion People by 2050", *The Mind Unleashed*, 23. März 2018. https://themindunleashed.com/2018/03/water-scarcity-6-billion-2050.html Laut einem Bericht der Vereinten Nationen über den Zustand der weltweiten Wasserversorgung könnten bis zum Jahr 2050 mehr als fünf Milliarden Menschen unter Wasserknappheit leiden, und zwar aufgrund des Klimawandels, der steigenden Nachfrage und der verschmutzten Wasservorräte. Ohne drastische Veränderungen, die sich auf natürliche Lösungen konzentrieren, werden im Jahr 2050 fast sechs Milliarden Menschen von einer schmerzhaften Wasserknappheit betroffen sein.

128 Joseph Hinks, "The World Is Headed for a Food Security Crisis", *TIME* magazine, 28. März 2018. https://time.com/5216532/global-food-security-richard-deverell/

129 Rebecca Chaplin-Kramer, "Global modeling of nature's contributions to people", *Science*, Vol. 366, Issue 6462, October 11, 2019. https://science.sciencemag.org/content/366/6462/255 Also:

Miyo McGinn, "New study pinpoints the places most at risk on a warming planet", *Grist*, 17. Oktober 2019. https://grist.org/article/new-study-pinpoints-the-places-most-at-risk-on-a-warming-planet/

130 Francois Gemenne, "A review of estimates and predictions of people displaced by environmental changes", Global Environmental Change, *in Science Direct*, Dezember 2011. https://www.sciencedirect.com/science/article/abs/pii/S0959378011001403?via%3Dihub

131 Weltmessgeräte: https://www.worldometers.info/world-population/

132 Siehe zum Beispiel, a.a.O., Ishan Daftardar, "Why Bee Extinction Would Mean the End of Humanity", *Science ABC*, 23. Juli 2015. https://www.scienceabc.com/nature/bee-extinction-means-end-humanity.html

133 "Russia 'meddled in all big social media' around U.S. election," BBC, December 17, 2018. https://www.bbc.com/news/technology-46590890

134 Charles Geisler & Ben Currens, "Impediments to inland resettlement under conditions of accelerated sea-level rise", *Land Use Policy*, 29. März 2017. Die Autoren gehen von 2060 aus und kommen zu dem Schluss, dass im Jahr 2100 2 Milliarden Menschen – etwa ein Fünftel einer Weltbevölkerung von 11 Milliarden – aufgrund des steigenden Meeresspiegels zu Klimaflüchtlingen werden könnten. https://doi.org/10.1016/j.landusepol.2017.03.029

135 Martin Luther King, Jr. zitiert in Stephen B. Oates, *Let the Trumpets Sound: Das Leben von Martin Luther King, Jr.*, New American Library, 1982.

136 T.S. Eliot, *Vier Quartette, Little Gidding*, 1943. https://www.brainyquote.com/quotes/t_s_eliot_109032

137 Drew Dellinger, „Hieroglyphische Treppe", (Gedicht), 2008, https://www.youtube.com/watch?v=XW63UUthwSg

138 Malcolm Margolin, *The Ohlone Way: Indian Life in the San Francisco-Monterey Bay Area*, Berkeley: Heyday Books, 1978.

139 Sehen Sie sich das wunderbare Kurzvideo von Louie Schwartzberg, *Gratitude*, https://movingart.com/portfolio/gratitude/ an, das von Bruder David Steindl-Rast geschrieben und gesprochen wird. www.MovingArt.com

140 Joseph Campbell, et al., *Changing Images of Man, Center for the Study of Social Policy, Stanford Research Institute*, Menlo Park, Kalifornien. Die Studie wurde für die Kettering Foundation, Dayton, Ohio, erstellt: URH (489)-2150, Mai 1974, und wurde 1982 unter demselben Titel von Pergamon Press neu veröffentlicht.

141 Joseph Campbell & Bill Moyers, *Die Macht des Mythos*, Archer, 1988. https://www.goodreads.com/quotes/10442-people-say-that-what-we-re-all-seeking-is-a-meaning

142 Sean D. Kelly, "Waking Up to the Gift of 'Aliveness'", *The New York Times*, 25. Dezember 2017. https://www.nytimes.com/2017/12/25/opinion/aliveness-waking-up-holidays.html

143 Howard Thurman, https://www.goodreads.com/quotes/6273-don-t-ask-what-the-world-needs-ask-what-makes-you

144 Joanna Macy zitiert in Jem Bendell, „Climate despair is inviting people back to life", veröffentlicht in seinem Blog über tiefgreifende Anpassung, 12. Juli 2019. https://jembendell.com/

145 Anne Baring, op. cit., S. 83.

146 Ann Baring, op. cit., S. 421.

147 Simone de Beauvoir, siehe „Kluge Zitate": https://www.brainyquote.com/quotes/simone_de_beauvoir_392724

148 Siehe z.B.: https://www.goodreads.com/quotes/tag/mysticism Auch: http://www.gardendigest.com/myst1.htm

149 Henry Thoreau, https://www.goodreads.com/quotes/32955-heaven-is-under-our-feet-as-well-as-over-our

150 Predrag Cicovacki, *Albert Schweitzer's Ethical Vision A Sourcebook*, Oxford University Press, 2. Februar 2009.

151 John Muir, https://www.passiton.com/inspirational-quotes/7869-and-into-the-forest-i-go-to-lose-my-mind-and

152 Haruki Murakami, https://www.goodreads.com/quotes/448426-not-just-beautiful-though-the-stars-are-like-the

153 Joseph Campbell, https://www.brainyquote.com/quotes/joseph_campbell_387298
Es gibt einen feinen und äußerst wichtigen Unterschied zwischen „Bewusstsein" und „Gewahrsein". Diese beiden Begriffe werden oft austauschbar verwendet und haben doch sehr unterschiedliche Bedeutungen. Einfach ausgedrückt:

Das Bewusstsein reflektiert – es gibt immer ein Objekt der bewussten Aufmerksamkeit.

Gewahrsein ist – es gibt kein Objekt der Aufmerksamkeit, eine lebendige Präsenz ist sich ihrer selbst bewusst.

Bewusstsein bezieht sich auf die Fähigkeit, sich aus der Versenkung in Gedanken zurückzuziehen und Aspekte oder Elemente des Lebens zu beobachten. Das Bewusstsein umfasst zwei Aspekte: einen Wissenden und das, was gewusst wird; oder einen Beobachter und das, was beobachtet wird; oder einen Beobachter und das, was beobachtet wird. Es gibt eine gefühlte Distanz zwischen dem Bewusstsein und dem Objekt der Aufmerksamkeit.

Gewahrsein kann als Wissen ohne Objekt beschrieben werden. *Das Gewahrsein ist sich seiner eigenen Natur nach seiner selbst bewusst – es ist einfach „da".* Gewahrsein ist eine wissende Präsenz, deren Natur Gewahrsein ist. Es ist einfach das Gewahrsein selbst. Gewahrsein ist eine gefühlte Präsenz, eine direkte Erfahrung der Lebendigkeit selbst. Es beobachtet nicht die Lebendigkeit, es ist einfach die direkte Erfahrung der Lebendigkeit. Es gibt keine Distanz und keine Trennung, da es sich um eine singuläre, gefühlte Präsenz handelt.

Wie kann es eine direkte Erfahrung von Lebendigkeit geben, die über unseren physischen Körper hinausgeht? Sowohl die Physik als auch die Weisheitstraditionen erkennen an, dass das gesamte Universum in jedem Moment in einem außergewöhnlichen Prozess der kontinuierlichen Schöpfung in die Existenz gehoben wird. Die regenerative Lebenskraft, die dem gesamten Universum in jedem Moment zugrunde liegt und es anhebt, ist ihrem Wesen nach Lebendigkeit und Bewusstsein. *Wenn wir mit der unmittelbaren Erfahrung der Existenz in diesem Moment völlig eins werden, werden wir eins mit der Lebenskraft, die die gesamte Existenz hervorbringt.* Wir erkennen uns selbst als diese Lebenskraft als eine unbegrenzte, lebendige Präsenz. Die Lebenskraft der kosmischen Lebendigkeit ist die regenerative Kraft, die das gesamte Universum in jedem Moment aufrechterhält – und die als gefühlte Erfahrung, als Lebendigkeit selbst, erkannt werden kann. Wenn sich unser bewusstes Wissen allmählich verfeinert, sodass es keinen Abstand mehr zwischen dem Wissen und dem, was gewusst wird, gibt, dann gibt es das Bewusstsein selbst.

Wenn wir *denken,* dass Bewusstsein im Wesentlichen eine wissende Fähigkeit ist, die im Gehirn als Produkt hochkomplexer biologisch-materieller Interaktionen entsteht, dann erschaffen wir ein Bild des wissenden Prozesses, das uns von der direkten Erfahrung der Lebendigkeit und der Lebenskraft des gefühlten Bewusstseins, die das Universum von Moment zu Moment aufrechterhält, entfernt. Lebendigkeit – als einfaches, direktes Gewahrsein – ist das Zuhause, das wir suchen. *Wenn wir uns des Gewahrseins selbst bewusst sind, sind wir zu Hause! Im Zentrum unseres Seins ist die Einfachheit der direkten Erfahrung, lebendig zu sein, und diese Erfahrung ist das Gewahrsein selbst, und diese Erfahrung ist nichts anderes als die Lebenskraft der kosmischen Skalenschöpfung oder das „kosmische Gewahrsein".*

Es ist wichtig, die Meditation in der Kontinuität des einfachen Gewahrseins ruhen zu lassen, wo wir die Anstrengung und den Kampf, zu einem Objekt der Aufmerksamkeit zurückzukehren, loslassen und einfach mit dem Fluss des Gewahrseins dessen, was „ist", zusammen sind. Wenn wir auf der direkten Erfahrung reiten, Gewahrsein selbst zu sein, reiten wir auf der Welle der kontinuierlichen Schöpfung der Existenz. Wenn wir in der präzisen Präsenz des Gewahrseins verharren, wird es sich als die Lebenskraft im kosmischen Tanz der kontinuierlichen Regeneration offenbaren. Wir wissen aus direkter Erfahrung, dass „wir das sind". Wir sind die ungeteilte Lebenskraft der Totalität, die sich selbst wird und als die direkte Erfahrung des Lebendig-seins bekannt ist.

154 Buddha, https://www.spiritualityandpractice.com/quotes/quotations/view/198/spiritual-quotation
155 Frank Lloyd Wright, https://www.brainyquote.com/quotes/frank_lloyd_wright_107515

156 Florida Scott-Maxwell, *The Measure of My Days*, Penguin Books, 1979. https://www.goodreads.com/author/quotes/550910.Florida_Scott_Maxwell

157 Um für die Zeit des großen Wandels und darüber hinaus zu lernen, haben meine Partnerin Coleen und ich im vergangenen Jahr eine Lerngemeinschaft von mehreren Dutzend Menschen zusammengerufen. Unsere gemeinsamen Erkundungen waren sehr wertvoll für die in diesem Buch beschriebene Arbeit

158 Richard Nelson, *Make Prayers to the Raven*, Chicago: University of Chicago Press, 1983.

159 Luther Standing Bear, zitiert in J.E. Brown, "Modes of contemplation through actions: North American Indians". In *Main Currents in Modern Thought*, New York, November-Dezember 1973.

160 Mathew Fox, *Meditationen mit Meister Eckhart*, Santa Fe, NM: Bear & Co., 1983.

161 Siehe z.B. Coleman Barks, *The Essential Rumi*, San Francisco: Harper San Francisco, 1995.

162 D.T. Suzuki, *Zen und die japanische Kultur*, Princeton, NJ: Princeton University Press, 1970.

163 S. N. Maharaj, *Ich bin das*. Teil I (Übers., Maurice Frydman), Bombay, Indien: Chetana, 1973.

164 Lao Tzu, *Tao Te Ching* (Übersetzung: Gia-Fu Feng und Jane English), New York: Vintage Books, 1972.

165 E. C. Roehlkepartain, et al., "With their own voices: A global exploration of how's today's young people experience and think about spiritual development", *Search Institute*, 2008. www.spiritualdevelopmentcenter.org

166 "Many Americans Mix Multiple Faiths", *Pew Research Center, Religion & Public Life*, 9. Dezember 2009. Mystische Erfahrungen sind in der dritten Abbildung dargestellt, die sich auf eine Umfrage von Gallup aus dem Jahr 1962 bezieht, die im April 2006 in *Newsweek* vorgestellt wurde. Siehe auch: https://www.pewforum.org/2009/12/09/many-americans-mix-multiple-faiths/: Andrew Greely und William McCready, „Sind wir eine Nation von Mystikern", in *The New York Times Magazine*, 26. Januar 1976.

167 "U.S. public becoming less religious", *Pew Research Center*, 3. November 2015. Umfrageergebnisse zu regelmäßigen Erfahrungen von „Frieden und Sinn für Wunder". https://www.pewforum.org/2015/11/03/u-s-public-becoming-less-religious/

168 T. Clarke, et al., "Use of Yoga, Meditation, and Chiropractors Among U.S. Adults Aged 18 and Over", *National Center for Health Statistics*, November 2018. https://www.ncbi.nlm.nih.gov/pubmed/30475686

169 Im Sinne einer vollständigen Offenlegung wurde mein persönliches Verständnis einer Ökologie des Bewusstseins, die das Universum durchdringt, in einer weitreichenden Reihe von wissenschaftlichen Experimenten über einen Zeitraum von fast drei Jahren, von 1972 bis 1975, am Stanford Research Institute (jetzt SRI International) in Menlo Park, Kalifornien, entwickelt und dokumentiert. Obwohl ich damals in erster Linie als leitender Sozialwissenschaftler in der Zukunftsforschungsgruppe des SRI tätig war, arbeitete ich fast drei Jahre lang als Berater für die NASA, um eine breite Palette von Experimenten zu intuitiven Fähigkeiten im Techniklabor zu erforschen – oft drei Tage pro Woche für zwei oder drei Stunden, je nach den Experimenten zu dieser Zeit, und alle mit verschiedenen Formen von Feedback. Zu den Experimenten gehörten das „Remote

Viewing" verschiedener Orte und Technologien, Hellsehen mit einem Zufallszahlengenerator, die Beeinflussung der Bewegung einer Pendeluhr, die mit einem Laserstrahl gemessen wurde, die Interaktion mit einem Magnetometer, dessen empfindliche Sonde in einen mit flüssigem Helium gefüllten Behälter getaucht war, das Stehen außerhalb eines verschlossenen Raums und das Drücken auf eine darin befindliche Waagschale, die Beeinflussung des Pflanzenwachstums durch Vergleiche mit einer kontrollierten Gruppe und vieles mehr. Ich stieg 1975 aus diesen faszinierenden Experimenten aus, als sie von der CIA übernommen und für geheim erklärt wurden (laut Freedom of Information Act wurden diese Forschungen offenbar noch 20 Jahre lang fortgesetzt; siehe: Hal Puthoff, „CIA-Initiated Remote Viewing Program at Stanford Research Institute", *Journal of Scientific Exploration, Vol.* 10, No. 1, 1996). Aufgrund meiner Erfahrungen bei diesen wissenschaftlichen Experimenten habe ich gelernt, dass:

Erstens haben wir alle eine buchstäbliche Verbindung mit dem Universum. Eine empathische Verbindung mit dem Kosmos ist nicht auf einige wenige Begabte beschränkt, sie ist ein normaler Teil der Funktionsweise des Universums und für jeden zugänglich.

Zweitens hört unser Sein nicht am Rande unserer Haut auf, sondern erstreckt sich in das Universum und ist untrennbar mit ihm verbunden. Wir sind alle mit der tiefen Ökologie des Universums verbunden, und jeder von uns hat die Fähigkeit, sein Bewusstsein weit über die Reichweite seiner physischen Sinne hinaus zu erweitern.

Drittens: Unsere intuitive Verbindung mit dem Kosmos ist leicht zu übersehen. Kleine Zuckungen intuitiver Gefühle tauchen schnell auf und vergehen dann wieder. Ich nahm an, sie seien einfach Teil meiner körperlichen Erfahrung. Erst allmählich wurde mir bewusst, in welchem Ausmaß ich meine Teilnahme an einem größeren „Feld" der Lebendigkeit erlebte.

Viertens habe ich gelernt, dass es beim Psi-Funktionieren nicht darum geht, Dominanz über etwas zu erlangen (Geist über Materie), sondern vielmehr zu lernen, mit etwas in einem Tanz des gegenseitigen Austauschs und der Transformation mitzuwirken. Dies ist ein wechselseitiger Prozess, bei dem beide Parteien durch die Interaktion verändert werden. In einem Satz: Beherrschung funktioniert nicht, aber Tanzen schon.

Fünftens zeigten mir diese Experimente gleichzeitig, dass das Bewusstsein eine dem Universum innewohnende Eigenschaft ist; sie machten mich auch viel skeptischer gegenüber der Notwendigkeit von Channeling, Kristallen, Pendeln, Pyramiden und anderen Vermittlern, um Zugang zu unserer Intuition zu erhalten. Es ist wichtig, eine kritische und differenzierte Wissenschaft in diese Untersuchung einzubringen.

Sechstens: Die wissenschaftlichen Beweise für die Existenz psychischer Funktionen häufen sich seit Jahrzehnten und sind inzwischen so überwältigend, dass die Beweislast auf diejenigen übergegangen ist, die versuchen, ihre Existenz zu leugnen. Es ist an der Zeit, die enge, gehirnbasierte Sichtweise des Bewusstseins zu überwinden, da sie wichtige wissenschaftliche Beweise nicht mehr erklärt und unser Denken über den Umfang und die Tiefe unserer Verbindung mit dem Universum stark einschränkt.

Siebtens: So interessant psychisches oder intuitives Funktionieren auch sein mag, die viel wichtigere Frage ist, was es über die Natur des Universums aussagt, nämlich dass es mit sich selbst durch das Gewebe des Bewusstseins auf nicht-lokale Weise verbunden ist, die über relativistische Unterschiede hinausgeht.

Diese Experimente machten deutlich, dass *wir gerade erst begonnen haben, eine Bewusstseinskompetenz zu entwickeln, die hochentwickelte Technologien nutzt, um*

Feedback zu geben (ähnlich wie beim Lernen mit Bio-Feedback, aber stattdessen mit bio-kosmischem Feedback). Diese Experimente haben gezeigt, dass unser Sein nicht am Rande unserer Haut aufhört, sondern sich in das vereinigte Universum hinein erstreckt und von diesem untrennbar ist. Eine Beschreibung ausgewählter SRI-Experimente finden Sie unter:

Russell Targ, Phyllis Cole und Harold Puthoff, „Development of Techniques to Enhance Man/Machine Communication" (Entwicklung von Techniken zur Verbesserung der Mensch-Maschine-Kommunikation), *Stanford Research Institute*, Menlo Park, Kalifornien, erstellt für die NASA, Vertrag 953653 unter NAS7-100, Juni 1974. Außerdem:

Harold Puthoff und Russell Targ, "A Perceptual Channel for Information Transfer Over Kilometer Distances", veröffentlicht in den *Proceedings of the I.E.E.E.* (*Institute of Electrical and Electronics Engineers*), Bd. 64, Nr. 3, März 1976.

R. Targ und H. Puthoff, *Mind-Reach: Scientists Look at Psychic Ability*, Delacorte Press/Eleaonor Friede, 1977.

170 Duane Elgin, *Das lebendige Universum*, a.a.O., cit. Eine andere Möglichkeit, die Frage der Lebendigkeit zu betrachten, besteht darin, die Funktionsmerkmale biologischer Systeme zu untersuchen und festzustellen, ob das Universum ähnliche Fähigkeiten aufweist. Im Allgemeinen muss ein System mindestens vier Schlüsselfähigkeiten aufweisen, um als lebendig zu gelten: 1) *Stoffwechsel* – die Fähigkeit, Materie sowohl abzubauen als auch zu synthetisieren. Seit seiner Entstehung hat das Universum einfache Materie (Helium und Wasserstoff) synthetisiert und sie durch Supernovae in Kohlenstoff, Stickstoff, Sauerstoff und Schwefel umgewandelt – wesentliche Bestandteile, aus denen wir bestehen. 2) *Selbstregulierung* – die Fähigkeit, seinen Betrieb stabil zu halten. Das Universum hat sich über Milliarden von Jahren als ein einheitliches System erhalten und entwickelt, das selbstorganisierende Systeme auf jeder Ebene, von der atomaren bis zur galaktischen, hervorbringt, die Milliarden von Jahren überdauern können. 3) *Reproduktion* – die Fähigkeit, Kopien zu erstellen. Einige Kosmologen stellen die Theorie auf, dass sich auf der anderen Seite der schwarzen Löcher weiße Löcher befinden, die neue kosmische Systeme hervorbringen. 4) *Anpassung* – die Fähigkeit, sich weiterzuentwickeln und an eine sich verändernde Umgebung anzupassen. Das Universum hat sich über Milliarden von Jahren entwickelt und Systeme von zunehmender Komplexität und Kohärenz hervorgebracht, die zu einem in sich konsistenten Ganzen verwoben sind. Da diese vier Kriterien nicht nur in Pflanzen und Tieren, sondern auch in der Funktionsweise des Universums zu finden sind, scheint es gerechtfertigt, das Universum als eine einzigartige Art von lebendem System zu beschreiben.

171 Das berühmte Zitat von Albert Einstein wurde 1950 in einem Brief an Robert S. Marcus geschrieben, der über den Tod seines kleinen Sohnes an Polio verzweifelt war. Ursprünglich auf Deutsch verfasst, wurde es dann ins Englische übersetzt, und es ist die englische Version, die weit verbreitet wurde. Die englische Fassung ist weit verbreitet, doch die deutsche Originalfassung gibt Einsteins Absicht besser wieder. Siehe: https://www.thymindoman.com/einsteins-misquote-on-the-illusion-of-feeling-separate-from-the-whole/

172 Clara Moskowitz, „Woraus bestehen 96 Prozent des Universums? Astronomers Don't Know," *Space.com*, Mai 12, 2011. https://www.space.com/11642-dark-matter-dark-energy-4-percent-universe-panek.html

173 Brian Swimme, *The Hidden Heart of the Cosmos*, Orbis Books, Mai 1996. https://www.amazon.com/Hidden-Heart-Cosmos-Humanity-Ecology/dp/1626983437

174 Phillip Goff, "Is the Universe a Conscious Mind?" in *Aeon*, 2019. https://aeon.co/essays/cosmopsychism-explains-why-the-universe-is-fine-tuned-for-life. Der Physiker und Kosmologe Freeman Dyson hat geschrieben: „Es scheint, dass der Geist, der sich in der Fähigkeit manifestiert, Entscheidungen zu treffen, in gewissem Maße jedem Elektron innewohnt."

175 Siehe z. B. das klassische Buch von Richard Buckeee, *Cosmic Consciousness*, 1901. ISBN 978-0-486-47190-7. https://www.penguinrandomhouse.ca/books/321631/cosmic-consciousness-by-richard-maurice-bucke/9780140193374

176 Max Planck, Interview in *The Observer*, 25. Januar 1931. https://en.wikiquote.org/wiki/Max_Planck

177 John Gribbin, *Am Anfang: Die Geburt des lebendigen Universums*, New York: Little Brown, 1993.
Siehe auch: David Shiga, „Könnten schwarze Löcher Portale zu anderen Universen sein?" *New Scientist*, 27. April 2007.

178 Thomas Berry, *The Dream of the Earth*, Sierra Club Books, 1988.

179 Robert Bly (Übers.), *The Kabir Book,* Boston: Beacon Press, 1977, S. 11.

180 Cynthia Bourgeault, *The Wisdom Way of Knowing*, Jossey-Bass, 2003, S. 49. https://inwardoutward.org/aliveness-sep-22-2021/

181 Heilige Teresa von Avila, *kluges Zitat*. https://www.brainyquote.com/quotes/saint_teresa_of_avila_105360

182 Siehe die Website von Dziuban: www.PeterDziuban.com

183 Peter Dziuban, „Der Sinn des Lebens ist lebendig", *Excellence Reporter*, 26. November 2017. https://excellencereporter.com/2017/11/26/peter-dziuban-the-meaning-of-life-is-alive/

184 Siehe die Aussage von Carl Sagan: https://www.youtube.com/watch?v=Wp-WiNXH6hI

185 Henri Nouwen, *Der Weg des Herzens: Die Verbindung mit Gott durch Gebet, Weisheit und Stille*, Harper Collins, 1981.

186 Ted MacDonald & Lisa Hymas, "How broadcast TV networks covered climate change in 2018", *Media Matters*, 11. März 2019. https://www.mediamatters.org/donald-trump/how-broadcast-tv-networks-covered-climate-change-2018

187 Ted MacDonald, "How broadcast TV networks covered climate change in 2020", *Media Matters*, 10. März 2021. https://www.mediamatters.org/broadcast-networks/how-broadcast-tv-networks-covered-climate-change-2020

188 Gene Youngblood, „The Mass Media and the Future of Desire" (Die Massenmedien und die Zukunft des Begehrens), *The CoEvolution Quarterly* Sausalito, CA: Winter 1977/78.

189 Martin Luther King, Jr., zitiert in Stephen B. Oates, *Let the Trumpets Sound: Das Leben von Martin Luther King, Jr.*, New American Library, 1982.

190 In den USA hat die Öffentlichkeit weitreichende Rechte, wenn es um die Nutzung des Äthers für Radio und Fernsehen geht. Diese Rechte sind in der Bill of Rights und im Verfassungsrecht verankert. Der erste Zusatzartikel der Bill of Rights besagt Folgendes: *„Der Kongress darf kein Gesetz erlassen, das die Redefreiheit oder das Recht des Volkes, sich friedlich zu versammeln und bei der Regierung eine Beschwerde einzureichen, einschränkt"*. Mit anderen Worten: Es darf kein Gesetz erlassen werden, das

das Recht der Bürger einschränkt, sich friedlich zu versammeln, frei zu sprechen und bei der Regierung Petitionen einzureichen, um Missstände zu beseitigen. Genau darum geht es bei einer elektronischen Bürgerversammlung im modernen Zeitalter: Die Bürger versammeln sich friedlich. Sie sprechen frei. Und wenn es einen funktionierenden Konsens gibt, können sie sich direkt an die Regierung wenden und um Wiedergutmachung bitten – oder darum, die Dinge in Ordnung zu bringen oder geeignete Rechtsmittel zu schaffen.

Wenn man vom Verfassungsrecht zum Medienrecht in den USA übergeht, stellt man fest, dass die Öffentlichkeit auf „lokaler Ebene" der Eigentümer der von den Fernsehsendern genutzten Funkfrequenzen ist. Die lokale Ebene ist der Bereich der Medienpräsenz der Rundfunkanstalten, der in der Regel der großstädtische Maßstab ist. Auch wenn Rundfunkanstalten einen Großteil ihrer Programme über das Internet ausstrahlen, sind sie, wenn sie auch den Äther nutzen, rechtlich verpflichtet, „dem öffentlichen Interesse, dem Nutzen und der Notwendigkeit zu dienen".

Vor fast einem Jahrhundert wurden mit dem Radio Act von 1927 die grundlegenden Regeln für die Nutzung des öffentlichen Rundfunks festgelegt, die besagen, dass: *„Die Regierung der Vereinigten Staaten gewährt den Rundfunkanstalten diese großen Privilegien nicht in erster Linie zum Nutzen der Werbekunden. Der Nutzen, den die Werbetreibenden daraus ziehen, muss nebensächlich und dem Interesse der Öffentlichkeit völlig untergeordnet sein."* Die Kommission erklärte weiter, dass: *„Die Betonung muss in erster Linie auf dem Interesse, der Bequemlichkeit und der Notwendigkeit der zuhörenden Öffentlichkeit liegen und nicht auf dem Interesse, der Bequemlichkeit oder der Notwendigkeit des einzelnen Rundfunkanbieters oder Werbekunden."*

Ein Bundesberufungsgericht stellte 1966 die Rolle der Bürger klar und sagte: *„In unserem System sind die Interessen der Öffentlichkeit vorherrschend... Daher sind die einzelnen Bürger und die Gemeinschaften, die sie bilden, sich selbst und ihren Mitmenschen gegenüber verpflichtet, sich aktiv für den Umfang und die Qualität der von den Sendern und Netzen angebotenen Fernsehdienste zu interessieren.... Die Öffentlichkeit braucht auch nicht das Gefühl zu haben, dass sie sich durch ihre Beteiligung am Rundfunk ungebührlich in die privaten Geschäftsangelegenheiten anderer einmischt. Im Gegenteil, sie haben ein unmittelbares Interesse an den Fernsehprogrammen und tragen eine große Verantwortung. Sie sind die Eigentümer der Fernsehkanäle - ja, des gesamten Rundfunks."* [Hervorhebung hinzugefügt]

In einer Entscheidung des Obersten Gerichtshofs von 1969 wurden die Verantwortlichkeiten der Rundfunkanstalten weiter geklärt. Das Gericht entschied, dass: *„Es ist das Recht der Zuschauer und Zuhörer, nicht das Recht der Sendeanstalten, das im Vordergrund steht."* (Hervorhebung hinzugefügt) Das Kommunikationsgesetz von 1934 wurde 1996 vom US-Kongress aktualisiert. Das daraus resultierende *Telekommunikationsgesetz* ist mehr als 300 Seiten lang und bekräftigt durchgängig den Grundsatz, dass der Äther *„dem öffentlichen Interesse, dem Nutzen und der Notwendigkeit"* zu dienen hat. „Fernsehsender haben keine Eigentumsrechte in Bezug auf die Nutzung des Äthers; sie haben das Privileg, den Äther nur so lange zu nutzen, wie er dem öffentlichen Interesse, dem Nutzen und der Notwendigkeit dient. (Hervorhebung hinzugefügt)

Wichtig ist, dass wir die Zeiten, in denen es darum ging, dem „öffentlichen Interesse" zu dienen, hinter uns gelassen haben. Angesichts der Tatsache, dass lokale Gemeinschaften durch den Klimawandel und die Lebensfähigkeit des gesamten Planeten bedroht sind, sind wir zu einem viel höheren Standard für Rundfunkanstalten übergegangen, nämlich dass sie dem „öffentlichen Interesse" und der „öffentlichen Notwendigkeit" dienen. [Hervorhebung hinzugefügt]

In der Praxis bedeutet dies, dass, wenn die lokale Öffentlichkeit (die großstädtische Ausdehnung der Medienpräsenz des Senders) um einen angemessenen Anteil an Sendezeit bittet, um dem Klimaproblem (das sowohl eine lokale Gemeinschaft als auch die gesamte Erde bedroht) zu begegnen, die Öffentlichkeit die Unterstützung der Regierung (der Federal Communications Commission) erwarten sollte, um solchen Anfragen, die eindeutig dem öffentlichen Interesse und der Notwendigkeit dienen, nachzukommen.

Ähnlich verhält es sich, wenn die Öffentlichkeit Sendezeit für elektronische Bürgerversammlungen beantragt, um Bedrohungen wie den Klimawandel zu erörtern. Diese Anträge auf Nutzung des Äthers (der uns Bürgern gehört) sind völlig legitim und stützen sich sowohl auf das Verfassungsrecht als auch auf fast ein Jahrhundert Bundesrecht.

191 Duane Elgin und Peter Russell bei "Pete and Duane's Window", *Take Back the Airwaves Teil 2*, 19. Januar 2011. https://www.youtube.com/watch?v=a53hL5Z1WHE&feature=youtu.be

192 „Anzahl der TV-Zuschauer der Olympischen Spiele weltweit von 2002 bis 2016", *Statista*, 2020. https://www.statista.com/statistics/287966/olympic-games-tv-viewership-worldwide/

193 Bezüglich des Zugangs zum Fernsehen: „Zum ersten Mal ist mehr als die Hälfte der Weltbevölkerung mit Fernsehgeräten in Reichweite eines digitalen Fernsehsignals. Laut dem jährlichen *ITU-Bericht* „Measuring the Information Society, 2013" lag der Anteil 2012 bei rund 55 Prozent, 2008 waren es erst 30 Prozent. Außerdem:

Tom Butts, "The State of Television, Worldwide", *TV Technology*, 6. Dezember 2013. https://www.tvtechnology.com/miscellaneous/the-state-of-television-worldwide In Bezug auf die TV-Haushalte: Die weltweite digitale Durchdringung stieg von 40,4 Prozent der TV-Haushalte Ende 2010 auf 74,6 Prozent Ende 2015, so die neueste Ausgabe des *Digital TV World Databook*. Zwischen 2010 und 2015 kamen rund 584 Millionen digitale TV-Haushalte in 138 Ländern hinzu. Damit verdoppelte sich die Zahl der Digital-TV-Haushalte auf 1.170 Millionen.

Laut *Digital TV Research*, "Three Quarters of global TV households are now digital," May 12, 2016 https://www.digitaltvnews.net/?p=27448

Im Jahr 2002 besaßen 1,12 Milliarden Haushalte – etwa drei Viertel der Menschheit – mindestens ein Fernsehgerät. Siehe: http://www.worldwatch.org/node/810

Die Zahl der TV-Haushalte weltweit wird voraussichtlich von 1,63 Milliarden im Jahr 2017 auf 1,74 Milliarden im Jahr 2023 steigen.

„Anzahl der TV-Haushalte weltweit von 2010 bis 2018," *Statista*, 4. Dezember 2019. https://www.statista.com/statistics/268695/number-of-tv-households-worldwide/

Als weiterer Kontext: Im Juli 2012: Auf der Welt lebten 7 Milliarden Menschen in 1,9 Milliarden Haushalten, in denen im Durchschnitt 3,68 Personen leben. Von diesen 1,9 Mrd. Haushalten haben nur 1,4 Mrd. Haushalte einen Fernseher, geschweige denn das Internet. https://www.theguardian.com/media/blog/2012/jul/27/4-billion-olympic-opening-ceremony

194 "World Internet Users and 2019 Population Stats", *Miniwatts Marketing Group*,

4. Oktober 2019. https://www.internetworldstats.com/stats.htm Einige der wichtigsten Erkenntnisse aus ihrem Global Digital Report 2019 sind: Die Zahl der Internetnutzer weltweit liegt 2019 bei 4,388 Milliarden, ein Anstieg von 9,1 Prozent im Vergleich zum Vorjahr. Die Zahl der Social-Media-Nutzer liegt 2019 weltweit bei 3,484 Milliarden, ein Plus von 9 Prozent im Vergleich zum Vorjahr. Die Zahl der Mobiltelefonnutzer liegt 2019 bei 5,112 Milliarden, ein Plus von 2 Prozent im Vergleich zum Vorjahr. Siehe: https://hootsuite.com/pages/digital-in-2019 Auch: https://wearesocial.com/blog/2019/01/digital-2019-global-internet-use-accelerates

195 A. W. Geiger, "Key Findings about the online news landscape in America", *Pew Research Center*, 11. September 2019. https://www.pewresearch.org/fact-tank/2019/09/11/key-findings-about-the-online-news-landscape-in-america/ Perspektive auf die Erfahrungen in den USA: Eine Studie von Pew Research ergab, dass 2019 49 Prozent der Amerikaner ihre Nachrichten häufig aus dem Fernsehen beziehen, 33 Prozent aus Online-Websites, 26 Prozent aus dem Radio, 20 Prozent aus sozialen Medien und 16 Prozent aus Print-Zeitungen.

196 Maya Angelou, *Brief an meine Tochter*, Random House, 2008

197 Toni Morrison, "2004 Wellesley College commencement address," veröffentlicht in *Take This Advice: The Best Graduation Speeches Ever Given*, Simon & Schuster, 2005.

198 Christopher Bache, *Dark Night, Early Dawn: Steps to a Deep Ecology of Mind*, New York: SUNY Press, 2000.

199 Siehe z.B.: Joseph V. Montville, "Psychoanalytic Enlightenment and the Greening of Diplomacy", *Journal of the American Psychoanalytic Association*, Vol. 37, No. 2, 1989. Außerdem:

Roger Walsh, *Am Leben bleiben: The Psychology of Human Survival*, Boulder Colorado: New Science Library, 1984.

200 Martin Luther King, Jr., https://www.brainyquote.com/quotes/martin_luther_king_jr_101309

201 Alan Paton, https://www.azquotes.com/author/11383-Alan_Paton

202 Siehe z. B.: Dana Meadows, u.a., *Beyond the Limits*, Chelsea Green Publishing Co. 1992.

203 Tatiana Schlossberg [Ein Interview mit Narasimha Rao, Professor in Yale], "Taking a Different Approach to Fighting Climate Change", *The New York Times*, 7. November 2019. https://www.nytimes.com/2019/11/07/climate/narasimha-rao-climate-change.html Auch:

Programm für Umwelt- und Klimagerechtigkeit, NAACP, https://www.naacp.org/environmental-climate-justice-about/

„Klimagerechtigkeit", *Wikipedia*, „Ein grundlegender Satz der Klimagerechtigkeit ist, dass diejenigen, die am wenigsten für den Klimawandel verantwortlich sind, seine schwerwiegendsten Folgen erleiden." https://en.wikipedia.org/wiki/Climate_justice

204 Pedro Conceição, et al, „Bericht über die menschliche Entwicklung: Beyond income, beyond averages, beyond today: Ungleichheiten in der menschlichen Entwicklung im 21. Jahrhundert", *UNDP*, 2019 http://hdr.undp.org/sites/default/files/hdr2019.pdf

205 "Forced from Home: Climate-fueled displacement", *Oxfam Media Briefing*, 2. Dezember 2019. https://oxfamilibrary.openrepository.com/bitstream/handle/10546/620914/mb-climate-displacement-cop25-021219-en.pdf „Die Länder, die am wenigsten zu

den Treibhausgasemissionen beitragen, werden wahrscheinlich weiterhin die größten Folgen des Klimawandels zu spüren bekommen. Die größten Auswirkungen des Klimawandels werden in armen Ländern auftreten." Und weiter:

Barry Levy, et. al., "Climate Change and Collective Violence", *Annual Review of Public Health*, 11. Januar 2017. https://www.annualreviews.org/doi/10.1146/annurev-publhealth-031816-044232

„Umwelt- und Klimagerechtigkeit", *NAACP*, 2019. https://www.naacp.org/issues/environ mental-justice/

206 Die Seele des Universums aus der Perspektive eines weiblichen Archetyps wurde von der Gelehrten Anne Baring wunderbar entwickelt. Siehe ihr großartiges Buch *The Dream of the Cosmos*, Archive Publishing, 2013. Kostenloser Download unter: https://all-med.net/pdf/the-dream-of-the-cosmos/

207 Die Entwicklung von einer „Erdgöttin"-Perspektive zu einer „Himmelsgott"-Perspektive zum Aufstieg der „Kosmischen Göttin" wird in meinem Buch *Awakening Earth*, op. cit, *1993*, untersucht. https://duaneelgin.com/wp-content/uploads/2016/03/AWAKENING-EARTH-e-book-2.0.pdf

208 Desmond Tutu zitiert in Terry Tempest Williams, *Two Words*, Orion, Great Barrington, MA, Winter 1999.

209 Diese Beispiele stammen zum Teil aus: Emily Mitchell, „The Decade of Atonement", *Index on Censorship*, Mai/Juni 1998, London (und nachgedruckt im *Utne Reader*, März/April 1999).

210 John Bond, "Aussie Apology", *Yes! Eine Zeitschrift für positive Zukunftsperspektiven*, Bainbridge Island: WA, Herbst 1998.

211 Ebd.

212 Eric Yamamoto, *Interracial Justice: Conflict and Reconciliation in Post-Civil Rights America*, New York University Press, 1999.

213 Alexander, Christopher (1979). The Timeless Way of Building. Oxford University Press. ISBN 978-0-19-502402-9.

214 Ökodorf; siehe: https://en.wikipedia.org/wiki/Ecovillage Auch: "Global Ecovillage Network": https://ecovillage.org/; https://www.ic.org/directory/ecovillages/

In den Vereinigten Staaten: https://www.transitionus.org/transition-towns

EcoDistricts. https://ecodistricts.org/ „In jeder Nachbarschaft (oder jedem Bezirk) liegt die Möglichkeit, wirklich innovative, skalierbare Lösungen für einige der größten Herausforderungen zu entwickeln, mit denen sich die Stadtentwickler heute konfrontiert sehen: Einkommens-, Bildungs- und Gesundheitsdisparitäten, Verfall und ökologische Degradation, die wachsende Bedrohung durch den Klimawandel und das rasche Wachstum der Städte. EcoDistricts entwickelt ein neues Modell der Stadtentwicklung, um gerechte, nachhaltige und widerstandsfähige Stadtviertel zu schaffen. [EcoDistricts sind ein] . . gemeinschaftlicher, ganzheitlicher Ansatz für die Gestaltung von Stadtvierteln, um strenge, sinnvolle Ergebnisse zu erzielen, die für die Menschen und den Planeten von Bedeutung sind".

215 Transition Towns (Übergangsstädte) sind kommunale Basisprojekte, die darauf abzielen, die Selbstversorgung zu verbessern, um die potenziellen Auswirkungen von Erdölfördermaximum, Klimazerstörung und wirtschaftlicher Instabilität zu verringern. Siehe: https://en.wikipedia.org/wiki/Transition_town Auch:

https://transitionnetwork.org/ Hier finden Sie eine Liste von Übergangsknotenpunkten in der ganzen Welt: https://transitionnetwork.org/transition-near-me/hubs/

216 Siehe die Arbeit der „Ecocity Builders" *(Ökostädtebauer)*. https://ecocitybuilders.org/what-is-an-ecocity/ Sie bieten folgende Beschreibung von Ökostädten: „Wie lebende Organismen weisen Städte und ihre Bewohner Systeme für Bewegung (Transport), Atmung (Prozesse zur Energiegewinnung), Sensibilität (Reaktion auf die Umwelt), Wachstum (Entwicklung/Veränderung im Laufe der Zeit), Reproduktion (einschließlich Bildung und Ausbildung, Bau, Planung und Entwicklung usw.), Ausscheidung (Ausstoß und Abfälle) und Ernährung (Bedarf an Luft, Wasser, Boden, Nahrung für die Bewohner, Materialien usw.) auf und benötigen diese. Außerdem:

https://en.wikipedia.org/wiki/Sustainable_city Sehen Sie, wie sich nachhaltige Städte in die „Ziele für nachhaltige Entwicklung" der Vereinten Nationen einfügen. https://www.un.org/sustainabledevelopment/cities/

Nachhaltige Städte in Europa, siehe: http://www.sustainablecities.eu/

217 Öko-Zivilisationen: Siehe: https://en.wikipedia.org/wiki/Ecological_civilization Der Druck wächst, radikale Maßnahmen zur Dekarbonisierung der Wirtschaft zu ergreifen, da sich das Zeitfenster für eine Abschwächung schließt. Wenn die globale Erwärmung unter 2°C gehalten werden soll, müssen die Emissionen bis 2030 erheblich reduziert werden. Mehrere Länder haben damit begonnen, ihre Politik zu ändern und sind dabei, sich zu einer Öko-Zivilisation zu entwickeln, die auch über die Eindämmung des Klimawandels hinaus Vorteile bietet (z. B. gesundheitliche Vorteile). China ist weltweit führend. Außerdem:

„Öko-Zivilisation: Chinas Entwurf für eine neue Ära". https://www.theclimategroup.org/sites/default/files/archive/files/China-Ecocivilisation.pdf

https://www.creavis.com/sites/creavis/en/creavis/portfolio-development/corporate-foresight/pages/deep-de-carbonization.aspx

218 "Life Beyond Growth: The history and possible future of alternatives to GDP-measured Growth-as-Usual," Alan Atkisson, Stockholm, Schweden, 31. Januar 2012. http://www.oecd.org/site/worldforumindia/ATKISSON.pdf Selbst diese Schätzungen unterschätzen möglicherweise die Kosten des Klimawandels. Außerdem:

Naomi Oreskes und Nicholas Stern, "Climate Change Will Cost Us Even More Than We Think", *The New York Times*, 23. Oktober 2019. https://www.nytimes.com/2019/10/23/opinion/climate-change-costs.html

219 Siehe z. B. das schwedische Wort „*lagom*", das „genau die richtige Menge", „im Gleichgewicht", „perfekt-einfach" bedeutet. https://en.wikipedia.org/wiki/Lagom

220 Arnold Toynbee, *A Study of History*, (Kurzfassung der Bände I-VI, von D.C. Somervell), New York: Oxford University Press, 1947, S. 198.

221 Robert McNamara, der ehemalige Präsident der Weltbank, definierte „absolute Armut" als: „ein Lebenszustand, der durch Unterernährung, Analphabetentum, Krankheit, hohe Kindersterblichkeit und niedrige Lebenserwartung so gekennzeichnet ist, dass er jeder vernünftigen Definition von menschlichem Anstand widerspricht."

222 Für verschiedene Definitionen siehe Elgin, *Voluntary Simplicity*, a.a.O., (erste Auflage, 1981), S. 29.

223 Buckminster Fuller beschreibt diesen Prozess als „Ephemeralisierung". Im Gegensatz zu Toynbee legte Fuller jedoch den Schwerpunkt auf die Gestaltung materieller

Systeme, um mit weniger mehr zu erreichen, und nicht auf die Koevolution von Materie und Bewusstsein. Siehe z. B. sein Buch *Critical Path*, New York: St. Martin's Press, 1981.

224 Matthew Fox, *Schöpfungsspiritualität,* San Francisco: HarperSan Francisco, 1991.

225 Francis J. Flynn, "Where Americans Find Meaning in Life", *Pew Research Center,* 20. November 2018, https://www.pewforum.org/2018/11/20/where-americans-find-meaning-in-life/:

"Forschung: Can Money Buy Happiness?", *Stanford Business,* 25. September 2013. https://www.gsb.stanford.edu/insights/research-can-money-buy-happiness

„Kann man mit Geld Glück kaufen?" Andrew Blackman, *Wall Street Journal,* 10. November 2014. Forschungen, die zeigen, dass Lebenserfahrungen uns dauerhaft mehr Freude bereiten als materielle Dinge, finden Sie hier: https://www.wsj.com/articles/can-money-buy-happiness-heres-what-science-has-to-say-1415569538

Sean D. Kelly, "Waking Up to the Gift of 'Aliveness'", *New York Times,* 25. Dezember 2017. https://www.nytimes.com/2017/12/25/opinion/aliveness-waking-up-holidays.html

226 Op. cit., „Kann man mit Geld Glück kaufen?" Andrew Blackman.

227 Foa Inglehart, et al., "Development, Freedom, and Rising Happiness: A Global Perspective (1981-2007)," *Association for Psychological Science,* Vol. 3, No. 4, 2008. Außerdem:

Ronald Inglehart, "Changing Values among Western Publics from 1970 to 2006", *West European Politics,* Januar-März 2008.

228 Ralph Waldo Emerson. Siehe: https://philosiblog.com/2013/06/10/the-only-true-gift-is-a-portion-of-yourself/

229 Roger Walsh, „Wirksamer Beitrag in Zeiten der Krise", 16. November 2020. https://www.whatisemerging.com/opinions/contributing-effectively-in-times-of-crisis

www.ingramcontent.com/pod-product-compliance
Lightning Source LLC
Chambersburg PA
CBHW072151070526
44585CB00015B/1095